ちくま新書

ロマン派の音楽家たち——恋と友情と革命の青春譜

中川右介
Nakagawa Yusuke

1252

ロマン派の音楽家たち——恋と友情と革命の青春譜【目次】

ロマン派たちの人物相関図

ロベルト・シューマン
クララ・シューマン
共演
親子
惹かれあう?
ジェニー・リンド
コジマ・ワーグナー
不倫から夫婦に
セシル・メンデルスゾーン
フェリックス・メンデルスゾーン
ミンナ・ワーグナー
リヒャルト・ワーグナー

1815〜1860年のヨーロッパ

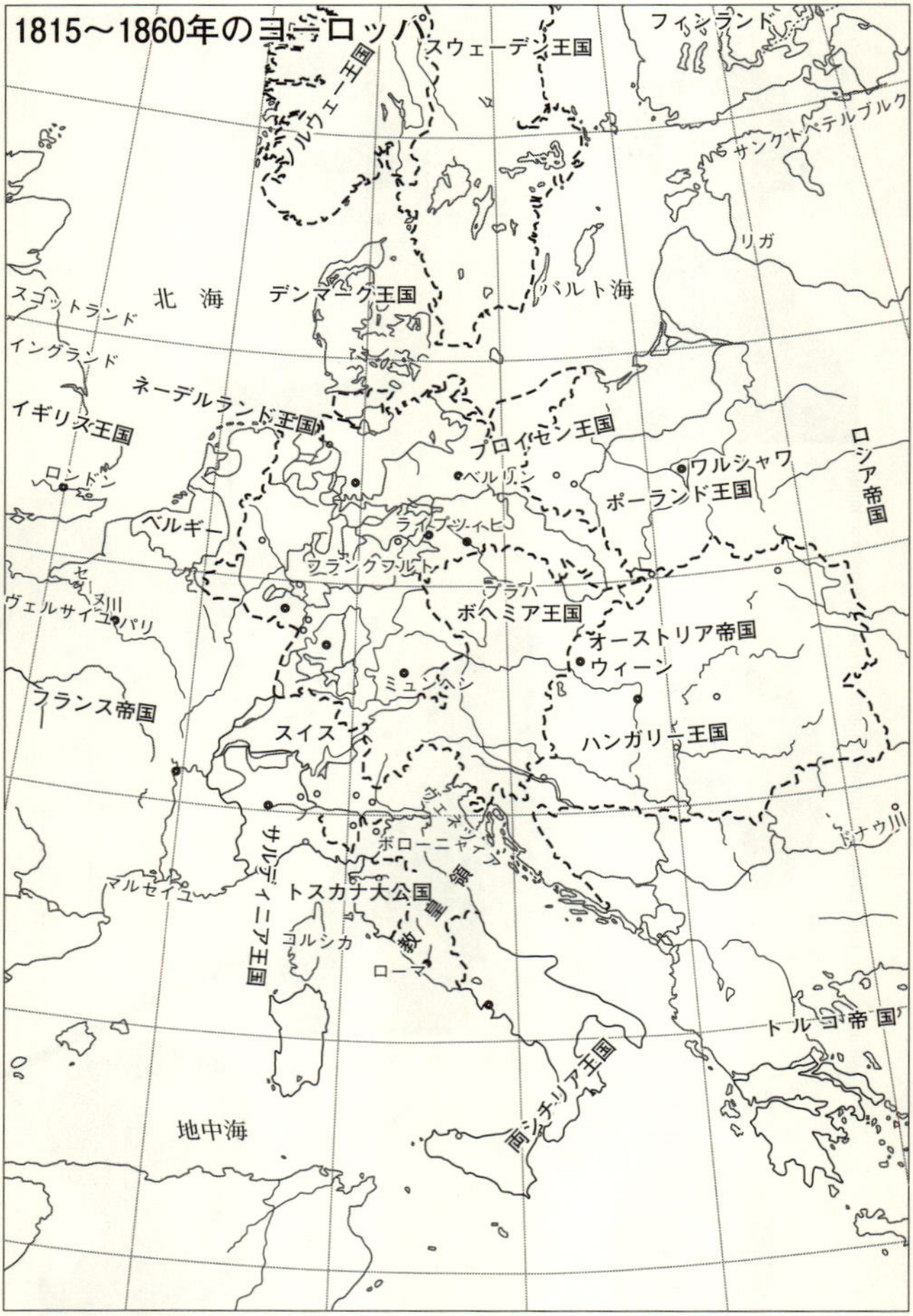

はじめに

音楽史年表や大作曲家リストを眺めていて、すぐに気付くことがある。一八一〇年前後に大作曲家たちが集中して生まれていることだ。

フェリックス・メンデルスゾーン（一八〇九〜四七）、フレデリック・ショパン（一八一〇〜四九）、ロベルト・シューマン（一八一〇〜五六）、フランツ・リスト（一八一一〜八六）、リヒャルト・ワーグナー（一八一三〜八三）の五人だ。

本書は一八一〇年前後に相次いで生まれた大作曲家たちを、その「交友」に焦点をあてて描くものだ。

音楽史において一八一〇年前後に生まれた大作曲家が多いのは偶然なのだろうか。話は逆で、一八一〇年前後に生まれた彼らの「サークルの歴史」が「世界音楽史」になったのではないだろうか。

歴史は勝者側に立って記されていく。それは音楽史においても同じだ。同時代、無数の音楽家がいて膨大な作品が作られたはずだが、その多くは忘れられている。日本史において、何百人もいた戦国武将のなかで、語り継がれ小説やドラマの主人公になるのが信長・秀吉・家康の勝者ラインなのと同じように、メンデルスゾーン、ショパン、シューマン、リスト、ワーグナーの緩いサークルが勝者となったので、彼らの歴史が音楽史になったと考えたほうがいいのではないか。

では、なぜこの一八一〇年前後に生まれた一群の音楽家が勝者となったのか。そもそも、同世代とはいえ、生まれた国が違うのに彼らはどうやって知り合いになったのか。

本書はそんな疑問を出発点として、フィクションではないが、「物語」として十九世紀前半、とくに一八三〇年代を描いていく。

それぞれの音楽家たちには何冊もの評伝がある。それらは当然「単線」である。だが五つの糸を俯瞰して眺めると、けっこう絡み合っていることが分かる。たとえば同年代だから当然ではあるが、彼らが生涯のパートナーと恋に落ちるのはほぼ同時期だ。偶然なのか、競争心からだったのか。

その恋の相手も、クララ・ヴィーク、ジョルジュ・サンド、マリー・ダグーなど、有名人が多い。女性の社会進出がこの時代にかなり進んでいることが分かる。なかでも藝術・文藝の世界は女性の進出が早いのだ。とくに音楽家でもあるクララ・ヴィークはこの本の六人目の主人公となる。

彼らの前のバッハから、ハイドン、モーツァルト、ベートーヴェン、シューベルトに至る世代は、みな父が音楽家で、生まれたときから父に音楽を叩き込まれて育った。しかし、ここに挙げたロマン派の音楽家たちの親はプロの音楽家ではない。メンデルスゾーンの父は銀行経営者、ショパンの父は高校のフランス語教師、シューマンの父は出版社経営者、リストの父はチェロやピアノを弾くアマチュア音楽家ではあったが職業としては大貴族の使用人、ワーグナーの父は警察署の事務官だ。

彼らが生まれる前の時代、音楽家の社会的身分は低かった。貴族のなかには自分で演奏し、作曲もする者もいたが、それは趣味としてで、職業としてではない。音楽家という職業は、わざわざ他の職業の家の子が自分の意思でなるようなものではなかった。

そんな音楽家の地位を劇的に変えて、社会から尊敬される偉大な存在にしたのがベートーヴェンだった。ロマン派たちが生まれたのは、ベートーヴェンが音楽を藝術へと高め、音楽家の地位も高めた頃だ。ベートーヴェン自身には子がいなかったが、ロマン派の音楽家たちはいまでいう「ベートーヴェン・チルドレン」だった。

彼らがベートーヴェンの音楽と出会ったことで、ロマン派音楽は始まるのだ。

ノート

文中の距離は都市間の直線距離ではなく、Google Mapsで、徒歩で移動した場合を検索して得たものである。現在と十九世紀前半とでは道路事情が異なるので、あくまで目安である。また、本文地図の国境線は現在のもので、当時の国境はこの「はじめに」の前頁（八頁）の欧州全体図を参照されたい。

当時は馬車で移動するが、時速にして一二キロから二〇キロだった。

当時の通貨を現在の日本円に換算するのは何を基準にするかによって異なってくるので不可能だが、目安として、きわめて大雑把だが、フランスの一フランは五〇〇〇円、ドイツの一ターラーは一万円と考えれば、桁が違うことはないと思われる。

第一章

ベートーヴェン・チルドレン（〜一八二八年）

ルートヴィヒ・ヴァン・ベートーヴェン

ルートヴィヒ・ヴァン・ベートーヴェン（一七七〇〜一八二七）は、音楽事典風に記せば「古典派音楽を完成させ、ロマン派音楽への扉を開いた人物」となる。つまり、二つの時代の架け橋となった巨人だ。

この物語の主人公たちはベートーヴェン存命中に生まれ、彼らが思春期を迎えた頃にこの巨人は亡くなる。彼らにとってベートーヴェンは「ついこの前まで生きていた音楽家」である。それならばその音楽は「いまの音楽」として身近なものだったのかというと、そうでもない。この時代、ベートーヴェンは大作曲家として尊敬されてはいるが、その音楽は演奏するのが難解で、聴いても楽しくない、難しくて深刻な不人気音楽だった。

ごく僅かな者だけが、ベートーヴェンの音楽の新しさに感銘を受け、その音楽の革命を継承しようと思うのである。

†ひとつの「出逢い」

主要人物のなかでベートーヴェンと直接会ったことがあるのはリストただひとりだ。ときは一八二三年四月、ところはウィーンである。

フランツ・リストは一八一一年十月二十二日にいまのオーストリア共和国ブルゲンラント州の小さな村ライディングで生まれた。リストが生まれた頃はドボルヤーンという村名でオーストリア帝国領ハンガリーの地域だった。

フランツの祖父にあたる人物は大貴族エステルハージ家の管理人を務めていた。このエステルハージ家はハイドンが宮廷楽長として勤務していた家である。その子、つまりフランツの父アダムもエステルハージ家に勤め、アマチュアではあったがチェロを弾いていたので、同家の宮廷楽団で演奏したこともあった。ハイドンの楽長時代と重なるので、ハイドンのもとで弾いた可能性もある。

フランツの母はマリア・アンナ・ラーガーというドイツ系の女性だった。彼は幼少期はドイツ語で話し、パリで暮らすようになってからはフランス語で話していたので、生涯ついにハンガリー語は話せなかった。それでもフランツ・リストは、自分はハンガリー人だと認識しており、現在のハンガリーでも彼を自分たちの国の偉大な音楽家としている。

フランツは、六歳で父からピアノを習い始め、たちまち才能を発揮した。「神童伝説」の誕生である。一八二〇年に九歳で最初の演奏会を開くと、これが評判になった。御褒美として貴族から奨学金を貰ったので、一家は天才少年フランツに、より高度な音楽教育を授けようと、ウィーンに移住した。これが一八二二年五月のことだ。

フランツ・リスト

ウィーンが「音楽の都」と称されるのは後の世のことで、この時代オペラの本場はイタリアだった。フランツがやって来た頃もウィーンではイタリア出身の音楽家であるアントニオ・サリエリ(一七五〇~一八二五)が宮廷楽長として権勢をふるっていた。

カール・チェルニー

アントニオ・サリエリ

フランツ少年は作曲理論をサリエリに、ピアノはベートーヴェンの弟子カール・チェルニー（一七九一～一八五七、「ツェルニー」と発音されることも多い）に師事した。つまりベートーヴェンの孫弟子になったわけだ。フランツ・リストがその生涯でピアノを師事した唯一の師がチェルニーで、彼はこの師を遥かに凌駕《りょうが》するピアニストになる。

フランツのウィーンでの最初の演奏会は到着して半年後の一八二二年十二月一日だった。その前から貴族の邸宅での私的演奏会に出ていたので、公式デビューが一八二二年十二月一日ということになる。好評だったので九日にも開いた。

さらに翌一八二三年四月十三日、フランツはホーフブルク宮殿内の舞踏会場（レドゥーテンザール）でも演奏会を開き、ヨハン・フンメル（一七七八～一八三七）の「ピアノ協奏曲」とイグナーツ・モシュレス（一七九四〜一八七〇）の「ピアノとオーケストラのための大変奏曲」、さらに即興演奏も披露した。すべての曲が終わると、客席にいたベートーヴェンが感激してステージに上り、この天才少年にキスをした。ベートーヴェンは五十二歳、リストは十一歳——音楽史上の名場面のひとつだ。

しかしこれはいまでは作り話ということになっている。ベートーヴェンは耳が不自由なので、自作の演奏会ならばともかく、他人の曲の演奏会へ行くことはほとんどない。たとえ会場にいたとしても、フランツ少年の演奏を「聴いて」「感激」することは不可能に近い。

演奏会前日にフランツがチェルニーに連れられてベートーヴェンを表敬訪問し、「明日、聴きに来てください」と頼んだことは確かだった。ベートーヴェンの会話帳に記録されているのだ。そのときにキスされたのも事実らしく、それが誇張されて、演奏会当日の出来事に脚色されたようだ。

この演奏会のあった一八二三年四月というと、ベートーヴェンが交響曲第九番を構想中か、あるいは着手した頃にあたる。この大曲のウィーンでの初演は一年後の二四年五月七日である。残念ながらこのときリストはウィーンにはいなかったので聴いていていない。

リスト一家はいったんハンガリーへ帰り、ペシュト（この町が隣のブダと合併してブダペストとなる）で五回の凱旋演奏会を開くと、またウィーンへ行き、九月二十日にパリへ向かった。

途中ミュンヘンなどでも演奏したので、パリに着いたのは十二月十一日だった。
フランツ・リストがパリへ向かったのはパリ音楽院に入学するためだ。

†リストが入れなかった音楽院

いまもなお世界有数の音楽家養成機関であるパリ音楽院（現在の正式名称は「パリ国立高等音楽・舞踊学校」だが、本書では「音楽院」とする）は、フランス大革命が生んだ教育機関だ。フランスはルイ十四世がオペラ好きだったので、その治世下に王立の音楽家養成機関「歌唱・朗唱学校」ができており、それが音楽院の前身のひとつである。

フランス国歌《ラ・マルセイエーズ》が革命歌であることが示すように、フランス革命においては音楽が重要な役割を果たしていた。革命政権は軍楽隊を重視し、そのための音楽家を養成するために教育機関が必要となり、一七九二年、国民軍音楽学校を設置した。この国民軍音楽学校が九三年に国立音楽院と改編され、さらに九五年八月にかつての歌唱・朗唱学校も吸収してパリ音楽院として創設することが決まった。音楽院ではオペラの作曲家、歌手、オーケストラの楽団員、ピアノなどの器楽奏者の養成がなされていく。

パリ音楽院は革命政府との関係が深かったため、ナポレオン失脚後の王政復古時代は初代学長のベルナール・サレットが罷免され、音楽院そのものも政権から抑圧された。一八一六年には大革命前の王立歌唱・朗唱学校という名称に戻り、規模も縮小されていた。

しかし一八二二年にイタリア出身のルイジ・ケルビーニ（一七六〇～一八四二）が三代目の学長になると、盛り返していく。リストが入ろうとしたのは、そんな頃だった。

ケルビーニは現在ではオペラ《メデア》とレクイエムがたまに上演される程度で人気作曲家とは言い難いが、当時は人気があり業界内での地位も高かった。ロマン派の音楽家たちからすれば、旧体制・守旧派に属する。その新旧の最初の対立として語られるのが「リストのパリ音楽院入学拒否事件」である。

ルイジ・ケルビーニ

フランツ・リストは一八二三年十二月十一日にパリに着くと、その翌日にケルビーニのもとを訪ねた。このとき同行したのがピアノ製造業をしているエラールだった。当時のパリには後にショパンの後援者になるプレイエル社とリストの後援者となるエラール社とが二大ピアノメーカーとして競いあっていた。
現在のスポーツ用品メーカーが人気のあるアスリートに自社製品を提供するように、楽器メーカーは人気のある音楽家に楽器を提供あるいは貸与するこ

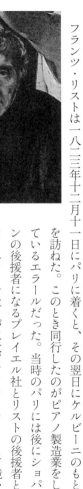

とを始めていた。市民階層が豊かになり、趣味として楽器を演奏し、子供に教養として音楽を身に付けさせることが盛んになり、楽器市場が拡大していたことが背景にある。人気音楽家はメーカーの販売戦略に協力し、報酬なり謝礼を貰うようになり、音楽家のパトロンが王侯貴族から楽器製造業者に移行する。リストやショパンはその第一世代だったのだ。

ケルビーニのもとへ行くとき、フランツが携えていたのはオーストリア帝国宰相メッテルニヒ侯爵からの推薦状だった。しかしオーストリア帝国宰相の推薦状があったにもかかわらず、ケルビーニは入学を断った。これによってパリ音楽院は、「リストの入学を拒んだ音楽院」として歴史に残り、ケルビーニもまた「リストの入学を断った旧世代の音楽家」となり、あたかもリストの才能を認めないか嫉妬して入学させなかったとのイメージを持たれてしまう。

だが、ケルビーニが断ったのはフランツ・リストの音楽を理解できなかったからではない。そもそも十二歳のフランツにはまだ独自の革新的音楽性などない。入学できなかったのは、音楽院の規則として外国人の入学が制限されていたという事務的な理由からだった。パリ音楽院は国立なのでフランス国民の税金によって運営されている。そこに外国人を入れることに反対する声があり、当時は外国人の入学が制限されていたのだ。

そこでフランツは、パリの音楽家数人から個人指導を受けて作曲と音楽理論を学び、その一方で、貴族のサロンで演奏会を開いた。すぐに人気音楽家となり、パリへ着いた十二月から翌年三月までに四十回近くサロンで演奏した。

一八二四年三月七日、フランツ・リストがパリのイタリア座で最初の公開演奏会を開いたとき、彼はすでに有名になっていたので、興行的にも大成功した。フンメルの協奏曲とチェルニーの「ピアノとオーケストラのための変奏曲」を弾き、最後には即興演奏もした。この天才少年を興行界が放っておくはずがなく、オペラの注文が来た。

この成功を受けてフランツは五月にはイギリスへ渡り、六月五日にロンドンでデビュー演奏会を開いた。これも成功して二十一日と二十九日にも開いた。二十九日の演奏会ではエラールの新しいグランドピアノで弾いている。このピアノメーカーとの深い関係が始まっていた。さらに六月二十七日にはウィンザー城でときのイギリス国王ジョージ四世の前で演奏した。

フランツ・リストがロンドン滞在中に、ウィーンではベートーヴェンの第九が初演されていた。しかし、絶賛され大評判になったわけではない。この曲の真価が理解されるのは、まだ先だった。

†ベルリンの天才少年

ベートーヴェンの交響曲第九番、通称「第九」は一八二四年初めに完成し、五月七日にウィーンで初演された。たちまち大評判となりヨーロッパ各地で演奏され――というわけにはいかなかった。当時としては一時間以上もかかる曲は長過ぎ（これは現在でも同じだ）、最終楽章に合唱があるのもなじみがなく（現在の日本ではこの合唱のおかげで人気があるのだが）、「おかしな曲」と認識されていた。各地で演奏されるようになっても合唱のある第四楽章は省略されることがよくあった。

第九は、プロイセン国王フリードリヒ・ヴィルヘルム三世に献呈されている。しかし初演はウィーン

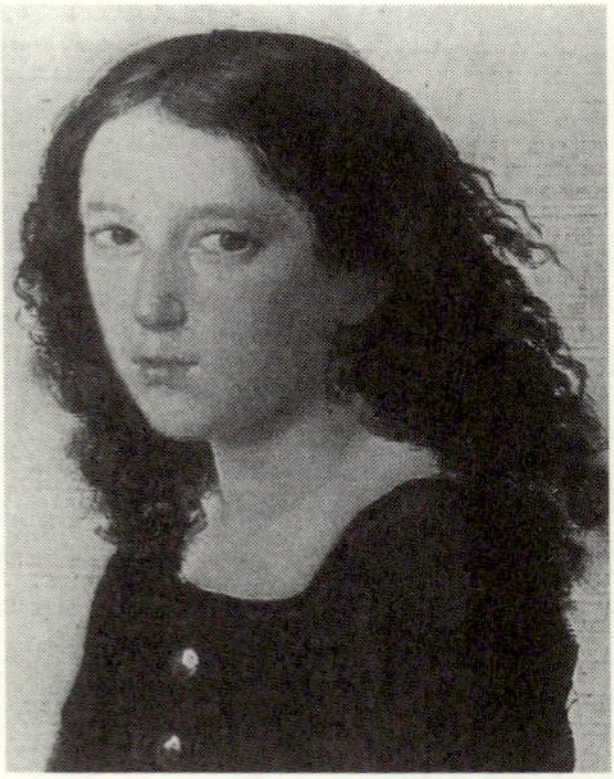

フェリックス・メンデルスゾーン

であり、ベルリンでの初演はウィーンに遅れること約二年半の一八二六年十一月二十七日のことだった。その二週間前の十一月十三日、第九のピアノ編曲版が演奏された。二週間後のオーケストラでの演奏の予告編のようなもので、指揮をするカール・メーザーが企画し、ベートーヴェンの弟子チェルニーが編曲したものが演奏された。

このピアノ版の第九を弾いたのは、天才少年として注目されていた十七歳のフェリックス・メンデルスゾーンだった。

フェリックス・メンデルスゾーン・バルトルディは一八〇九年二月三日にハンブルクの裕福なユダヤ人の家に生まれた。

メンデルスゾーン家の歴史は、ヨーロッパにおいてユダヤ人による金融業が発展していく歴史と重なる。同時期にユダヤ人であるロスチャイルド家が金融業を発展させていくように、メンデルスゾーンの父アブラハムはハンブルクで兄と共同で銀行業を営み、一八〇四年にベルリンの宝石商の娘と結婚し、翌〇五年に長女ファニーが生まれた。

一八〇六年、ナポレオンが「大陸封鎖令」を発布してヨーロッパの都市とイギリスとの貿易を禁止したため、ハンブルク経済は打撃を受けた。だが、「禁止」となると、それを逆手にとって密輸で巨額の利益を上げる商人が生まれた。ロスチャイルド家もメンデルスゾーン兄弟もそんな商人だった。

フェリックス・メンデルスゾーンが生まれた一八〇九年は父アブラハムが密輸で儲けていた頃だった。しかし一一年にナポレオンがハンブルクを占領すると、メンデルスゾーン家はベルリンへ逃れた。ベルリンへはアブラハムの兄ヨーゼフがすでに銀行を設立していたのだ。二歳の年にベルリンに引っ越したので、フェリックスはハンブルクでの記憶はほとんどない。翌一八一二年、プロイセン王国はユダヤ人解放令を出して、ユダヤ人に名目上はドイツ人と同等の権利を与えた。

フェリックスが音楽を学び始めたのは一八一四年、五歳の年だった。最初は姉と一緒に母から習っていたが、この姉弟に才能があると見抜いた母は、二人に本格的な音楽教育を授けよう

カール・フリードリヒ・ツェルター

と、ピアノやヴァイオリンの最高の教師が雇われた。音楽だけでなく、言語学、体操や乗馬、そして絵も、すべて家庭教師が雇われた。フェリックスが十歳になると、作曲と音楽理論の師として、カール・フリードリヒ・ツェルター（一七五八〜一八三二）が雇われる。バッハの孫弟子にあたり、さらにゲーテの友人としても知られる人物だ。

音楽家の子として生まれたわけではなかったが、フェリックス・メンデルスゾーンは親の資金力で最高の教師を得て、最高の教育環境で学んでいったのだ。

しかし一八一九年秋、八月にヴュルツブルクで発生したユダヤ人排斥運動は全ドイツへと広まり、ついにベルリンにも波及した。市内では大規模な反ユダヤ・デモが行なわれた。ロスチャイルド銀行が略奪されそうになり、同業のメンデルスゾーン家にも危険が近づいていた。十歳になるフェリックスは、この騒動で初めて自分がユダヤ人であり、ユダヤ人が反感を持たれる存在であることを認識した。

危険から逃れるためにメンデルスゾーン家はベルリン新市街から旧市街へと引っ越した。そこには多くの藝術家、文化人が集うようになり、ベルリンで有数のサロンとなった。

ユダヤ人であることは変えられないが、宗教は変えられるので、一家はユダヤ教からカトリックへ改宗し、さらに姓もバルトルディとした。しかしフェリックスは有名になってからもメンデルスゾーンと名乗っているので、本書では「メンデルスゾーン」とする。

メンデルスゾーン家は広大な屋敷に音楽関係者を招いて、ファニーとフェリックスの音楽を披露する、日曜音楽会を定期的に開催するようになった。この姉弟は音楽の才能があるだけでなく、二人とも容姿端麗にして眉目秀麗の美少女・美少年だった。史上こんなにも生まれながらに恵まれていた音楽家はいないであろう。この姉弟は優秀な師を与えられただけでなく、優秀な聴衆も与えられ、その前で才能を披露する機会も与えられたのである。たしかにモーツァルトやリストも幼い頃から客の前で演奏していたが、それは「興行」としてだ。しかしメンデルスゾーン姉妹の日曜音楽会は、「興行」ではなく「藝術活動」だった。

メンデルスゾーン家の日曜音楽会は勃興してきたユダヤ系金融資本の力を示すものでもあった。王侯貴族、あるいは教会や歌劇場とは無縁のところに、音楽が生まれようとしていたのだ。

フェリックスの最初の作曲作品はピアノ曲で一八二〇年三月七日に完成した。翌年十二歳になったフェリックスは師ツェルターに連れられて、ワイマールに住むゲーテ（一七四九〜一八三二）を訪れ、七十二歳になる巨匠と対面した。この文豪は十二歳の美少年に強く魅せられ、二週間の滞在期間中、毎日午後になるとフェリックスはゲーテのためにピアノを弾いた。そして文豪は美少年音楽家に詩を書いて渡した。

一八二一年夏、一家でスイスを旅行した際の帰途、フェリックスはワイマールを再訪し、ゲーテに再会した。さらに詩人ハインリヒ・ハイネとも交流を持ち、フェリックスは「音楽上の奇蹟」と讃えられた。

一八二三年のクリスマス、フェリックスは母方の祖母からプレゼントとして、ヨハン・ゼバスティアン・バッハの《マタイ受難曲》の写譜スコアを貰った。バッハが亡くなったのは、一七五〇年なので、四分の三世紀近くが過ぎていた。代表作とされる《マタイ受難曲》の初演は一七二七年で、何度か改訂された後、一七三六年に最終稿となった。しかしその後は忘れられ、演奏されていない。

フェリックスが祖母から貰った《マタイ受難曲》を演奏会で上演するのはそれから五年後のことだ。

十六歳になる一八二五年春、父アブラハムは仕事でパリへ行くことになり、フェリックスを同行させた。アブラハムの目的のひとつは、フェリックスの音楽の才能を高名な音楽家に確かめてもらうことにあった。

フェリックスはパリ音楽院院長ケルビーニの前で、パリの音楽家たちとともに、自作のピアノ四重奏曲を披露した。ケルビニーニはアブラハムに、フェリックスの才能は本物だと確信をもって伝えた。これによって、それまでは長男フェリックスには銀行業を継がせようと思っていたアブラハムは音楽家になることを認めた。

パリ滞在中にフェリックスはフンメル、モシェレス、ロッシーニ、マイヤベーアといった当時のパリ音楽界の大物たちの音楽やオペラを聴いた。そのなかには若き天才ピアニスト、リストもいた。

リストが初めてイギリスへ行ったのは前年五月から六月で、二五年も五月から六月までイギリスへ行くので、その前にパリで演奏したのをメンデルスゾーンが聴いたのだろう。このときのリストについて、メンデルスゾーンは〈指は多いが、頭脳は足りない〉と辛辣な批評をしている。

翌一八二六年夏、姉ファニーが「総監督」として、メンデルスゾーンの兄弟姉妹とその友人たちとで、シェイクスピアの『夏の夜の夢』を上演した。本格的な演劇というよりは芝居ごっこのようなものだったが、その経験からメンデルスゾーンが一気に書き上げたのが《夏の夜の夢》序曲だった。ピアノ連弾用の曲でファニーとフェリックスによって披露された。客のなかにはイグナーツ・モシェレスもいた。そして姉ファニーの助言でこの曲はオーケストラ曲に編曲される。

十七歳にして、すでにフェリックス・メンデルスゾーンはベルリンで注目に値する新進気鋭の作曲家となっていたのである。こうして、ベルリンでのベートーヴェンの第九初演に先駆けてのピアノでの演奏会を任された。

†父の死、失恋、鬱

一八二四年のイギリス・ツアーを成功させてパリに戻ったフランツ・リストにはサロンでの演奏とオペラの作曲という仕事が待っていた。そんな翌二五年春の演奏会のひとつをベルリンから来た銀行家父子が聴いていて、息子は「指は多いが、頭脳は足りない」と感じたのである。

その後、五月から六月にかけてフランツは二度目となるイギリス・ツアーを成功させ、パリに戻った。彼にとって初めてのオペラ《ドン・サンシュ、または愛の館》がオペラ座で上演されるのは翌一八二五年十月十七日のことで、四夜にわたり上演されたが、再演には至らなかった。成功したとは言えず、膨大な作品を遺したフランツ・リストだが、結局、オペラはこの少年時代の一作のみだった。

フランツの人気ピアニストとしての仕事は続く。二六年春はパリを出てフランス各地を巡業した。そして二七年も四月から八月までのイギリス長期ツアーが予定された。

出発直前の三月二十六日に、ウィーンでベートーヴェンが亡くなった。五十六歳だった。

葬儀は二十九日だった。関係者の想像を超える、二万人とも三万人ともいわれる市民が参列した。皇帝が死んでもウィーン市民はこんなにも悲しまないだろうと言われた。

一七九一年にモーツァルトが同じウィーンで亡くなったときは、ごく親しい人のみが葬儀に参列し、遺体は共同墓地に葬られ、どこにあるか分からない。モーツァルトとベートーヴェンの死の間には、三十六年の時間が流れているが、その間に音楽家の社会的地位は高まり、一般市民の英雄という地位にまで到達していたのだ。それは、他でもないベートーヴェン自身が成し遂げたことだった。

フランツの三度目のイギリス公演も成功した。ところが、大陸に戻って北フランスで演奏旅行をしていた八月二十八日に、同行していた父が腸チフスで急死した。親であり師でもあり、そして何よりも興行マネージャーでもあった父の死によって、十五歳（十月に十六歳の誕生日）にして、フランツは家長として母を養わなければならなくなり、パリでピアノの家庭教師をして生計を立てることになる。

その家庭教師先のひとつがサン＝クリック伯爵家で、同家の令嬢、ひとつ歳下のカロリーヌが生徒だった。若い師弟は恋に落ちてしまった。カロリーヌの母はすぐにこの恋に気付き、温かく見守ってくれたのだが、二八年六月に亡くなってしまう。

サン＝クリック伯爵は妻の死後、娘カロリーヌがピアノ教師と恋に落ちて結婚したがって

カロリーヌ・ド・サン＝クリック

いると知ると、「そんな身分違いの結婚は許さない」として、フランツを解雇し出入り禁止としてしまった。恋は終わった。カロリーヌは親の命じるままに南フランスの地主と結婚する。二人が再会するのは一八四四年のことだ。
　失恋したフランツは鬱状態になり、体調も崩した。恋が破れたこともさることながら、社会的身分というものの壁をまざまざと知ったこともショックだった。天才少年として王侯貴族の前で演奏し称賛されていたので、自分も上流階級の一員だと思い込んでいたが、そうではなかったのだ。
　フランツが次に公の場に現れて演奏するのは二九年三月二十二日で、それまで音楽関係者にはほとんど会わなかった。その間、何をしていたのかというと、彼は宗教に救いを求め、教会へ通い、聖職者になろうとした。しかし母と近くに住む神父から思い留まるように説得された。そして読書三昧の生活に入っていた。あまりに人前に出てこないので死亡したと雑誌に書かれたくらいだった。
　フランツは自分自身を見つめ直した。天才少年として演奏旅行をし続けていたため、彼は教育を受けていないことに気付いた。それを取り戻すべく、ひたすら本を読んだのだ。神童から天才少年になったところで、この音楽家はいったん表舞台から姿を消すのであった。

それでも契約していた演奏会があったので出演した。そのひとつが十一月の音楽院でのコンサートでベートーヴェンの協奏曲を弾いた。しかし、演奏が終わると拍手をしている聴衆には軽く一礼しただけで帰ってしまった。その後に予定されていた王族も臨席する演奏会は二日前に高熱を出してキャンセルした。

死亡説は打ち消されたが、リストが重病だとの噂がパリの音楽界では知れわたっていた。

カール・マリア・フォン・ヴェーバー

†最初の挫折

フェリックス・メンデルスゾーンは一八二五年に十六歳にして、最初のオペラ《カマチョの結婚》を完成させていた。これはセルバンテスの『ドン・キホーテ』を原作としたものだった。この時期のメンデルスゾーンは、カール・マリア・フォン・ヴェーバー（一七八六～一八二六）に心酔し、その影響を受けている。ヴェーバーが亡く

ガスパーレ・スポンティーニ

なったのは前年の六月のことだ。

フェリックスの父はこのオペラをベルリンの王立劇場で上演しようと働きかけた。しかし、音楽総監督ガスパーレ・スポンティーニ（一七七四〜一八五一）は首を縦に振らなかった。スポンティーニがフェリックスのオペラの上演に反対した理由には諸説ある。亡くなったヴェーバーとスポンティーニとがライバル関係にあったので、ヴェーバーの影響を受けている作品を嫌ったという説、フェリックスの若さと裕福さにスポンティーニが嫉妬したという説、作品そのものが未熟だったという説だ。どれかひとつというよりも、複合的なものだったのだろう。父は諦めず、宮廷へのコネクションを駆使して、王立劇場の小劇場での上演にこぎつけた、これが一八二七年四月のことだった。

その直前の三月二十六日に、ベートーヴェンが亡くなっている。

フェリックス・メンデルスゾーンの《カマチョの結婚》初演の客席には、父が集めた著名人がたくさんいた。しかし、第一幕こそ拍手があったが、第二幕、第三幕となるにつれ、拍手は減った。失敗作だったのだ。当時の客は正直である。そして誰よりもフェリックス自身が失敗作だと認識し、途中で帰ってしまった。天才少年にとって十八歳での初めての大きな挫折だった。

この結果から、スポンティーニには鑑識眼があったことが分かる。宮廷筋からの圧力があったにせよ、彼が最終的に上演を許したのは失敗を見越した上でのことだったのかもしれない。この音楽総監督が「そんなにやりたいのならやらせてやろう、どうせ失敗する」、と思っていたのだとしたら、役者が上である。

ベルリン音楽界の実力者スポンティーニと若き天才フェリックス・メンデルスゾーンとの勝負は、メンデルスゾーンの完敗だった。しかし彼には最大の武器があった。若さである。《カマチョの結婚》の失敗から一年後の一八二八年秋、フェリックスは大役を任されていた。ベルリンで国際会議が開催され、その祝典の音楽の作曲を任されたのだ。

この国際会議はアレクサンダー・フォン・フンボルト博士が主宰したものだった。ベルリンの知識階層、上流階級のスターとなっていたフェリックス・メンデルスゾーンは、フンボルト兄弟とも交流があり、この国際会議にふさわしい曲を依頼され、レセプションで披露された。

その会場で、遠くからフェリックスを見つめている青年がいた。彼もまた音楽家を目指しており、地元ポーランドのワルシャワではそれなりに知られていたが、大都市ベルリンで彼を知っている者は誰もいなかった。フレデリック・ショパンである。

フレデリック・ショパン

†ワルシャワの天才少年

フレデリック・ショパンはポーランドの首都ワルシャワから西へ五〇キロほどのところにある小さな村ジェラゾヴァ・ヴォラで、一八一〇年三月一日に生まれ（月日には異説もある）、生後すぐに一家はワルシャワへ引っ越した。父がワルシャワの高校の教員の職を得たからだった。

ポーランドは周囲をロシア、プロイセン（ドイツ）、オーストリアという三つの大国に囲まれているため、欧州政治のなかで翻弄され続けていた。これは二十世紀後半の東西冷戦時代まで続く、地理的条件による避けようのない悲劇的運命だった。国境を接していないフランスは、敵の敵は味方の法則により、ナポレオン時代もポーランドには好意的だった。しかし、ナポレオン敗北後の戦後体制を決める一八一四年からのウィーン会議で、ポーランドは、ロシア領、ロシア皇帝が国王となるポーランド会議王国、プロイセン領、プロイセンが実質的に支配するポズナン大公国、オーストリア領、三大国の保護下に置かれるクラクフ共和国と六つに分割されていた。ショパンが暮らすワルシャワはポーランド会議王国に属していた。

当然、ポーランド人はなんとかして大国の支配から脱し、民族自決を勝ち取ろうと考えている。そんな独立運動をロシアもプロイセンもオーストリアも弾圧する。

そんななかでフレデリックは成長していた。フレデリックの両親は貴族の屋敷で働いていて知り合った、職場結婚である。父ミコワイはフランス出身で、趣味としてヴァイオリンとフルートを嗜み、母ユスティナはピアノが弾けた。母から姉がピアノを習っていたのを、フレデリックも聴いていて先に弾けるようになった。息子に音楽の才能があると知った両親は、専門の教師を求め、モーツァルトと同年生まれのチェコ出身の音楽家ヴォイチェフ・ジヴニー（一七五六〜一八四二）を家庭教師とした。ジヴニーはバッハ、ハイドン、モーツァルトを崇拝していた。ハイドンとモーツァルトはポーランドでもよく知られていたが、バッハは忘れられかけていたので、もしこの師に出あわなければフレデリックはバッハを知らずに育っただろう。

ヴォイチェフ・ジヴニー

フレデリックはピアノ演奏を学ぶのと同時に作曲も学び、一八一七年、七歳になる年にポロネーズを二曲作り、父ミコワイの友人たちの間で評判となり、十一月に出版されることになった。作曲家デビュー

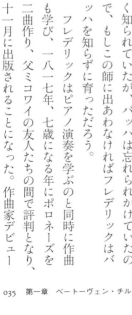

である。この曲は翌一八一八年一月に雑誌で批評され、これがフレデリック・ショパンの名が活字となった最初とされる。そこには〈もしこの少年がドイツかフランスに生まれていたならば、必ずやあらゆる階層の人々の注目するところとなったであろう。我が国（ポーランド）にも天才は生まれている。ただ、これを声高に報じる者がいないために、世に知られずに終わるだけなのである〉と書かれていた。

ユゼフ・エルスネル

フレデリックの名はワルシャワで高まり、貴族の午餐や晩餐、舞踏会に呼ばれ、そのサロンでのピアノ演奏を求められるようになった。どの国でも神童や天才少年は貴族たちのアイドルなのだ。招かれてピアノを弾けば謝礼を貰えた。ミコワイ・ショパンが商売っ気のある人物であったなら、モーツァルトやリストの父のように息子に興行させただろうが、彼はそういう人ではなかった。興行師からの有料演奏会の話が来ても断った。

ジヴニーは自分がフレデリックに教えることはもうないと、ワルシャワ高等音楽学校学長のユゼフ・エルスネル（一七六九〜一八五四）を紹介し、一八二二年からその個人授業を受けることになった。フレデリックは当時のワルシャワで最高の音楽家の弟子となったのだ。一八二三年に高校に入学しても、エルスネルの個人授業を受けていた。二五年にロシア皇帝がワルシャワを公式訪問した際には、御前演奏をしている。

一八二五年、フレデリックはピアノ独奏曲《ロンド》を出版した。七歳のときの曲は別として、これが「作品一」とされる。翌年に高校を卒業すると高等音楽学校（以後、「音楽院」とする）へ入学し、改めてエルスネルから作曲を学ぶことになった。音楽院で学ぶのと並行して大学でも文学と歴史の講義を受けていた。この音楽院時代、出版は後になるがいくつも作曲しており、そのなかには没後出版されるピアノソナタ第一番もある。

ベートーヴェンが亡くなるのは、フレデリックが音楽院で学んでいた十七歳の年だ。この年、フレデリックは葬送行進曲を作曲している。これは存命中には発表されず、死後、発見された作品番号「七十二の二」で、有名なピアノソナタ第二番第三楽章の「葬送行進曲」とはまったく別のものだ。この年、フレデリックは妹と親友を相次いで亡くしているので、そのどちらかのために作られたものと推察されるが、確かなことは分からない。もしかしたら、尊敬するベートーヴェンの死を悼んで作ったのかもしれない。

ショパンがベートーヴェンの《葬送ソナタ（第十二番）》を好み、よく弾いていたことは弟子の証言のなかにある。

フレデリック・ショパンもまたベートーヴェン・チルドレンなのだ。

†ベルリンでのすれ違い

ベートーヴェンの死の翌年（一八二八年）、フレデリックはベルリンへ行った。

父の友人の動物学者ヤロツキがベルリンでの国際会議に参加することになり、随行することになったのだ。父が大都会の空気を吸わせてやろうと計らったものだった。フレデリックはモーツァルトやリストのように神童としての興行をしなかったので、初めての外国旅行だった。家族や友人への手紙から推察すると、九月九日にワルシャワを出て十四日にベルリンに着いた。約五五〇キロの旅である。

国際会議のお供としてベルリンへ行ったものの、フレデリックは学者たちの会議には何の興味もない。彼の目的はオペラ観劇だった。昼間は退屈な会議を傍聴していたが、夜は劇場へ行けた。このベルリン滞在時にフレデリックが観たオペラは、スポンティーニの《フェルナント・コルテッツ》、チマローザの《秘密の結婚》、オンスローの《聖書呼売人》、ヴェーバーの《魔弾の射手》、ヴィンターーの《中断された犠祭》、そしてヘンデルのオラトリオ《聖セシリア》などだった。

ワルシャワにも歌劇場はあったが、ベルリンのとは比べ物にならなかった。フレデリックは初めて「本物のオペラ」を体験できた。後にウィーンへ行った際も、そしてパリで暮らすようになってからも彼はオペラを好み、よく観に行っていた。オペラもさることながら、ベルリン滞在中にフレデリックが最も感銘を受けたのは、ヘンデルのオラトリオで、〈ぼくの音楽の理想に最も近い〉と家族への手紙に書いている。

さらにフレデリックは家族への手紙に、国際会議のレセプションに招待されたとして、こう書いている。

〈特別上等の席で、すべて聴くことも見ることもできましたし、皇太子殿下さえもよく見えました。スポンティーニ、ツェルター、メンデルスゾーンを見ましたが、ぼくはあえて自分を推し出すようなことをしませんでしたので、この人たちとは話しませんでした。〉

もし、フレデリックが外向的な性格だったら、メンデルスゾーンの前に行き、言葉を交わし、友情が芽生えたかもしれない。だが、フレデリックはあまりにも内向的だった。彼は同年代のメンデルスゾーンを遠くから見ているだけだった。特別上等の席にはいるがフレデリックはベルリンでは無名の青年に過ぎない。かたや、メンデルスゾーンは会議の祝祭のための曲の作曲者であった。この時点では、二人にはこれだけの差がついていた。

このベルリン訪問に際してフレデリックがオペラ観劇以外に期待していたことがあった。自分の演奏会を開けるかもしれないということだった。ヤロツキの知人で国際会議の事務局の仕事をしていたリヒテンシュタイン教授は音楽界にも顔が利くので、頼めば実現するかもしれないといわれていたのだ。しかし会議の仕事が忙しかったためか、リヒテンシュタインは、フレデリックの演奏会のためには何も骨を折ってくれなかった。別に約束していたわけでもないので、フレデリックとしては何も言えなかった。

もうひとつ期待していたのが、天才ヴァイオリニストのニコロ・パガニーニ（一七八二〜一八四〇）の演奏を聴くことだった。

ニコロ・パガニーニ

パガニーニは当初はイタリア各地で演奏していたが、一八二八年にウィーンで演奏し、その名声は欧州全域へ広がっていた。そのパガニーニがベルリンで演奏するらしいという噂がワルシャワにも届いたのである。しかしこの秋、パガニーニのベルリン公演は実現せず、フレデリックは聴けなかった。だが、オペラをたくさん観ることができたので、彼にとっては収穫の多い旅だった。

フレデリックがワルシャワに戻るとそれからの約一年の間に、父ミコワイ・ショパンは息子フレデリックを外国へ留学させようと、音楽院校長エルスネルと相談し、教育大臣に経費を出してくれと求めていたが、これは却下された。

†音楽好きの文学青年

ショパンより三か月ほど後の一八一〇年六月八日に生まれた大音楽家が、ロベルト・シューマンである。ザクセン王国のライプツィヒから八十キロほどのところにある小さな町ツヴィッカウで生まれた。ワーグナーの三歳上、リストのひとつ上、メンデルスゾーンのひとつ下になる。

ザクセンは神聖ローマ帝国内の公国だったが、一八〇六年にナポレオンによって帝国が瓦解すると、王国として独立した。当時のドイツは三十九の国と自由都市からなる領邦国家で、そのひとつとなったのだ。ザクセン王国の首都はドレスデンだが、商業的・経済的・文化的にライプツィヒも栄えていた。

ロベルト・シューマン

ロベルト・シューマンが生まれた一八一〇年時点のザクセン王国は、ナポレオンのおかげで独立した経緯もあって、フランスとライン同盟を結んでおり、実質的にはフランス帝国の属国だった。

ロベルトの父アウグスト・シューマンは出版社の

経営者だった。祖父は牧師で、その子アウグストはライプツィヒ大学で学んだ後、二十二歳で書籍商を始め、その傍ら、自分で小説を書き翻訳をしていた。一八〇七年に弟と一緒に出版社を立ち上げ、このシューマン兄弟出版社は古典をシリーズとして刊行していた。日本でいう岩波文庫のようなものだ。岩波文庫がモデルとしたのはドイツのレクラム社の「レクラム文庫」で、この出版社はライプツィヒでアントン・フィリップ・レクラムによって一八二八年に創業され、六七年に文庫を創刊するが、シューマン兄弟出版社のほうがはるかに先駆けていた。

母ヨハンナは外科医の娘だったが、親戚には文学者がいた。シューマンは音楽家のなかでは大量の評論・エッセイを書いた人で文学者としての側面も持ち、彼の音楽は詩と音楽とを融合させようとしたものだったが、これはこのような環境から生まれたのだ。

シューマン夫妻には六人の子が生まれ、ロベルトは末っ子である。二人の兄は父の事業を継ぎ、もうひとりの兄は印刷業を営む。姉の一人は生後すぐに亡くなり、もうひとりの姉エミーリエは虚弱体質だった。

シューマン家は音楽よりも文学に満ちていた。そのためもあってロベルトが本格的に音楽に目覚めるのは七歳のときだった。彼には神童伝説はない。音楽を教えたのは教会のオルガン奏者で、七歳から作曲も始めていたが、この時期の作品は遺されていない。やがてピアノ演奏での才能が発見された。初めてオペラを観たのは九歳の年というから一八一九年で、ライプツィヒへ連れて行ってもらいモーツァルトの《魔笛》を観た。

ロベルトは十歳で生地ツヴィッカウのギムナジウムへ入学し、ピアノ演奏と文学に明け暮れる日日となる。作曲の勉強も本格的に始め、十二歳の年には学生オーケストラを設立して指揮をした。ギムナジウムでの成績はよかった。音楽はともかく、文学面ではこの時期から才能を発揮している。学友たちと文学サークルを作り、詩を書き、小冊子を作ってもいる。

ロベルトが十三歳になった一八二三年、ツヴィッカウでヴェーバーの《魔弾の射手》が上演された。ベルリンでの初演から二年後のことである。たちまちシューマンはオペラに夢中になった。オペラは音楽と演劇とが融合しているものなので、文学青年ロベルトは心を奪われたのである。

当時のオペラはドイツ語圏であってもイタリア語オペラが主流だった。モーツァルトの代表作である《フィガロの結婚》《ドン・ジョヴァンニ》もイタリア語オペラだ。ヴェーバーは、そんな状況を打破してドイツ語によるオペラの向上を目指していた。こうして書き上げたのが《魔弾の射手》で、一八二一年六月十八日にベルリンで初演されると大ヒットし、各地で上演されるようになっていたのだ。

一八二五年、父アウグストはロベルトがヴェーバーに夢中なのを知るとこの大作曲家に「レッスンしていただけないか」と手紙を書き、交渉をしていた。だが、ヴェーバーはその交渉中の二六年六月に亡くなった。そして、八月にアウグストも五十三歳で亡くなってしまう。ロベルトが生まれた頃から神経系統を病んでおり、ついに力尽きたのだ。

父の死の前年には、姉エミーリエも亡くなっている。虚弱体質で精神も病んでいたとされるエミーリエだが、この若い死については自殺説もある。ロベルトも後に精神を病み、自殺しようとするが、何らかの影響を受けているのかもしれない。

同じように少年期に父を失くしたリストとは異なり、ロベルトの場合は兄もいたし、何よりも父がかなりの財産を遺していたので、生活のために働く必要はなく、そのままギムナジウムへ通っていた。

ベートーヴェンが亡くなるのはロベルトの父の死の一年後だが、この時点で彼がどの程度ベートーヴェンについて知っていたかは、よく分からない。

一八二八年にギムナジウムを卒業すると、ロベルトは三月にライプツィヒ大学法科への入学を決めた。

大学入学が決まったので、その手続きと下宿先を探すためにロベルトは三月下旬にライプツィヒへ行った。そして三月三十一日、ライプツィヒ大学教授で宮廷の侍医でもあった医者のカール・グスタフ・カールスの邸宅での夜会へ行った。カールスはライプツィヒに赴任する前にツヴィッカウにいたことがあり、地元の名士として、シューマン家とも親交があったのだ。この医者は文学や音楽にも造詣が深く、その邸宅は藝術家たちが集うサロンになっていた。その晩は、高名なピアノ教師フリードリヒ・ヴィークが娘を連れて来ており、その八歳の娘は他のプロの音楽家たちと一緒にフンメルのピアノ三重奏曲を弾き、誰よりもうまかった。その少女の名はクララである。

音楽史上、音楽家同士のカップルは何組もいるが、夫婦とも歴史にのこるのはシューマン夫妻くらいであろう。その出逢いの日はこのように一八二八年三月三十一日と確定できるが、この夜の出逢いで二人が恋に落ちたわけではない。クララは一八一九年九月十三日生まれなので、初対面の三月の時点ではまだ八歳だ。ロベルトは十八歳になる三か月前――いまの日本でいえば、二人は小学二年生と大学一年で、この時点では恋愛対象にはならないだろう。

大学は五月からだったので、その前にロベルトは友人とドイツ各地を旅した。バイロイトへ行き、尊敬する作家ジャン・パウルの墓参りをし、ミュンヘンでは詩人のハインリヒ・ハイネに会えた。後にロベルトはハイネの詩に音楽を付ける。

五月からライプツィヒでの学生生活が始まり法律を学んでいたが、ロベルトは音楽への想いも断ち切れず、八月からヴィークにピアノを習うことになった。

†ライプツィヒの天才少女

フリードリヒ・ヴィークはピアノ教師であるだけでなく、楽譜と音楽書の書店も営み、ピアノ製造業もしていた、総合的な音楽事業家だったが、いまでは何よりも「クララの父」として知られている。それも、幼いクララに神童ビジネスをさせた悪辣な興行師にして、シューマンとの結婚を妨害した石頭の父親という悪役としてのイメージが強い。実際はそれほど悪辣でも石頭でもなかったが、悲劇的イメージの強いロベルト・シューマンの生涯のドラマにおいては、必要不可欠の悪役だ。

ヴィークは一七八五年にライプツィヒから五七キロほどのところにあるプレッチュという町で貧しい商人の子として生まれた。幼い頃から音楽の才能が認められていたが、家が貧しく音楽教育を受けることができなかった。

音楽とは無縁の家に生まれ、音楽の才能と知識がありながらも、幼少期から鍛えられていないので演奏家になれなかった人人が、興行や出版といった音楽ビジネスを作っていくのである。そういう人人は後の時代に、レコードや放送といった分野でも必要とされる。

ヴィークは母の希望でプロテスタントの牧師になる勉強をしたが聖職には就かず、貴族の家庭教師となった。「師」とはいえ、当時の家庭教師の身分は「使用人」に過ぎない。働く上で

マリアンネ・トロムリッツ

フリードリヒ・ヴィーク

は、かなり屈辱的な扱いを受けた。ヴィークはそれに耐えて資金を貯めて、一八一五年、三十歳の年にライプツィヒで楽譜と音楽書の書店を開業し、その翌年に歌手でコンサートピアニストでもあったマリアンネ・トロムリッツと結婚した。彼女は祖父も父も音楽家だった。当時の女性音楽家といえば、ほとんどが歌手であり、ピアニストは珍しい。ピアノを弾く貴族はたくさんいたが、趣味と教養として弾いているわけで、職業ではない。クララ・シューマンはそうした女性音楽演奏家の嚆矢とされるが、その母マリアンネがさらに先駆けていたのだ。

クララは一八一九年にヴィーク夫妻の第二子として生まれた。第一子は生後すぐに亡くなっていたので、実質的には彼女が長女だった。ヴィークはクララが生まれたときから、あるいはその前から、音楽家にしようと決めていたようだが、本格的にピアノを習わすのは五歳になってからだった。すでにヴィーク夫妻の仲は破綻しており、別居生活の末に一八二五年に離婚する。どちらかの異性関係というような具体的・決定的な離婚原因はなく、いわゆる性格の不一致が理由のようだが、マリアンネは離婚後すぐにヴィークとも知り合いだった音楽関係者と再婚しベルリンで暮らす。

クララ・シューマン

クララは父のもとで暮らし、七歳になるとフランス語と英語も習うようになる。国際的音楽家になるためには語学が必要だとの父の判断だ。ヴィークは自分が得ることのできなかった高度な教育を娘に授けていく。音楽もピアノ演奏だけでなく作曲も学ばせた。そしてゲヴァントハウスでの演奏会やオペラにも通わせた。

ゲヴァントハウスはドイツ語で「織物会館」という意味で、織物業の取引所と倉庫として建てられた会館の中に、演奏会用のホールがあった。当時は木造で五百席ほどだった。このゲヴァントハウスのホールを本拠地とするオーケストラが、ゲヴァントハウス管弦楽団である。

ヴィークのピアノ教師としての名声も高まり、また書店業も繁盛した。ヴィーク邸には音楽関係者が集うようになっていき、そうした客の前でクララはピアノを披露した。それは来るべき演奏会のための予行練習でもあった。

ロベルト・シューマンがそのヴィークの弟子になったのは一八二八年の八月だった。その直前の七月にヴィークは再婚していた。クララに継母ができたのである。彼女はいわゆる「複雑な年頃」だった。もともと無口な少女だったようだが、この新しい母ともなじめない。そんなところに文学の香りのする青年が現れたのである。もっとも、その青年のほうは八歳の少女に恋心は抱かない。

そのときにロベルトの胸を独占していたのは、生地ツヴィッカウにいたときからの知り合いで、ライプツィヒで名士となっていた医師カールスの妻アグネスだった。プラトニックな関係だったが、禁断の恋である。アグネスは歌手でもあったので、ロベルトは彼女に歌ってもらうことを前提にした歌曲を書いている。しかし青年の恋は燃えやすくも冷めやすい。翌年になると、アグネスへの思いは沈静化したという。

十月から翌年四月にかけて、ゲヴァントハウスではベートーヴェンの九つの交響曲が演奏された。ベートーヴェンの交響曲の全曲演奏はやがてパリでも行なわれるが、ライプツィヒのほうが早く、そして短期間に九曲すべてを演奏した。

ロベルトはこの連続演奏会でベートーヴェンの交響曲を、第一番と第四番以外の七曲を聴いたことが確認されている。この二曲も聴いたかもしれないが、確認できないだけだ。ロベルトはとくに第二番と第九番に感銘を受けた。

ここにまた、ベートーヴェン・チルドレンが誕生したのである。

さらに、ライプツィヒの歌劇場でヴェーバーの《オベロン》を観て夢中になった。この都市は歌劇場の歴史も古く、一六九三年に最初の歌劇場が開場している。

十月十日、クララ・ヴィークは初めてゲヴァントハウスのステージに立った。父の別の生徒と二重奏でカルクブレンナーの「モーゼの行進曲の変奏曲」を弾いただけだったが、音楽専門誌「総合音楽新聞」に〈我々は、経験豊かな父親の指導のもとで訓練されたこの少女に、大きな期待を抱いてもいいだろう〉と評された。本格的なデビューは二年後になるが、クララ・ヴィークの名はライプツィヒ以外でも知られていく。

†音楽を学び始める演劇青年

ヴィークの楽譜と音楽書の専門書店にはプロの音楽家はもちろん、音楽家志望の若者も出入りしていた。その客のひとりに、リヒャルト・ワーグナーという青年がいた。後の「歌劇王」である。

リヒャルトの父カール・フリードリヒ・ワーグナーは警察署の事務官だった。母はパン職人の娘で、両親とも音楽とは関係がない。だがフリードリヒは演劇好きで、観劇するだけでなく、アマチュア劇団の舞台に立ったこともある。フリードリヒは演劇関係者とも交友しており、家には俳優もよく訪れていた。

まだ戦争のさなかの一三年五月二十二日にリヒャルトはワーグナー夫妻の九人目の子として生まれた。シューマンの三歳下になる。

一八一二年にナポレオンがロシア遠征に敗退したことで、ドイツ諸国はフランス軍に挑み、一三年十月の「諸国民の戦い」に勝利するが、リヒャルトが生まれたのは戦乱の時期にあった。

彼には兄が三人、姉が五人いた。長兄とは十四歳離れている。両親は音楽家ではなかったが、子供たちは音楽や演劇への道を歩む。ワーグナー家の長男アルベルトは医学を志したがオペラ歌手になり、次男は早逝、長女ロザーリエは女優、三男カール・ユリウスは金細工師、次女ルイーゼは女優、三女クララはオペラ歌手、四女は早逝、五女オッティーリエは言語学者の妻、そして四男がリヒャルトだった。

リヒャルト・ワーグナー

ロシア遠征が失敗に終わるとナポレオンは反撃の拠点としてライプツィヒを占領した。フリードリヒ・ワーグナーはフランス語が堪能だったので、占領軍との交渉役として署長代理を務めた。リヒャルトが生まれて四か月が過ぎた十月、二十万人のフランス軍に占領されていたライプツィヒを、プロイセン、オーストリア、ロシアの同盟軍総勢三十五万人が包囲し、十六日から戦闘が始まった。三日にわたる戦闘の後、十九日に同盟軍の勝利となり、フランス軍は敗退した。戦争が終わって一か月後の十一月二十三日、警察に勤務するフリードリヒ・ワーグナーは職務中にチフスに感染し急死した。リヒャルトは実の父の顔を知らずに育つことになる。

母ヨハンナは翌一八一四年八月に、夫の友人だった俳優ルートヴィヒ・ガイアーと再婚した。フリードリヒの死後一年もたたないで再婚し、すぐに女の子が生まれたことなどから、二人はフリードリヒ存命中から関係を持っており、リヒャルトは不倫の子ではないかとの疑惑が持たれている。しかし、あくまで噂話レベルの説に過ぎない。

再婚に伴い一家はドレスデンに引っ越した。兄や姉たちは演劇や音楽への道を歩んでいたが、母ヨハンナはリヒャルトには父と同じ公務員のような仕事に就かせたかったようで、彼は幼少期からの音楽教育は何も受けていない。しかし養父ガイアーが劇場へ連れて行き、演劇にはなじんでいた。

ガイアーは義理の息子をとても可愛がり（それゆえにリヒャルト自身も自分の実の父ではないかと疑うのだが）、十分な教育を受けさせようと、一八二〇年、七歳になったリヒャルトをドレスデンの寄宿学校へ入れた。しかし一年後の一八二一年九月にガイアーは亡くなってしまう。学費が払えなくなり、リヒャルトはガイアーの故郷アイレスバーベンの学校へ入り、ガイアーの弟、つまり義理の叔父のもとで暮らすことになった。だが一年後にその叔父が結婚して居場所を失い、今度は実父の弟のもとで暮らす。親を失くした子によくある「親戚をたらいまわしにされて」という状況だ。一八二二年秋、リヒャルトはドレスデンの母のもとに戻った。

そしてこの九歳の一八二二年十二月、リヒャルト少年は、彼の人生と世界音楽史、いや間接的にではあるが世界史そのものを変える出合いをする。ヴェーバーの《魔弾の射手》でオペラの魅力を知ったのだ。このオペラをシューマンがツヴィッカウで観るのは翌年なので、リヒャルトのほうが早かった。

ヴェーバーとリヒャルトの養父ガイアーとは知り合いだった。ヴェーバーは友人の義理の息子であるリヒャルトを気にかけ、劇場への出入りを許してくれた。彼は少年時代から、劇場の「舞台裏」を知っていたのだ。この点でもリヒャルトはシューマンよりも優位に立っていた。シューマンはヴェーバーとは会うこともなかったが、リヒャルトはこの大音楽家と親しくしていたのだ。

リヒャルトは義理の父の友人であるヴェーバーの《魔弾の射手》を観て聴いて、オペラ作曲家になりたいと決意した。

オペラを観て少年あるいは少女が「なりたい」と思うものは、普通はステージで活躍する歌手だろう。作曲家になりたいと思う少年は、まずいないはずだ。リヒャルトがそういう思考をしたのは、オペラにおいては、ステージには姿を見せない作曲家というものがいて、その人物がすべてを創造していることを知っていたからに他ならない。

音楽家の家には生まれず、自ら楽器を演奏しない新しいタイプの音楽家として、すでにパリではベルリオーズが歩み出しているが、ワーグナーもそういうタイプの音楽家となる。

だが、彼が音楽を本格的に学ぶまでには、まだ歳月が必要だった。

その後もリヒャルトの家庭環境は落ち着かない。兄や姉たちは、次々と自立して出て行った。女優になった一番上の姉ロザーリエがプラハの劇場と契約したので、母と妹がついて行き、リヒャルトだけ学業のため、知人の飲食店主に預けられドレスデンに残った時期もあった。リヒャルトは一八二六年の冬と二七年の春にプラハに遊びに行っている。ここでは伯爵家の姉妹と親しくなった。この二度目の二七年春のプラハ滞在中に、ベートーヴェンが亡くなった。

リヒャルトは《フィデリオ》を知ったばかりで、その作曲者ベートーヴェンへの関心を募らせていたときに、つい最近亡くなったと知ったのだ。

その一八二七年の十二月、女優の二番目の姉ルイーゼがライプツィヒの劇場と契約し、さらに同地の出版業者と結婚するのを機に、リヒャルトは母と妹とライプツィヒで暮らすことになった。

それまでリヒャルトは母の再婚相手であるガイアー姓を名乗っていたが、生地に戻ると、ワーグナー姓を名乗る。十四歳にしてリヒャルト・ワーグナーとなったのだ。

リヒャルトは聖ニコライ教会附属ニコライ学校へ入り、さらにバッハが勤務していた聖トーマス教会附属トーマス学校へ転校した。いずれも名門校である。さらに家庭教師からピアノを習ったが、基礎訓練を嫌ったためものにならなかった。すぐに曲を弾きたがる生徒だったのだ。彼が興味を持っていたのは文学だった。やがて演劇にも興味を持ち、詩や戯曲を書くようになった。

このまま母の望みどおりにいけば、リヒャルト・ワーグナーは文学や演劇好きの公務員となったのかもしれない。だがベートーヴェンの音楽との出合いが、彼の運命とオペラの歴史を変える。ベートーヴェンの交響曲をワーグナーが初めて聴いたのは自伝『わが生涯』によれば、ライプツィヒで暮らすようになってからで、「イ長調」とあるから第七番である。これに感銘を受け、さらにベートーヴェンは耳が聞こえなかったと知り、ますます感動した。ベートーヴェンはリヒャルトの英雄となっていく。

ここにまたひとり、ベートーヴェン・チルドレンが生まれたのである。

リヒャルトはさらにモーツァルトの《レクイエム》と《ドン・ジョヴァンニ》を知った。この天才はヴェーバー、ベートーヴェン、モーツァルトと、音楽史を遡っていったのだ。

さて、リヒャルトがライプツィヒで暮らすようになったのは一八二七年十二月からだ。ロベルト・シューマンがツヴィッカウからライプツィヒへ下見に来るのが二八年三月で、五月からこの地で暮らし、八月からヴィークの生徒になった。

リヒャルトが和声学を学び始め、音楽書をヴィークの店へ借りに行くようになるのが二八年秋なので、ちょうどシューマンがヴィークの生徒になった時期だ。二人は近くにいたのである。

†一八二八年のロマン派たち

ベートーヴェンが亡くなって一年になろうとしていた一八二八年三月九日、パリ音楽院のホールで、彼の交響曲第三番、通称《英雄交響曲》が演奏された。この年の二月に設立されたパリ音楽院演奏会協会による最初の演奏会だった（以下「協会演奏会」とする）。

この演奏会で指揮をしたのが、音楽院の卒業生で教授であり、オペラ座首席指揮者でもあるフランソワ＝アントワーヌ・アブネック（一七八一〜一八四九）だった。

アブネックはこの年の二月に音楽鑑賞団体として「パリ音楽院演奏会協会」を作った。当時はまだ珍しいオーケストラの演奏会を恒常的に行なうために、まず「客」を組織化したのである。こうして聴衆を確保してから、音楽院の教授と卒業生によるオーケストラを組織した。これが一九六七年まで歴史が続くパリ音楽院管弦楽団（現・パリ管弦楽団）だ。

協会の会員は一一〇〇名で、貴族や富裕な市民という当時のセレブが会員になった。一般の市民が会員になるのは極めて困難だった。会員の権利は、その人が亡くなると、家族に受け継がれていく。楽団員は音楽院卒業者のなかから優秀な者が選ばれた。演奏会は毎年二月から五月にかけて六回前後、日曜日の午後二時開演で、毎回六曲から七曲が演奏される。当時の演奏会はいまの倍以上の時間をかけていたのだ。

この画期的な演奏会シリーズのプログラムの中心がベートーヴェンの交響曲で、ほぼ毎回、ベートーヴェンの何かが演奏された。この時代、パリではベートーヴェンの人気はない。難しい音楽とされ、当時の感覚では長過ぎる彼の交響曲が演奏される機会はほとんどなかった。ベートーヴェンの交響曲がパリで認められるようになるのは、このアブネックによる演奏会が成功したからだった。

フランソワ＝アントワーヌ・アブネック

この最初の年はベートーヴェンの九つの交響曲のうち第三番と第五番、他にピアノ協奏曲第三番、ヴァイオリン協奏曲などが演奏された。この一連の演奏会で初めてベートーヴェンの交響曲がまともに演奏されるのを聴いた者は多い。

フランツ・シューベルト

一八二八年十一月十九日、ウィーンでフランツ・シューベルトが亡くなった。三十一歳での死だった。悲劇的よく知られる曲が《未完成交響曲》なので、悲劇的イメージが強く、存命中はまったく無名だったという説が流布しているが、そんなことはない。だが、死後の名声に比べれば、たしかに存命中は大音楽家としては扱われておらず、これからというときでの死だった。

シューベルトはベートーヴェンの死の翌年に亡くなったが、生年は二十七も離れている。ベートーヴェンと面識はあったが師事したわけではない。しかしベートーヴェンを敬愛し、その葬儀に参列した。彼もまたベートーヴェン・チルドレンである。この本の主人公たちにとってシューベルトは兄にあたる世代だ。

一八二八年のロマン派たちの状況を確認しておこう

ベルリンのメンデルスゾーンは十九歳ですでに天才少年として名高い。

ワルシャワの天才少年ショパンは十八歳で初めての外国旅行でベルリンへ行き、遠くからメンデルスゾーンを眺めた。

そして神童から天才少年コースを歩んでいた十七歳のリストはパリで暮らしていたが、失恋で鬱になり引き籠もり、死亡説が出たほどだった。

ライプツィヒでは、天才少女クララ・ヴィークは九歳にして有名だったが、十八歳のシューマンと十五歳のワーグナーはまだ無名だった。

1828年までの主な作品

メンデルスゾーン（〜19歳）
序曲《夏の夜の夢》／序曲《静かな海と楽しい航海》／歌劇《カマチョの結婚》／12曲の交響曲／交響曲第１番／ピアノ協奏曲（イ短調）／ピアノソナタ第１番〜第３番／ピアノ四重奏曲第１番〜第３番／ロンド・カプリチオーソ／ヴァイオリン・ソナタ／カプリッチョ／弦楽八重奏曲／トランペット序曲／弦楽五重奏曲第１番／弦楽四重奏曲第２番

ショパン（〜18歳）
ポロネーズ第８番・第９番・第11番〜15番／ロンド（ハ短調）／マズルカ風ロンド／３つのエコセーズ／マズルカ第47番・第50番・第51番／ワルツ第14番／ピアノソナタ第１番／モーツァルト《ドン・ジョヴァンニ》〈お手をどうぞ〉の主題による変奏曲／ポーランド民謡による大幻想曲／ロンド（ハ長調）／ロンド・ア・ラ・クラコヴィアク／葬送行進曲（1827-29）／ピアノ三重奏曲（1828-29）

シューマン（〜18歳）
歌曲《変容》／ピアノ協奏曲変ホ短調／歌曲《漁師》《束の間の目覚め》／８つのポロネーズ

リスト（〜17歳）
ワルツ（イ長調）／歌劇《ドン・サンシュ、または愛の館》／ロッシーニの主題による７つの華麗な変奏曲／ロッシーニとスポンティーニの主題による華麗な即興曲／華麗なアレグロ／華麗なロンド／全ての長短調のための48のエチュード／スケルツォ（ト短調）／葬送行進曲

ワーグナー（〜15歳）
なし

第二章

革命と青春の旅立ち（一八二九〜一八三一年）

第一章では主要人物の誕生から青年期までを人物ごとに記してきたが、以後は時系列にしたがって、いわゆる映画的手法で描いていくので話があちこちに飛ぶが、いずれも「キャラクターが立っている」人々なので、混乱は少ないと思う。

主要舞台はフランスのパリである。この時代、パリで成功することが音楽家にとって最大の目標となっているのだ。

フランスの歴史を簡単におさらいすると、一七八九年の大革命で王政が倒れるが、その後は混乱が続いた。その混乱を制したのがナポレオンで、一八〇四年に皇帝に即位した。だがその天下は十年で終わり、ロシア遠征の失敗を契機に戦争に負け続け、失脚した。一八一四年からフランスは「復古王政」時代となり、ルイ十六世の弟ルイ十八世が国王として即位した。一五年に一時的にナポレオンが復権するが、それは百日ほどで終わり、この英雄は流刑地で一八二一年に亡くなる。

復古王政では、世襲による貴族院と制限選挙で選ばれる下院の二院制がとられた。だが、選挙権はごく一部の国民にしかなく、大革命前の体制にほぼ戻ってしまった。法の下の平等、出版の自由は憲法によって保障されていたが、議会には発議権はなく、国王は立法・行政・司法の三権と非常大権を有していた。

当初は穏健な自由主義的政治が続いた。しかし、一八二〇年にルイ十八世の弟アルトワ伯爵の次男ベリー公爵(ルイ十八世の甥)がボナパルト派の狂信的な男に暗殺されたのを機に王政は反動化していた。一八二四年、ルイ十八世が亡くなり、弟のアルトワ伯爵がシャルル十世として即位するとますます反動化した。

そしてフランスは七月革命へと向かい、その激動期に若き音楽家たちは飛躍のときを迎える。

†《田園交響曲》の衝撃

一八二九年二月〜四月、パリ

この年のアブネックによるパリ音楽院協会演奏会の第一回は二月十五日で、この日はハイドンの作品を中心としたプログラムだった。ベートーヴェン作品は三月になってからだ。

三月一日の第二回ではベートーヴェンの《フィデリオ》序曲と交響曲第七番が演奏された。以後、三月十五日の第三回では《エグモント》序曲と第六番《田園交響曲》、三月二十九日の第四回では第七番、四月十二日の第五回では《田園交響曲》、二十六日の第六回では前年に演奏した第三番《英雄交響曲》が演奏される。前年は三番と五番で、この年は六番と七番がレパートリーに加わったのだ。

この演奏会に通っていたひとりが、エクトル・ベルリオーズ（一八〇三〜六九）だった。ベルリオーズはショパンやリストたち一八一〇年前後生まれの少し上の世代だ。生地はフランス南部のリヨンとグルノーブルの中間あたりの田舎町ラ・コート＝サンタンドレで、父は医者で、ベルリオーズもそれを継ぐはずだった。幼少期から特別な音楽教育を受けたわけでないが、趣味でフルートとギターを嗜み、作曲の理論も本を読んで独学していた。

一八二一年三月にベルリオーズはバカロレア（大学入学資格試験）に合格し、十月に医学を学ぶためにパリへ向かった。だが、ある晩、オペラ座へ行ったのが彼の運命と音楽史を変えた。サリエリ作曲の

エクトル・ベルリオーズ

《ダナオスの娘たち》を見て打ちのめされた彼は、親の反対を押し切って音楽に生きようと決意した。作曲の勉強を本格的に始め、借金をして演奏会を開いて披露するなどしていたが、プロとしてやっていくには何かが欠けていた。この時代の音楽家はピアノかヴァイオリンを自ら弾いて自作を披露していた。だがベルリオーズはどちらも弾けない。彼は「演奏できない専業作曲家」という新しいタイプの音楽家だった。その道は険しい。

一八二六年、自らの閉塞状況を打破すべく、ベルリオーズは藝術アカデミー主催の作曲コンクール、ローマ賞へ応募することにした。この賞は美術のコンクールだったが、一八〇三年から作曲部門も創設され、大賞を受賞すると一年間のローマ留学と五年間の奨学金という副賞があった。当時の藝術家にとってローマは憧れの地であり、学ぶべきものがある都市だったのだ。

ベルリオーズは最初の年は予選で落ちた。

二年目の一八二七年は予選を通過したが本選のために書いた《オルフェの死》は演奏不可能との判断で落ちてしまった。

そしてこの一八二七年九月、ベルリオーズは、フランスに巡業に来ていたイギリスの劇団によるシェイクスピアの『ハムレット』を見て、オフェーリアを演じている女優ハリエット・スミッソンに一目惚れしてしまった。ベルリオーズは熱烈なラブレターを書くが、無名の音楽家を人気女優が相手にするはずがなく片想いのままだ。

ベルリオーズはハリエットへの片想いがまだ続いている一八二八年もローマ賞に挑戦した。この年はカンタータ《エルミニー》を提出したが二位だった。

そんなときにベルリオーズはベートーヴェンの《田園交響曲》を聴いて打ちのめされた。《田園交響曲》によって近代的標題音楽は始まった。《田園交響曲》は嵐の様子やカッコウの鳴き声を楽器で模写したところもあるが、全体としては、楽器で自然描写、情景描写をするのではなく楽器で感情表現をしている。いずれにしろ、言葉に頼らずに自然や情景を聴く者にイメージさせる画期的な曲だった。

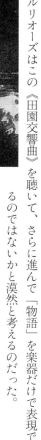

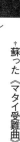

ベルリオーズはこの《田園交響曲》を聴いて、さらに進んで「物語」を楽器だけで表現できるのではないかと漠然と考えるのだった。

ハリエット・スミッソン

蘇った《マタイ受難曲》

三月、ベルリン

三月十一日、ジングアカデミーの大ホールで、ついにフェリックス・メンデルスゾーン主宰・指揮によるバッハの《マタイ受難曲》が上演された。初演からほぼ百年が過ぎ、バッハの死からも四分の三世紀が過ぎ、忘れられていた作品が蘇ったのである。

メンデルスゾーンは、前年秋から《マタイ受難曲》の復活上演をしたいと考えていた。母方の祖母から楽譜をクリスマス・プレゼントとしてもらったのが一八二三年だったので五年が過ぎている。この間にメンデルスゾーンはこの曲を研究しており、宗教行事の音楽として教会で演奏するのではなく、藝術作品として上演しようと考えたのだ。

こんにちでは西洋音楽の最高傑作とされる《マタイ受難曲》だが、バッハの死後はまったく忘れられていた。常にどこかで演奏される定番の名曲ではなかったのだ。もともとキリスト教会での宗教行事の音楽であり、独立した藝術作品とはみなされていない。バッハの次世代の音楽家たちは、バッハの作品は知っており、楽譜の研究はしていたが、それをベースに自分の作品を作っていたわけで、バッハ作品をそのまま演奏、上演することはなかった。

メンデルスゾーンの音楽の師であるツェルターはバッハの孫弟子にあたるので、この曲については熟知していた。それゆえに上演が困難であることも分かっていたので、当初は反対したが、メンデルスゾーンが熱心に説くので、この無謀な試みに協力することにした。

ツェルターの支援を得られてから実現に向けての実務的な作業が始まった。会場はジングアカデミーの大ホールを希望したが、借りるにあたり、アカデミーの大御所たちが反対したので難航した。どうにか許可が下り、宮廷歌劇場の歌手を雇うことになり練習も始まった。これらの資金は父に頼み工面できた。

メンデルスゾーンのこのプロジェクトは《マタイ受難曲》を蘇らせただけでなく、一部の音楽家の間でしか知られていないバッハという人が、音楽史上の巨人、最重要の作曲家として歴史に位置づけられるきっかけとなった。

そして同時に、この仕事を成し遂げたメンデルスゾーンも、作曲家、ピアニストとしてだけでなく、音楽の解釈をする人、すなわち指揮者として注目される。

メンデルスゾーンの仕事は、名曲、つまりは「古典」というものは、時代を超えて演奏され、聴かれるものだという意識を人々に植え付けた点で画期的だった。

この頃、「クラシック音楽」という概念が誕生するのだ。


三月十一日の《マタイ受難曲》の演奏会当日、ベルリンではもうひとつ話題の演奏会が開かれていた。パガニーニが初めてベルリンで演奏会を開いたのだ。

パガニーニは前年の秋にベルリンで演奏すると言われ、その噂ははるかワルシャワにまで届き、ショパンのベルリン旅行の目的のひとつでもあった。それはキャンセルされたが、ようやく三月になってパガニーニのベルリン公演が実現したのだ。

パガニーニという興行上のライバルがいたにもかかわらず、《マタイ受難曲》の用意された一千枚の切符はたちまち売り切れた。

演奏会には、プロイセン国王フリードリヒ・ヴィルヘルム三世、哲学者ヘーゲル、思想家フリードリヒ・シュライアーマッハー、そして、詩人ハインリヒ・ハイネもいた。

三月十一日の演奏会は大成功に終わり、その十日後に再演された。

《マタイ受難曲》復活上演を終えると、メンデルスゾーンは長い旅に出た。

この年、二十歳になるメンデルスゾーンは裕福な家に生まれたので、これまでもドイツ各地の他、パリへ二回、スイスへ一回、旅行をしていた。モーツァルトやリストのように興行するための旅行ではなく、いまでいう観光だった。

イギリスでは十七世紀後半から、貴族や富裕層の息子の「成人の儀式」、あるいは「修学旅行」のような感覚で、仕事に就く前に、フランスやイタリアへ物見遊山の長期旅行をすることが流行していた。これを「グランドツアー」、あるいは「教養旅行」という。いまの学生が卒業直前に友人たちと出かける卒業旅行のようなものではあるが、スケールも中身もかなり違う。

この時代、テレビも映画もないし、出版もいまのように膨大な量の本や雑誌があるわけではない。異国の文化や藝術を知るには現地へ行くしかなかった。まさに教養を身に付けるための旅行だった。メンデルスゾーンの父アブラハムはイギリスにこういう習慣があると知っていたので、自分の息子にもグランドツアーをさせようとかねてより計画していたのだメンデルスゾーンの最初のイギリス旅行は四月から十二月まで、その後、翌一八三〇年から三二年六月までの二年半にわたり、ヨーロッパ各地をまわる。すでに若き天才音楽家として有名だったので、メンデルスゾーンのグランドツアーは単なる物見遊山の観光では終わらず、各地の音楽家と交流し、ときには演奏会も開く旅となった。

†パガニーニ、ワルシャワへ

四月〜五月、ロンドン

メンデルスゾーンはハンブルクから船でロンドンへ向かった。三日間の船旅で、かなり船酔いをした。四月二十五日付けの家族への手紙には、〈ロンドンは世界中でいちばん壮麗で、いちばん複雑な大都市です。私が三日間で体験したことを、一通の手紙に書きつくすことなんてとてもできません〉とあるので、三日前の二十二日前後にロンドンへ着いたのだろう。

産業革命を成功させていたイギリスの首都ロンドンは、メンデルスゾーンが知っているベルリンよりも遥かに発展していたのだ。

メンデルスゾーン家はロンドンでも有名だった。ナポレオンが大陸封鎖令を布いて、イギリスとヨーロッパ大陸の貿易を禁じた際に、メンデルスゾーン家はイギリス製品を密輸したことで、財をなした。イギリスにとっては、メンデルスゾーン家は危険を顧みずに商品を買ってくれた恩人だった。

そんなこともあったので、メンデルスゾーンはロンドン社交界ですぐに人気者になった。少年時代に知り合ったモシュレスがロンドンにいて後ろ楯となってくれたことも大きかった。

当時すでにロンドンでは、オーケストラ演奏会の主催団体としてフィルハーモニック協会が活動していた。メンデルスゾーンはそこに招かれ、五月二十五日にリージェント・ストリートのアーガイル・ルームでの演奏会で、自作の交響曲第一番を指揮した。このときは第三楽章メヌエットを、別の弦楽八重奏曲のスケルツォに取り替えて演奏した。これがメンデルスゾーンのロンドン・デビューとなった。

この交響曲は一八二四年、メンデルスゾーンが十五歳の年の作品で、最初に出版されたので「第一番」とされるが、この曲の前に十二の交響曲を書いていたので第十三番でもある。しかし、その前の十二曲は習作とみなされている。

三十日には同じホールで、今度はピアニストとしてヴェーバーの曲を演奏した。さらに数日後には自作の《夏の夜の夢》序曲も演奏し、ロンドンの音楽界はメンデルスゾーンの話題で騒然となった。「ベートーヴェンの死による空白が埋められるかとさえ思われた」とまで語られた。

メンデルスゾーンは作曲家、ピアニスト、そしてオーケストラの指揮者としてロンドンで一大旋風を巻き起こした。このときにメンデルスゾーンが指揮棒を使ったことは聴衆にとって新鮮だった。いまでは当たり前だが、指揮棒を使う指揮者は珍しかったのだ。当時の指揮者は拍子をとるだけの仕事だったので、客席のほうを向いていたが、メンデルスゾーンは客席に対して斜めに立ち、半分はオーケストラを見て細かく指揮した。そのためにも棒が必要だった。ロンドン滞在中にベートーヴェンの交響曲第八番も指揮している。

さらにメンデルスゾーンは、スコットランド地方にも行き、七月三十日、エディンバラのホリールード・ハウス宮殿を訪れた。ここはメアリ・ステュアートゆかりの地である。このときにインスピレーションを得て書き始めたのが、《スコットランド交響曲》だった。

メンデルスゾーンは割合と一気呵成に書いていくタイプの作曲家だが、《スコットランド交響曲》は時間がかかり、完成するのは一八四二年だった。

五月、パリ

パリ音楽院管弦楽団は五月三日、「ベリー公爵夫人のご命令による」演奏会で、ベートーヴェンの第五番と第七番などを演奏した。前年もシーズン最後の演奏会は「ベリー公爵夫人のご命令による」と銘打たれていた。音楽院演奏会協会に対して「ご命令」を下せるこの女性はいかなる人物なのであろうか。

ベリー公爵はルイ十八世の弟シャルル十世の次男で、一八一六年にオーストリア皇帝フランツ一世の姪にあたるマリー・カロリーヌを妻とした。この女性がベリー公爵夫人である。一八二〇年二月十三日、オペラ座からの帰路、ベリー公爵は狂信的ボナパルト派に暗殺されてしまった。このとき、夫人は妊娠しており、七か月後に男子が生まれた。

一八二四年、ルイ十八世が亡くなり弟がシャルル十世として即位した。その長男アングレーム公爵ルイ・アントワーヌが王位継承順位第一位だが、この夫婦には子供がいなかったため、次男ベリー公爵の遺児が継承順位第二位となった。ベリー公爵夫人は、未来の国王の母になる可能性の高い女性となったのである。

ベリー公爵夫人は演奏会協会の有力会員であり、会員には王家に近い貴族が多くいたと思われる。協会はさまざまな点で政府からの便宜供与を受けており、政権に近かった。

しかしそのシャルル十世政権は強権政治だったので国民の間には不満が溜まりに溜まっていた。

五月〜七月、ワルシャワ

三月にベルリンで演奏したパガニーニは五月にワルシャワに登場し、七月まで滞在して合計十回もの演奏会を開いた。

ショパンは音楽院での最後の日日を過ごしており、ようやくこの天才ヴァイオリニストの演奏を聴くことができた。ショパンはこのすぐ後に変奏曲イ長調《パガニーニの思い出》を書いている。パガニーニが自作自演した《ヴェネツィアの謝肉祭》変奏曲の主題に基づいた曲だ。三分ちょっとの短い曲で、死後に出版されたので「遺作」のひとつとなっているが、若い頃の作品である。パガニーニに興奮して一気に書いたのだろう。

ショパンはパガニーニから、「超絶的な名人藝がひとに感動を与える」という単純で素朴な事実を認識した。

パガニーニがワルシャワで演奏したのは五月二十三日から七月十九日までで、この約二か月間に十回の演奏会が開かれた。同時期、ワルシャワではロシアの新しい皇帝ニコライ一世の戴《たい》冠式《かんしき》が行なわれていた。ロシア皇帝はポーランド国王でもあったのだ。

ニコライ一世が到着したのは五月十七日で戴冠式は二十四日なので、パガニーニの最初の演奏会は戴冠式の前日だったことになる。

この時期のポーランドはウィーン会議による第四次分割の時代だ。ロシアとオーストリア、そしてプロイセンに割譲されており、残った部分は「ポーランド会議王国」とポーランドを名乗っているが、ロシアとの同君連合とされ、ロシア皇帝が国王なのだ。

ロシア皇帝のワルシャワでの戴冠式に好意を寄せているワルシャワ市民は少なかった。ショパンも皇帝よりパガニーニに夢中になっていた。

五月〜十月、ライプツィヒからハイデルベルク

シューマンはライプツィヒからハイデルベルク大学の法科へ移ることになった。

いったん故郷ツヴィッカウに戻った後、シューマンは南ドイツを旅し、マイン川とライン川沿いを馬車で下った。ライン川を見るのはこのときが初めてで、とても感銘を受けた。しかしこのときの感銘と《ライン交響曲》とは直接の関係はなさそうだ。

フランクフルト、マインツ、コブレンツなどを経由して、シューマンは二十一日にハイデルベルクに到着した。

さらにシューマンはスイスと北イタリアへ行き、ミラノのスカラ座ではロッシーニのオペラ《どろぼうかささぎ》を観た。ヴェネツィアにも寄って、ハイデルベルクに戻るのは十月十五日だった。

もはやシューマンの頭の中には音楽のことしかない。法律の勉強はせずに交響曲の作曲に取り組んだ。誰に頼まれたわけでもない。発表のあてもない。コンクールに応募すると決めていたわけでもない。「自分が書きたいから書く」というのはいまのミュージシャンにとっては当たり前のことだが、これこそがロマン派の特徴でもあった。宮廷や歌劇場や教会からの依頼で

業務として作曲するのではなく、藝術のための藝術というものが誕生しつつあった。文学や美術が先行していたが、ようやく音楽の分野にもそういう藝術家が誕生するのだ。

†ショパン、ウィーン・デビュー

七月、ウィーン

パガニーニのワルシャワでの連続演奏会の最終日は七月十九日で、その翌日、七月二十日がショパンの卒業の日だった。師エルスネルはショパンの最後の成績表に、「フレデリック・ショパン（第三学年生）、目覚しい才能、音楽の天才」と記した。

ショパンにはもう学ぶべきものは何もない。彼に必要なのは、音楽を披露する機会だった。ワルシャワの音楽マーケットは小さい。ここにいたのでは才能が埋もれてしまう。ワルシャワでいくら評判になっても、パリやウィーンには届かない。

父ミコワイは教育大臣に対し、息子フレデリックを留学させたいのでその経費を出してくれないかと依頼した。教育大臣の妻はショパンの才能をよく知っていたので、大臣もその気になったが、内務大臣の反対にあってしまった。

現在のポーランドは文化的観光資源としてショパンを利用しているが、ショパンが最も国家からの援助を必要としたときは、冷淡だったのだ。

父の嘆願書が拒否されたのは六月十日だった。しかしショパンはそれをあてにして、ウィーンへ行く気になっていた。そこで父は、長期留学は無理でも、とりあえずウィーンへの旅費は工面してやった。

七月下旬、ショパンは四人の友人とともに約六二〇キロ先のウィーンへと旅だった。

一週間の旅で、ウィーンに着いたのは七月三十一日だった。音楽の都に着くと、ショパンは師エルスネルからの紹介状を携えて楽譜出版業者のハスリンガーを尋ねた。すでに、「モーツァルトの《ドン・ジョヴァンニ》のアリア〈お手をどうぞ〉の変奏曲」（作品二）の楽譜を送ってあったので、出版の話をするつもりだった。

ハスリンガーは作品にはあまり感心した様子はなかったが、「弾いてみなさい」と言って、ショパンに弾かせた。そのピアノを聴いてハスリンガーは「これは売れるかもしれない」と思ったようだ。つまりショパンに作曲家としてよりもピアニストとしての商品価値を認めたのだ。ベートーヴェンの死から二年が過ぎていた。この音楽の都は新たなスターを求めていた。もしかしたらこのポーランド人が新たなスターになるかもしれないと、音楽業界に生きているハスリンガーは感じ取ったのだ。ハスリンガーはショパンに、「君が演奏会でこの曲を弾くのであれば、出版してもいい」と持ちかけた。ショパンは演奏会を最初は断ったが、熱心に勧めるので承諾した。

ウィーンでもショパンはオペラを楽しんだ。この滞在では、ロッシーニ《シンデレラ》、ボイエルデュー《白衣の貴婦人》、マイヤベーア《エジプトの十字軍》を見た。いずれも、現在ではめったに上演されないオペラだ。

七月～八月、パリ

この年もベルリオーズはローマ賞に応募した。審査員たちは彼のカンタータ《クレオパトラの死》に、自分たちの音楽とは違う新しさを感じたものの、これを認める勇気はなく、といって、ベルリオーズ以外の応募者を一位にするわけにもいかないので、この年は一位なしとなった。

八月三日、パリのオペラ座でロッシーニ（一七九二～一八六八）の《ギョーム・テル（ウィリアム・テル）》の初演が開幕した。かねてよりロッシーニはこれが自分の最後のオペラになると予告しており、実際にこれが最後のオペラとなった。ロッシーニは三十七歳にして引退してしまうのだ。そしてなおも三十九年生きる。

ロッシーニはイタリアのペーザロで生まれた。父はトランペット奏者、母は歌手という音楽家一家の出身だ。ボローニャの音楽院で学び、十八歳の一八一〇年にヴェネチアの歌劇場のために《結婚手形》を書いてオペラ作曲家としてデビューした。最初の大ヒット作は一八一二年の《試金石》で、以後、イタリア最大のヒットメーカーとなる。

フランスへ進出したのは一八一七年で、パリのイタリア・オペラ専用の劇場イタリア座で《アルジェのイタリア女》が上演された。そして同じ年に《セビリヤの理髪師》が上演されると、大ブームとなった。ロッシーニ・ブームはイタリアから欧州中に広がり、ウィーンでもベートーヴェンが不満をもらすほどのブームとなっていた。

どこへ行っても歓迎されたはずだが、ロッシーニが選んだのはパリだった。一八二四年十一月、ロッシーニはイタリア座の音楽監督に就任し、以後、パリで暮らすことになった。

ロッシーニは音楽監督になると自作を上演するだけでなく、若いイタリア出身の音楽家も招聘して、その作品を上演させた。イタリア・オペラ全体のパリでの総代理人のような立場にあった。ロッシーニが連れてきた若い作曲家のひとりがベルリンに生まれ、イタリアで活躍していたジャコモ・マイヤベーア(一七九一~一八六四)だった。

一八二七年からロッシーニはオペラ座に移っていた。オペラ座ではフランス語のオペラを上演しなければならないので、イタリア語で書かれた旧作をフランス語に改作していたが、ようやく最初からフランス語で書かれたものとして《ギョーム・テル》が上演されたのである。

ロッシーニが引退するのは、すでに巨万の富を得ていたからといわれているが、この天才は自分の音楽が古くなりつつあるのを自覚していたのかもしれない。

新しい音楽の波は、すぐそこまで来ていた。

八月、ウィーン

八月十一日、ケルントナートーア劇場でショパンの演奏会が開かれた。この劇場はいまのウィーン国立歌劇場にあたる。つまりウィーンで最も大きく最も格式のある劇場だ。たった十日前にウィーンに着いたばかりの無名の青年が、こんな大劇場でいきなり演奏できたのは、オペラのシーズンオフで劇場が空いていたからだった。

当時この劇場はカーレンベルク伯爵が所有していた。伯爵はハンスリガーからショパンの演奏会を開かないかと提案されると快諾した。ただし、出演料は出ないという条件だった。楽譜の出版にあたっての条件も、原稿料も印税もなしだった。

ショパンは甘く見られたわけだが、ハスリンガーやカーレンベルク伯爵が特別に吝嗇だったわけでもないだろう。ショパンには何の報酬もないが、ハスリンガーは楽譜の印刷や宣伝の経費を出すわけだし、カーレンベルクもショパンには払わなくてもオーケストラには出演料を払わなければならないし、劇場を開けば経費がかかる。彼らにしてみれば、無名の青年のデビューに自腹を切るわけで、それだけでもありがたいと思え、という理屈である。

プログラムは楽譜の出版が予定される、「〈お手をどうぞ〉の変奏曲」（作品二）と、「ロンド・ア・ラ・クラコヴィアク」（作品十四）だった。どちらもピアノとオーケストラのための曲だ。ところが、オーケストラとのリハーサルが始まると、「ロンド」がうまくいかない。ショパンが書いたスコアに問題があったらしい。実際に演奏してみると、不備な点があったのだ。そこで、オーケストラとの共演は「〈お手をどうぞ〉の変奏曲」（作品二）だけとした。本番ではオーケストラはピットで演奏し、ショパンだけがステージでピアノを弾いた。

変奏曲は絶賛を浴びた。客席の聴衆だけでなく、ピットのオーケストラの楽団員までが拍手を贈った。そこでショパンは、ボイエルデューの《白衣の貴婦人》のメロディと、ポーランドの結婚の歌《シミエル》をもとにした即興演奏を披露した。これも絶賛された。

ピアニストとしてのショパンは、こうしてウィーン・デビューを成功のうちに終えた。

この成功を受けて、ハスリンガーは二度目の演奏会をやろうと言い出す。ショパンとしても一度だけの演奏会で故郷に帰ったのでは、失敗したとみなされそうなので、異存はなかった。一週間後の八月十八日に、場所は同じケルントナートーア劇場で、ショパンの二度目の演奏会は開かれた。それまでに「ロンド」のオーケストラ・パートが書き直され、今度は演奏できた。

その翌日、ショパンは故郷へ向かって旅立った。帰路はウィーンからプラハ、テプリッツ、ドレスデンにも立ち寄り、ワルシャワに着くのは九月十二日だった。

†パガニーニ、クララを褒める

十月、ライプツィヒ

天才ヴァイオリニストのパガニーニは欧州各地で演奏し、それを聴いた若者たちに衝撃を与えていたが、ライプツィヒにもやって来た。

パガニーニが最初にこの都市を訪れたのはこの年の二月で、ベルリンへ行く途中に寄っただけだった。ヴィークはライプツィヒでも演奏してくれとこの天才に依頼しようと手を尽くしたが、会ってもくれなかった。

ヴィークは諦めずベルリンまで行って、パガニーニの演奏を聴いた。深い感銘を受けたヴィークは、やはり何としてもライプツィヒで演奏してもらいたいと思い、ゲヴァントハウスの支配人に強く勧め、ようやく十月に実現したのだ。

パガニーニの演奏会は十月五日が第一回で、九日、十二日、十四日と行なわれた。

ヴィークは初日の前日にあたる十月四日に娘クララを連れてパガニーニを表敬訪問した。クララがピアノを弾くと、稀代の天才パガニーニは「この娘には音楽の天分がある」と言って天才少女にお墨付きを与えた。そしてクララに「演奏会にはいつでも来てくれ」と言った。

高値のチケット代で知られるパガニーニは、その管理も自分でしていた。彼が無料で招待するのはよほどの人だけだった。クララ・ヴィークはその栄誉に預かったのだ。ヴィーク父娘はライプツィヒでのパガニーニの演奏会のすべてを聴いた。

十一月、パリ

十一月二十九日(一日としている史料もあり)、パリ音楽院のホールでベルリオーズの自主公演が行なわれた。彼自身の序曲《宗教裁判官》と、《ファウストからの八つの情景》の抜粋、ベートーヴェンのピアノ交響曲第五番が演奏された。指揮はアブネック、独奏はベルリオーズの友人のフェルディナント・ヒラー(一八一一〜八五)という若いピアニストだ。ベートーヴェンの《皇帝》と呼ばれるピアノ協奏曲はこのときがパリ初演だった。

アブネックとパリ音楽院管弦楽団は春から初夏に演奏会協会の演奏会でベートーヴェン作品を演奏していたがそれとは別で、ベルリオーズが自腹を切った演奏会である。こういう演奏会を「benefit concert」といい、「慈善演奏会」と訳されることが多い。たしかに間違いではないが、現在の日本語で「慈善演奏会」というとチャリティー・コンサートのイメージになる。そういう寄付目的の演奏会もあるのだが、この時代の benefit concert は音楽家自身が主催する公演なので、本書では「自主公演」とする。それ以外に興行師が主催する演奏会や協会の団体が主催するものがあった。

この日の客席には、フランツ・リストもいた。しかし彼はベルリオーズの前へ行き、名乗ることはしなかった。

《ファウストからの八つの情景》はその題の通り、ゲーテの『ファウスト』の八つの情景を音楽にしたものだ。ベルリオーズはこの作品を自費で出版し、「作品番号一」とした。

ベルリオーズがゲーテの『ファウスト』のフランス語訳を読んだのは一八二四年とされ、その頃から、これを音楽にしたいと漠然と考えていた。そして、ベートーヴェンの交響曲を聴いて刺激され一気に書き上げたのだ。

この演奏会は聴いた人々の間では評判がよく成功したといっていいが、興行的には利益は出なかった。経費は友人たちからの借金だったので、それを返済するために苦労する。

数日後、リストはピアノメーカーのエラールの邸宅に呼ばれた。音楽界の噂話のなかでベルリオーズの名が出た。リストはベルリオーズが医者の息子でギターが弾けることなどを知った。どちらかというとベルリオーズはその場にいた人々から嘲笑されていたが、リストは先日聴いた音楽に何か心を動かされるものを感じていた。

十二月、ワルシャワ

ショパンがウィーンで成功したことはすぐにワルシャワにも伝わり、新聞や雑誌でも報じられた。このときまでショパンは公開の演奏会を開いたことがなかった。演奏したとしても、少人数の前で他人の曲を弾いただけだったのだ。

後にパリを活動の拠点としてからも、ショパンはホールでの公開演奏会はめったに開かず、少人数を相手にするサロンでの演奏しかしない。ピアノで大きな音が出せないというテクニック面での理由からでもあった。もし若い頃から大きなホールで演奏していたら、別のタイプのピアニストになったかもしれないが、そうなっていたら作品もまた違う作風のものになっていただろう。

帰国するとすぐにショパンには凱旋演奏会をやろうという話が来た。ショパンは承諾したが、期日が迫ると自信がなくなってしまい延期した。

帰国後のショパンはピアノ協奏曲を書いていた。ショパンの協奏曲は第一番と第二番とがあるが、この番号は出版の順で、作曲したのは第二番のほうが先だった。ウィーンから帰った直後に第二番に取り掛かっていたのだ。

十二月十九日、ショパンはレスルサ・クピェッカというホールで、ようやく演奏会を開いた。しかしこのときもウィーンで披露した自作ではなく、ワルシャワの劇場で大ヒットしていたスリラー・メロドラマ『百万長者のお百姓、あるいは不思議の国から来た少女』で使われていた音楽を題材にした即興演奏をしただけだった。

この時代、ヒットしているオペラや演劇の音楽をもとに、即興で変奏して弾くのが流行していた。誰もが知っている原曲をどう変奏するかで、ピアニストとしての腕が評価できたのである。ショパンの即興演奏はとても受け、大喝采を浴びた。だがこれは正式なデビュー演奏会とはされていない。

ショパンが正式にデビュー演奏会のステージに立つまでには、さらに三か月が必要だった。

十二月、ベルリン

イギリス旅行中のメンデルスゾーンは、ロンドン市街で乗っていた馬車が転覆した際に膝を怪我してしまい、当初の予定よりも長く滞在することになった。

彼がベルリンへ戻るのはこの年の十二月のことだ。その間に、最愛の姉ファニーが結婚していた。相手は画家のヴィルヘルム・ヘンゼルだった。

ベルリンに着いたとき、メンデルスゾーンの旅行鞄には、《異国からの帰郷》の楽譜が入っていた。オペラの一種だが「リーダーシュピーゲル」というジャンル名になる。これは両親へ銀婚式記念に贈られた。

1829年の主な作品

メンデルスゾーン（20歳）
弦楽四重奏曲第１番
３つの幻想曲、またはカプリス
協奏変奏曲
歌劇《異国からの帰郷》
交響曲第３番《スコットランド》（1829-32、41-42）
無言歌集第１巻（1829-32）

ショパン（19歳）
変奏曲《パガニーニの思い出》
ピアノ協奏曲第２番（1829-30）
エチュード第１番～第12番（1829-32）
ポロネーズ第10番、第15番
ワルツ第13番
ノクターン第19番
チェロとピアノのための序奏と華麗なるポロネーズ（1829-30）
歌曲《願い》《彼女が好きなこと》《どんな花、どんな花冠》

シューマン（19歳）
アベッグ変奏曲（1829-30）
パピヨン（1829-31）
トッカータ（1829-32）

リスト（18歳）
なし

ワーグナー（16歳）
ピアノソナタや弦楽四重奏曲を書いたらしいが、楽譜は紛失。

†マリー・モークのスキャンダル

一八三〇年一月、パリ

この頃パリ音楽界ではひとつの恋愛スキャンダルが起きていた。中心になるのはマリー・モークという女性である。

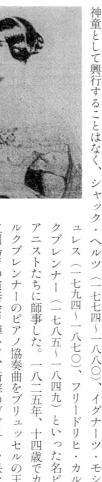

マリー・モークは一八一一年にベルギーで生まれた。後に知り合うショパンの一歳下、リストとは同年だ。幼い頃からピアノを弾き、才能は知られていたが、クララ・ヴィークのように神童として興行することはなく、シャック・ヘルツ（一七七四〜一八八〇）、イグナーツ・モシュレス（一七九四〜一八七〇）、フリードリヒ・カルクブレンナー（一七八五〜一八四九）といった名ピアニストたちに師事した。一八二五年、十四歳でカルクブレンナーのピアノ協奏曲をブリュッセルの王立劇場での演奏会で弾いて、衝撃のデビューを果たした。

マリー・モーク

女性のピアニストがまだ少なかった時代だ。マリー・モークは美人だったこともあって、すぐにスター・ピアニストとなり、師であるモシュレスやカルクブレンナーと同列に語られるようにまでなった。モークは一八二九年からパリで暮らすようになり、ピアニストで作曲家のフェルディナント・ヒラー（一八一一〜八五）と知り合った。

フェルディナント・ヒラー

ヒラーは現在ではめったに演奏されないが、ショパンやリストと同世代の人気音楽家だ。一八一一年にドイツのフランクフルトでユダヤ系の家に生まれた。裕福な家庭で幼少期から音楽教育を受け、十歳から作曲もしていた。ワイマールの宮廷楽長をしていた当時の大音楽家ヨハン・ネポムク・フンメルに師事し、ゲーテとも知り合った。一八二七年にはウィーンへ行き、ベートーヴェンとも会っている。

ヒラーも一八二九年からパリで暮らしていた。ともに十八歳の若き人気ピアニストであるマリー・モークとヒラーは、知り合うとすぐに恋人になった。同時期にマリー・モークはリストとも親しくなった。そしてヒラーは年長のベルリオーズとも友人になり、その演奏会に出演していた。若い音楽家たちのサークルができていた。

パリで暮らすようになったものの、マリー・モークは演奏会が毎晩あるわけでもない。生活のために、寄宿制の名門女学校のピアノ教師もしていた。

さて――男女関係の多くがそうであるように、ここからは史料によって、つまり当事者間での発言が食い違うため真相は藪の中となる。ヒラーは友人ベルリオーズに恋人マリー・モークを紹介した。ここまではいい。当然そうなるはずだ。だがいつの間にか、ベルリオーズとマリー・モークも関係ができてしまうのだった。三角関係である。

一方、生活に困っていたベルリオーズも、マリー・モークが勤めていた女学校でギターを教えることになった。それがきっかけで二人が接近したとの説もあれば、恋人関係になったマリーが学校にベルリオーズを紹介して仕事を世話したとの説もある。

ともあれ、ひとりの女性をめぐる二人の男性というスキャンダルである。しかしヒラーは冷静に対処した。「マリーに誘惑された」とのベルリオーズの言葉を信じると、この友人を赦し、ドイツへ帰ってしまった。

こうしてベルリオーズにはマリー・モークという恋人ができた。友人ヒラーとの友情も続く。この恋はさらに複雑な展開をするのだが、それはもう少し後の話だ。

このシーズンのアブネックによる協会演奏会は、二月二十一日の第一回から五月まで数週間おきに開かれた。この年もベートーヴェンの交響曲がプログラムの中心で、演奏順に記すと、第四番、第六番、第五番、第七番、第三番、第二番、第一番となる。残るは第八番と第九番のみとなった。

三月、ワルシャワ

ショパンは最初のピアノ協奏曲（後に「第二番」として出版される）を二月に完成させると、自宅に友人たちを招き、室内楽団を呼び、ピアノは自分で弾いて披露した。友人たちが絶賛したので自信を得て、三月三日に、ワルシャワの音楽関係者と知識人を招いて、小規模な演奏会を開き、ピアノ協奏曲と《ポーランド民謡による大幻想曲》（作品十三）を披露した。

こうして準備をして自信を付けた上で、三月十七日、ショパンはワルシャワでの初の演奏会を開いた。場所は国立劇場で八百席のチケットは何日も前に完売していた。

当時の演奏会は現在とは異なり、ピアニスト、オーケストラ、歌手が出演し、それぞれが演奏を披露する、よく言えば盛りだくさん、悪く言えば雑多なものだった。この日も最初に師であるエルスネル作曲の序曲が演奏され、次にショパンが自作のピアノ協奏曲の第一楽章を弾いた。その次は、ゲルナーが「狩笛のためのディベルティメント」を演奏し、再びショパンが現れて、ピアノ協奏曲の残りの二楽章を演奏して、第一部が終わった。休憩の後の第二部は、クルピニスキ作曲の序曲、パエールの変奏曲を歌手が歌って、最後にショパンが現れて、ポーランド歌曲集を演奏するというものだった。

演奏会はショパンのピアノの音が小さいとの批判も一部にはあったが、好評だった。ワルシャワの新聞は、ショパンを「ピアノのパガニーニ」と書いて激賞した。評判がよかったので、五日後に同じ国立劇場で再び演奏会が開かれた。

改めてワルシャワの若きスターとなったショパンは、貴族や富裕層のサロンに招かれて演奏するようになった。大きな劇場での演奏会も何度も打診されたがショパンは断った。

†革命としての《幻想交響曲》

三月〜四月、ライプツィヒ

三月、ヴィークはクララを演奏旅行の第一弾としてドレスデンに連れて行った。宮廷顧問官に話を通してもらい、ザクセン国王の前で四回も演奏する機会を得た。天才少女クララ・ヴィークの名は、少しずつ広がっていく。

春の復活祭の時期に、シューマンは友人とフランクフルトへの旅行に出た。シューマンはこの地で、四月十一日にパガニーニの演奏を聴いた。ショパンがそうであったように、シューマンもこのヴァイオリニストに衝撃を受け、やはり自分には音楽しかないと思った。

ハイデルベルクに戻ったシューマンは、自分は法律家には向かないので音楽家になるとの意思を母に伝えた。そして、自分の音楽の才能については、ライプツィヒのヴィークに照会してくれと依頼した。

ワーグナーはニコライ学校へ通っていたが、退学することになった。しかし六月からはトーマス学校で学ぶことになる。

この頃、ワーグナーはベートーヴェン作品を写譜することに夢中になっていた。そうすることで曲の構造を学んでいったのである。

四月、ベルリン
ベルリンへ帰ったメンデルスゾーンは、交響曲《宗教改革》の作曲に取り組んだ。

一八三〇年はアウクスブルクの信仰告白から三百年にあたり、ベルリンで六月に記念行事が予定されていたため、それに向けて作曲したものだった。第一番以前の十二曲を除くと、完成した交響曲としては二番目にあたる。

《宗教改革》は五月には完成したが、記念行事では演奏されなかった。メンデルスゾーンが改宗したとはいえユダヤ系だったからとか、他の作曲家が作った曲があったからとか諸説ある。ベルリン音楽界に確実に反メンデルスゾーンという気分があったのだ。

後に《宗教改革》については「破り捨てたい」と言うメンデルスゾーンだが、完成した当初は自信があったようで、この後に出る旅先での上演を何度か試みるが実現せず、初演は二年後の一八三二年まで待たねばならない。

五月からメンデルスゾーンは、再び長い旅に出る。グランドツアーの第二幕である。

四月、パリ

パリのベルリオーズはマリー・モークとの恋が燃え盛るなか、かつてないタイプの交響曲に取り組んでいた。知人への四月十六日付けの手紙で、ベルリオーズはその交響曲が完成したと告げている。《幻想交響曲》である。

ベルリオーズは愛読していたゲーテの『ファウスト』の音楽化として《ファウストからの八つの情景》を作曲したが、さらに、音楽だけで物語を描こうと《幻想交響曲》を構想した。彼が挑んだのは、人間の内面に生まれた想念をひとつの「物語」として、しかも、音楽として描くことだった。

同時期に作られたメンデルスゾーンの交響曲《宗教改革》も標題音楽とされるが、ストーリーがあるわけではないので、《幻想交響曲》とは決定的に異なる。

《幻想交響曲》の正式なタイトルは、「Épisode de la vie d'un artiste, symphonie fantastique en cinq parties」で、訳せば、『ある藝術家の生涯の出来事、五部の幻想的交響曲』となる。現在ではメインタイトルの「ある藝術家の生涯の出来事」がサブタイトル扱いされている。

何の予備知識もなく、タイトルだけ見て「幻想的な曲」だろうと思って聴くと、当惑するだろう。かなりグロテスクな音楽なのだ。ここでの「幻想」は、幻想小説や幻想物語といった意味とは異なり、妖精や魔法とは関係がない。

音楽には「幻想曲（ファンタジア）」というジャンルというか様式があり、それは「描かれている内容が幻想的」「幻想的な物語あるいはイメージを描いた曲」という意味ではなく、「形式的に自由な曲」という意味だ。ベルリオーズがこの曲を「幻想交響曲」と呼んだのは、ドイツの交響曲が「四つの楽章で構成され、第一楽章はソナタ形式、第二楽章は緩徐楽章、第三楽章はメヌエットかスケルツォ、第四楽章はソナタ形式かロンド形式」という、一応のルールがあるのに対し、それにとらわれないで自由に作られたからだ。

この交響曲には最初、ベルリオーズ自身によるプログラムが付されていた。

〈病的な感受性と燃えるような想像力を持つ若い音楽家が、恋に絶望し、発作的に阿片を飲む。麻薬は彼を死に至らしめるには弱すぎたが、彼を奇怪な幻想を伴った重苦しい眠りに落とし込んだ。彼の感覚や情緒、記憶は、彼の病んだ心を通じて、音楽的な想念や心象に変えられた。恋人ですら一本の旋律と化し、絶えず彼に付きまとう固定楽想のような存在となる。〉

ここにある「音楽家」は言うまでもなく、ベルリオーズ自身である。彼はイギリスから来たシェイクスピア劇団の主演女優ハリエット・スミッソンに夢中になり、熱烈な片想いをしていたが、手紙を出しても無視された。この曲はその失恋体験をもとにしている。最後に出てくる「固定楽想」は後にワーグナーの「ライトモティーフ」に影響を与える。

さらに、五つの楽章にも最初はベルリオーズ自身によるタイトルと「あらすじ」が付けられ、演奏会のプログラムにも記載されていた。タイトルだけ挙げれば、第一楽章「夢・情熱」、第二楽章「舞踏会」、第三楽章「田園の情景」、第四楽章「断頭台への行進」、第五楽章「「サバトの夜の夢」」である。

しかし後になると、各楽章のタイトルだけを残しストーリーの部分は削除してしまった。「この交響曲の音楽的意味は、劇的意図から独立して存在すべき」と考えるようになったからだ。

そして、いつしか元のタイトル「ある藝術家の生涯の出来事」は外され、ジャンル名として書き添えただけだった「幻想交響曲」として知られるようになっていく。

この曲があまりにも有名なため、他の作曲家は「幻想交響曲」を書かなかった。そのため、ベルリオーズの「幻想交響曲」が唯一無二の幻想交響曲となった。ジャンル名が「曲名」になったともいえるが、ベルリオーズが始めた、「楽器だけで物語を描く交響曲」というジャンルをフランツ・リストが引き継いで、彼によって「交響詩」というジャンル名が創案されたからなのかもしれない。本書でも、以後《幻想交響曲》と記す。

ベルリオーズは《幻想交響曲》が完成すると、すぐに初演しようとした。パリのヌヴォーテ劇場と話を付けて、五月三十日と決まった。しかしこの劇場のステージは、この曲が必要とする百三十人編成のオーケストラを載せることができないと分かった。イタリア座も狭かった。

それならば編成を小さくすればいいのにと思うのだが、なぜかベルリオーズは、もっと少人数で演奏できる曲を新たに書くことにして、シェイクスピアの『テンペスト（嵐）』をもとにした、《「テンペスト」に基づく劇的幻想曲》を書いた。だが、これも八十人編成となってしまい、イタリア座では演奏できないと言われ、断念した。

そうこうしているうちに、ローマ賞の季節となった。ベルリオーズとマリー・モークの恋は進展し、婚約寸前にまで至っていた。結婚するには金が必要だった。ベルリオーズにはあてがあった。ローマ賞で優勝すれば奨学金が出るのだ。彼はこれまでも挑んでは落選していたが、それは斬新な音楽を書いたからだった。そこでこの年は守旧派の審査員たちが受け入れる作品を書くことにした。

五月、ワイマール

メンデルスゾーンのグランドツアーの第二幕は、五月にドイツ内の各都市から始まった。

まずは、デッサウへ父アブラハムと一緒に向かった。この地はフェリックスの祖父が生まれた都市だった。長い旅の始まりを先祖ゆかりの地で始めたのだ。しかし、祖父が住んでいた家は廃墟となっていた。数日デッサウに滞在した後、父はベルリンへ帰り、息子はライプツィヒへ向かった。ここで《宗教改革》を上演する計画があったのだが、写譜が間に合わず、断念した。

その次の訪問地がワイマールだった。八十一歳になる文豪ゲーテと再会するのが目的だった。会えるのはこれが最後かもしれないとの思いがあったのであろう、ゲーテはメンデルスゾーンを大歓迎した。メンデルスゾーンに何時間も何時間もピアノを弾かせた。文豪はメンデルスゾーン自身の曲を聴きたがったが、青年はベートーヴェンの曲ばかりを弾いた。ゲーテが旅立つのを何度も止めたので、出発は何度も延期された。

しかし、いつかは旅立たなければならない。メンデルスゾーンがワイマールを旅立つ日、ゲーテは『ファウスト』の初版本を贈った。ゲーテが亡くなるのはこの二年後だ。

†七月革命

七月、パリ

パリの政情がますます不安定になっていた五月三十日、音楽院演奏会協会はシーズンの終わりに特別演奏会を開き、ベートーヴェンの交響曲では第二番と第五番が演奏された。前年と前前年の最後の演奏会は「ベリー公爵夫人のご命令による」と銘打たれた演奏会だったのに、この年は「特別演奏会」となっている。ベリー公爵夫人はなぜこの年は命令しなかったのか。王位継承順位第二位の子の母である夫人は、コンサートどころではなかったのだ。

復古王政下で二人目の国王であるシャルル十世と議会との対立は激化していた。強権的な政治への国民の不満も高まり、臨界点に達しようとしていた。シャルル十世は議会に譲歩するどころか、三月に政府への不信任決議が採決されると、議会解散に打って出た。さらに、憲法を停止する超法規的措置である緊急勅令を発する準備に取り掛かった。その内容は「議会（代議院）の解散」「出版の自由の制限」「選挙人を最富裕層に限定する選挙法の改正」、そして「新しい選挙法による再選挙の早期実施」という内容だった。

その一方、不人気の権力者がよくやる手だが、シャルル十世は内政の失敗をごまかすために戦争を始めた。アルジェリア侵略である。六月十四日にフランス軍は北アフリカのアルジェリアに上陸して戦闘が始まり、七月四日にフランスの勝利で終わった。

七月二十五日、シャルル十世は勅令を発した。しかし、パリの新聞はこれを非難し、民衆に国王政府と闘うよう呼びかけた。当時のフランスは経済状況がよくなく、民衆はシャルル十世の圧政に対しての不満もさることながら、生活が苦しいことへの不満も鬱積していたため、反国王の機運が一気に燃え上がった。なんといっても、四十年前に、いったんは王政を葬った国民なのだ。

勅令が発布された二日後の二十七日には、パリに学生や労働者を中心にした民衆によるバリケードが築かれ、軍との市街戦が始まった。反政府派は銀行家のジャック・ラフィット邸に革命司令部を設置し、大革命の指導者のひとりで引退していたラファイエット将軍を呼びリーダーにした。

ラファイエット（一七五七〜一八三四）は貴族出身だが改革派で、アメリカで独立戦争が始まると大西洋を渡って、ワシントンを助けて闘った英雄だった。フランス革命でも革命派として闘った。この年で七十三歳のこの老将軍はフランスの危機に再び立ち上がったのだ。ラファイエット将軍は国民衛兵を組織し、市民・労働者・学生とともに武装蜂起し、二十九日にルーブル宮殿は陥落し、時計台には革命のシンボルである三色旗がはためいた。シャルル十世は勅令の破棄と内閣総辞職を決めたが、革命派の勢いは止まらない。

この動乱の最中、ローマ賞の応募者はアカデミー（学士院）の一室に閉じこもって作曲していた。ベルリオーズもそのなかにいた。彼は回想録でこう記している。

〈多くの家族が避難してきて、いついてしまうし、弾丸はバリケードで固めた門を越えて飛んでくる。砲弾が正面入口を揺るがし、女たちが金切り声で叫ぶ。ところが砲撃が止むと、一瞬の沈黙が訪れ、ツバメが楽しげにさえずっている。そのさえずりが幾度となく中断される。鈍く乾いた響きを立てて炸裂する砲撃の合間を縫って、私は一心にオーケストラ・パートの最終ページを書き終えようとする。砲弾は屋根を越えて放物線を描き、まっこうから私の部屋の外壁に当って爆発する。〉

こんな騒動のなか、二十九日にベルリオーズはカンタータ《サルダナパルの最後の夜》を書き上げて提出し、アカデミーの外へ出た。翌日まで革命派の

ルイ・フィリップ

隊列に加わって暴れまわったという。そしてパリの民衆を指導して革命歌《ラ・マルセイエーズ》を大合唱させた。

シャルル十世政権の崩壊がほぼ決まると、革命派内部の共和派は老将軍ラファイエットを大統領とする共和政の樹立を主張したが、銀行家を中心とした資本家たちはブルボン家の支流のオルレアン公ルイ・フィリップを担ぎ出してきた。

ルイ・フィリップ（一七七三〜一八五〇）はブルボン家の支流に生まれた貴族で、大革命の年は十六歳だった。この若い貴族は大革命の直前に自由主義に目覚め、大革命のときは革命派に同調し、さらにロベスピエールがいたジャコバン・クラブに属したこともあった。しかし革

命後の混乱のなかで、ルイ・フィリップの父は財産を没収された上に処刑される憂き目にあう。ルイ・フィリップは亡命し、ナポレオン失脚後にようやくフランスに戻っていた。貴族でありながら革命派だったので国民の間では人気があった。そして資本家たちにとってもルイ・フィリップは言うことを聞きそうな、傀儡としてちょうどいい人物だった。

七月革命最大の功労者であるラファイエット将軍は「フランスは君主制がいい」と言って大統領就任も共和政も拒み、ルイ・フィリップ擁立に同調した。三十一日、ルイ・フィリップがラファイエット将軍と市庁舎のバルコニーに立つと、民衆は歓呼の声で迎えた。

七月、ワルシャワ

七月にショパンが前年にウィーンで演奏した「〈お手をどうぞ〉の変奏曲」がようやくウィーンで出版され、ワルシャワでも発売になった。

ショパンは七月八日に、声楽家のマイヤー夫人が主宰した私的な演奏会でこの曲を弾いた。しかし聴衆の数が少なかったため、ほとんど話題にならなかった。

音楽院も卒業してしまい、ショパンはワルシャワでは何もすることがなければ学ぶべきものもない。ショパンはもっと学びたかった。それには、ウィーンかイタリアか、あるいはパリに行く必要があった。父はそれを理解してくれ、資金を用立ててくれることになった。

この頃からショパンはジウルク（穴倉、という意味）というカフェに通うようになっていた。そこはドイツのロマン派に影響された思想家や藝術家たちが集まる場所だった。そのなかには後のワルシャワ蜂起の中心的なリーダーとなる、マウルツィ・モフナツキもいた。彼は文筆家でもあったが、音楽の造詣も深く、音楽批評家としてもその才能を発揮していた。ショパンはモフナツキの仲間の一人だったのである。

このカフェでは藝術論義だけが盛んだったのではない。愛国心から生まれる反ロシア的な立場での議論も盛んだった。フランスでの革命の機運が高まってくると、「ポーランドはこのままロシアの支配下にあるままでいいのか」「俺たちは、のほほんと暮らしていていいのか」といった議論が熱く展開されていく。

ショパンの旅立ちは夏と予定されていたが、ヨーロッパの政情が不安定になってきたので延期された。

†リストの覚醒

八月、パリ

八月一日、ルイ・フィリップは「共和的な制度の民主的王座」を宣言し、人民主権・上院廃止・行政粛正も約束した。これをベルリオーズは「可能な限りの最善の共和政」と記している。

もはやシャルル十世に勝ち目はなかった。このままでは大革命のときのルイ十六世のようにギロチンにかけられるのではないか——そんな恐怖に駆られたシャルル十世は退位を宣言した。厳密にいえば、シャルル十世が退位するとその長男アングレーム公爵ルイ・アントワーヌが即位したが、すぐに退位して次男ベリー公爵の九歳の遺児シャンボール伯爵アンリ・ダルトワに譲位したとされる。たとえこの二人が即位したとしても、王位にあったのは数日でしかない。八月九日、ルイ・フィリップは「フランス国王」ではなく、「フランス国民の王」として即位し、銀行家ラフィットが首相に就任し、立憲君主制としてのフランス七月王政が始まった。十四日には新しい憲法が制定された。

シャルル十世一族は十六日にフランスから亡命した。音楽院の演奏会に「ご命令」を下していたベリー公爵夫人も国王となったはずの息子アンリ・ダルトワと共に亡命した。演奏会協会は七月革命によって後ろ楯を失ったとも言えるし、圧力団体がいなくなったともいえる。そのまま組織は継続したし、コンサートの内容にも変化はなかった。

革命の大混乱が落ち着いた八月二十一日、ローマ賞の審査結果が発表された。ベルリオーズはアカデミーの図書館で決定を待っていた。回想録には一等賞だと報せを受けたが、あまり嬉しくなかったと記している。一等を狙って妥協した作品での受賞だからだった。しかしローマ賞がもたらすものの大きさは認識していた。

この年はベルリオーズの他に、アレクサンドル・モンフォールも一等を受賞した。しかし、ベルリオーズが二百年後の現在もなお大作曲家として名が伝えられ、その作品が演奏されているのに対し、モンフォールは完全に忘れられている。


七月革命はパリで引き籠もり状態にあったフランツ・リストを覚醒させた。

引き籠もっていた間、リストは手当たり次第に本を読んでいた。ヴォルテール、シャトーブリアン、パスカル、カント、モンテーニュ、ユゴー、ルソーと、文学もあれば哲学もありと、ジャンルを問わない読書生活だった。サン・シモンの社会主義思想にも関心を抱いていた。

そんなところに七月革命が起きたので、リストはすっかり革命家を気取るようになった。といって、街頭に出て闘ったのではない。《革命交響曲》なる曲を書き始めたのだ。ベートーヴェンの《ウェリントンの勝利》をモデルにしたとされる。

それまでリストはオーケストラ曲を書いたことがなかったので、もし完成していれば《革命交響曲》が彼の最初の作品になっていた。しかしこの曲は完成せず、書きかけの楽譜も現存していない。この時期のリストは曲を書き始めても完成しないものが多く、試行錯誤している時期だ。

《革命交響曲》はできなかったが、リストは革命に刺激されて健康を取り戻し、社交界に復帰した。社交界こそが、当時の音楽界だったのである。

八月、ワルシャワ

七月革命の興奮はワルシャワに飛び火し、暴動がいくつか起きた。ポーランド人の民族主義が刺激され、反ロシア感情が高まっていく。

ショパンは四月から二作目のピアノ協奏曲に取り掛かっていたが、八月に完成した。

音楽院卒業からワルシャワを出るまでの期間、ショパンはオーケストラ曲を集中して作曲していたのである。こんにち楽譜として出版されているショパンのオーケストラ曲は六曲しかなく、いずれも「ピアノとオーケストラのための曲」で、交響曲のようなオーケストラだけの曲はない。

「音楽を創造する」行為は純粋な精神活動ではあるが、それだけではない。音楽も広義の商品である以上、そこには需要と供給の関係に基づく市場というものが存在する。

ピアノが一台しかないステージで、ひとりのピアニストが最初から最後まで、ひとりで演奏するのが、こんにちのピアノ・リサイタルだが、このスタイルの演奏会は一八三九年三月八日にリストがローマで行なったリサイタルが最初だとされている。つまり、ショパンがワルシャワにいた時代の演奏会は、オーケストラが演奏し、ピアニストと歌手がそれに加わるというスタイルのものしかなかった。

ショパンのウィーンでのデビュー演奏会もそうした盛り沢山のプログラムだったたし、ワルシャワでショパンが求められたのもオーケストラとピアノのための曲だった。しかも、この時代は常に新曲が求められた。演奏会は、「名曲」として評価の高いものを演奏するのではなく、新曲を披露するための場だった。

ショパンがオーケストラとピアノの曲を書いていたのは、コンサートピアニストとして活躍するには自作が必要だったからに他ならない。

ショパンは九月になったらウィーンへ行くことに決めていたが、父が政情不安を心配し、またも延期になりそうだった。ショパンはピアノ協奏曲の仕上げに入った。

八月、ライプツィヒ

八月七日、シューマンの母はライプツィヒのヴィークに、息子の音楽家としての将来性を照会した。ヴィークは「私のもとで毎日ピアノのレッスンを受け、自分が指定する教師に音楽理論を学べば、三年以内に偉大な音楽家になる」と約束した。ただし、半年後に試験をして再検討することを条件とした。十二日に母は納得し、シューマンの音楽修行を許すことにした。

すでにシューマンは四日にハイデルベルクを旅立っていた。彼はこの夏は十月までストラスブールやライン地方を旅する。

†ワルシャワからの旅立ち

十月、イタリア

夏の間、メンデルスゾーンの長い旅は続いていた。ワイマールでゲーテと別れた後、メンデルスゾーンはミュンヘン、ザルツブルク、リンツ、ウィーン、プレスブルク（現・ブラチスラヴァ）などにそれぞれ数日ずつ滞在していた。この間に七月革命が勃発しているわけだがメンデルスゾーンの旅には影響はなかったようだ。

ウィーンでメンデルスゾーンはスイス生まれのタールベルクという若い音楽家と知り合った。彼は一八三五年にパリに登場するので、そのときに記そう。

ミュンヘンでは女性との出逢いがあった。デルフィーネ・フォン・シャウロートという十七歳の少女で、資産家の娘でピアニストだった。このときの二人は顔をあわせた程度の関係だったが、後にほのかな恋が生まれる。

メンデルスゾーンがイタリアに入るのは十月はじめだった。

十月、ライプツィヒ

フランスの七月革命の余波はドイツにも及んでいた。各地で言論の自由を求める革命思想に共感する声が高まっていたのだ。ライプツィヒでは九月末から十月にかけて何度もデモが行なわれ、青年たちはライプツィヒの主要産業である繊維工場の労働者と共闘し、バリケードを築き、義勇軍を結成し、工場の警備隊と闘った。その隊列のなかに、十七歳のリヒャルト・ワーグナーの姿もあった。彼はこの十八年後の一八四八年の革命でも街頭に出てアジテーション演説をするように、革命好きなのである。

ワーグナーはベートーヴェン作品の写譜をしていたが、それだけでは飽き足らず、交響曲第九番をピアノ用に編曲してみた。曲の構造を勉強するための作業の副産物だった。その出来栄えに満足したワーグナーは、大胆にもマインツの楽譜出版社ショット社に「出版してくれないか」との手紙を添えて送った。これが十月六日のことだった。ショット社には何のつてもなく、いきなり送りつけたのだ。

傲岸不遜なキャラクターとして知られるこの歌劇王は少年時代からすでに自信家で自分を中心に世界がまわっていると思っていたのである。当然のように、ショット社はこの持ち込み原稿の出版を丁重に断ってきた。

十月二十日、シューマンは再びライプツィヒにやって来た。今度の下宿は師のヴィーク邸だった。日本風にいえば、クララとひとつ屋根の下で暮らすようになったのだ。

シューマンは一日七時間のピアノのレッスンと、トーマス教会のカントルからの音楽理論の授業を受けることになり、さらに宮廷歌劇場の音楽監督も紹介された。音楽家になるための本格的な修行が始まるかに思えたが、ヴィークは娘クララのレッスンに夢中でシューマンの面倒をみようとしなかった。

シューマンの師への不満は募っていく。そしてこの頃、同じライプツィヒにいるワーグナーと知り合いになった。

十月～十一月、ワルシャワ

十月十一日、ワルシャワではショパンの「告別演奏会」が開かれた。新しいピアノ協奏曲

〈第一番〉と《ポーランド民謡による大幻想曲》が演奏された。

十一月二日朝、ショパンを乗せた馬車がワルシャワを後にした。郊外に着くと、師であるエルスネルが、男声合唱団を連れて、待ち受けていた。そしてギターの伴奏でエルスネルが作曲したカンタータが合唱された。師の粋な計らいだった。

これが、ショパンがその人生においてポーランドで聴いた最後の音楽だった。

ワルシャワからウィーンまでは直行すれば約六二〇キロだが、ショパンはだいぶ寄り道をする。

まずポーランドとオーストリアの当時の国境の町カリシュ（二三二キロ）でティトゥスと合流し、ヴロツワフ（一一六キロ）へ行き、この町で四日ほど滞在してから、西へ向かってドレスデン（二五一キロ）に着いた。この都市にはポーランド人が多く住んでおり、ショパンは公演しないかと持ちかけられたが断った。

ドレスデンからは南下して行く。プラハ（一三八キロ）を経由して、ウィーン（二八七キロ）には十一月二十三日に着いた。滞在しながらだが、約一〇〇〇キロを二十二日間かけての旅だった。

ショパンはその数か月前にメンデルスゾーンが旅の途中でウィーンへ立ち寄っているのを知っていただろうか。ショパンはメンデルスゾーンにベルリンでは挨拶しそこない、ウィーンで

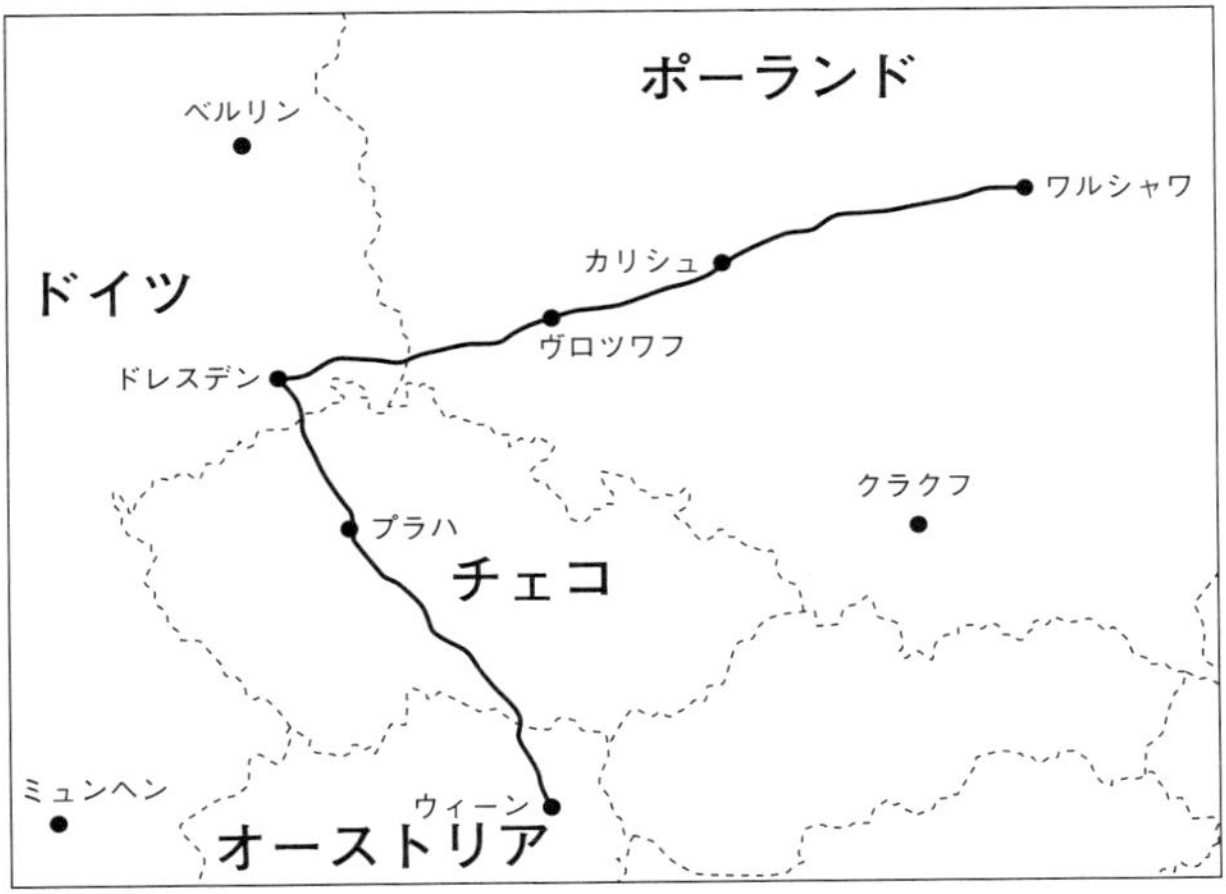

は行き違ったことになる。二人が出会うのはこの一年後のパリまで待たねばならない。

ウィーンに着いたショパンは、さっそくハスリンガーを訪ねた。前回のウィーン滞在の際に楽譜を出版し、演奏会の世話をしてくれた出版社だ。新しい二曲のピアノ協奏曲を持って行ったが、ハスリンガーは出版を即決しようとしない。話しているうちに無償ならば出版してもいいと言った。ショパンは憤慨して楽譜を取り返すと、ハスリンガー社を出た。ショパンとしては、前回は初めてだったので無償でもいいが、実績を作ったはずなので、プロとして認めてほしかったのだ。

ショパンは出版は諦めて、演奏会を開けないかと考え、ケルントナートーア劇場の支配人だったカーレンベルク伯爵を訪ねようとしたが、伯爵は破産していた。

さらにウィーンの音楽関係者の間を歩いてみたが、ショパンは前年の成功がまったく役に立たないことを知った。前年は夏で著名な音楽家の演奏会がない時期だったので、もの珍しさもあって、ショパンの演奏会に客が来ただけだった。ウィーンで大成功したと思ったが、ほんのいっとき話題になっただけで、この大都会ではショパンのことなどもう誰も覚えていなかった。

数日後、ショパンの前途がほんの少し明るくなった。ベートーヴェンの親友で皇室お抱えの医師、マルファッティ博士と知り合ったのだ。博士は妻がポーランド人だったこともあり、ショパンの後ろ盾となることを約束してくれた。

ショパンは仕事がなかったが、オペラや演奏会に連夜、出かけていた。

だが、そんな幸福な日々はすぐに終わった。

十一月二十九日、ワルシャワでは武装した士官学校の生徒たちが、ロシア皇帝の弟でポーランド総督となっていたコンスタンチン大公の居所であるベルヴェデル宮殿を襲撃した。ワルシャワ蜂起の勃発である。

フランスの七月革命に刺激され、ベルギーでも革命が起きていた。ロシア軍はこれを鎮圧するために、ポーランド軍を動員しようとしていたので、これに反発しての暴動だった。

そう、最初は単なる暴動だった。衝動的な蜂起で緻密な計画がなかったので、コンスタンチン大公を逃し暗殺に失敗した。大公は宮殿から脱出した。

しかし叛乱軍が蜂起すると、国民の間では眠っていたポーランド独立の夢が再燃した。叛乱軍が市の中心にある武器庫を占拠し、手に入れた三万丁のライフル銃を一般市民に配ったことで、叛乱の火の手は燃え上がった。

叛乱軍急進派のマウルツィ・モフナツキたちは「愛国協会」を結成し、国民蜂起を叫んだ。自由と独立を求めての闘いの始まりだった。

†十一月、ライプツィヒ

シューマンがヴィーク邸に下宿するようになって半月ほどが過ぎた十一月八日、ゲヴァントハウスで、十一歳のクララ・ヴィークは初の自主公演を開いた。そのレッスンに明け暮れていたため、ヴィークはシューマンの面倒を見ることができなかったのだ。

二年前もゲヴァントハウスで演奏したが、それは歌舞伎興行でいえば「初御目見得」であり、今度が「初舞台」だ。この女性は以後六十一年間にわたりコンサートピアニストとしてステージで弾き続け、結婚し八人の子を出産し育てるが、その過酷な人生の始まりだった。

クララ・ヴィークがこのデビュー演奏会で弾いたのは、フリードリヒ・カルクブレンナーの「ピアノとオーケストラのための華麗なるロンド」、アンリ・エルツの「華麗なる変奏曲」、チエルニーの「四台のピアノとオーケストラのための協奏的四重奏曲」、父と共演した「フィスハルモニカとピアノのためのロマンス」、自作の変奏曲だった。

演奏も作曲作品も、絶賛された。しかし天才少女ということでの物珍しさゆえの拍手喝采でもあった。彼女の真価が問われるのはこれからだった。

†ショパン、故国へ帰らず

十二月、ウィーン
ウィーンにいたショパンとティトゥスは故国の動乱を知った。ポーランドの叛乱は拡大していったのだ。
十二月三日、大規模なデモがワルシャワで展開され、新政府の樹立と駐留するロシア軍に対する即時攻撃を要求した。ポーランド軍兵士の多くが蜂起に参加した。コンスタンチン大公は危険を察し、ワルシャワから出て行った。
内閣の閣僚たちが追放され、愛国協会のメンバーが内閣に入り「臨時政府」を名乗った。十二月二十日、フウォピツキ将軍が「蜂起における独裁官」となった。しかしこの老将は、ポーランド軍の実力ではロシアには勝てないと認識しており、戦争回避しかないとの考えでいた。将軍はロシア皇帝が「ポーランド立憲王国の憲法を護持する」と宣言してくれれば国内を抑えられると考えていた。しかしロシアは交渉に応じることすらも拒否してきた。大国は強気だった。

十七日、ロシア皇帝は「蜂起関係者が無条件降伏すれば、この間の叛乱に対しては赦してやる」と提案してきた。叛乱軍はもちろん拒絶した。十八日、フウォピツキ将軍は嫌気が差して独裁官を辞任した。これでロシアと交渉できる人物はいなくなり、もはや武力衝突しか解決の道は残されていなかった。

ポーランドの状況を知ったショパンとティトゥスは、いてもたってもいられなくなった。ティトゥスはすぐに帰国を決断した。ショパンも「帰る」と言ったが、「誰ひとり、君の帰国を望んでいない。君には銃を手にするよりも、重要な仕事がある。自分の藝術に専念して、そのことでポーランドのことを世界に知らせるべきだ。それは君にしかできないことだ」と説得され、ウィーンに残ることになった。たしかに、ショパンは武闘派ではないので、戦闘で役立ちそうもない。

ショパンはそれでも帰国しようとしたが、馬車に間にあわず帰国を断念したことになっている。だが、馬車は何も一台だけではないだろう。帰ろうと思えば、ショパンは帰れたはずだ。ショパンは愛国心が強く、解放運動の指導者であるモフナツキとも親交があった。それなのになぜ帰国しなかったのか。別の任務を授かっていたのかもしれない。

ウィーンは第二次世界大戦後の冷戦時代は東西双方の情報機関が暗躍した都市として知られている。スパイの街なのだ。それは昔からで、ショパンはウィーンに亡命してきたポーランド人と、ワルシャワの独立運動派との連絡役を担っていたとも考えられる。さらにこの後、ショパンはパリで暮らすが、そこにも亡命ポーランド人は多くいて、そのネットワークのなかでショパンは生きていく。

†リストとベルリオーズの出逢い

十二月、パリ

ポーランドの叛乱の遠因はフランスの七月革命なのだが、その震源地パリはもう落ち着いていた。

十二月五日にはベルリオーズの《幻想交響曲》が初演されることになっていた。指揮はアブネックだ。その前日、ベルリオーズのもとを青年が訪れた。十九歳のフランツ・リストである。彼はすでに引き籠もり状態ではなくなっていたが、演奏会を開くのはまだ先だ。

リストはアブネックと親しくなっていたので、《幻想交響曲》のスコアを見せてもらい、二日間研究し、これはすごいと感心したので、作曲者に会いに行ったのだ。

ベルリオーズは、後にこの出会いを『回想録』にこう記している。

〈この演奏会の前日に、リストが私に会いに来た。このときまで、我々は面識がなかった。私はリストにゲーテの『ファウスト』の話をしたが、彼はまだ読んでいなかった。やがてリストは私同様に『ファウスト』に熱中することになる。二人は互いに強い共感を分かちあった。以来、我々の友情は、より緊密に、より強力なものになっていくばかりであった。〉

リストは《幻想交響曲》に、〈熱烈に称賛を表明し、喝采を送ってくれた〉とベルリオーズは回想している。たしかに、《幻想交響曲》はリストに大きな影響を与え、彼は「交響詩」というジャンルの創設へと向かう。

リストは一八三三年九月にこの《幻想交響曲》をピアノ演奏用に編曲する。この曲は大規模な編成の曲なのでなかなか演奏機会がなかったので、リストによるピアノ版でこの曲を知った人は多かった。ベルリオーズにとってリストはかけがえのない友人にして革命の同志となる。

《幻想交響曲》はリストには絶賛されたが、聴衆全体の反応はどうだったのであろうか。〈非難の余地なしというところまではいかなかった〉とベルリオーズは振り返っている。その原因は曲そのものではなく、演奏の拙さにあったとベルリオーズは考える。〈こういう複雑な曲をたった二回の練習で完璧に演奏しようと思うことが、どだい無理な話だった。〉

ベートーヴェンの《田園交響曲》も初演時は絶賛されたわけではない。後の時代のチャイコフスキーの《悲愴交響曲》やストラヴィンスキーの《春の祭典》も初演時は聴衆に理解されなかった。音楽史を変える画期的な曲は、新奇であるがゆえに登場したときは「叛乱」「騒動」でしかない。後の世代が評価し、そこを起点にした新しい音楽が生まれて初めて「革命」として歴史に刻まれるのである。

演奏会では《幻想交響曲》の他に序曲《宗教裁判官》と、ローマ賞受賞作のカンタータ《サルダナパル》も演奏された。

ローマ賞の受賞と演奏会の成功によって、マリー・モークの親も二人の婚約を認めた。だが、ローマ賞の規定では奨学金を貰うには二年間ローマに留学しなければならず、さらに独身でなければならなかった。そのため、結婚は留学を終えてからの二年後となった。

ベルリオーズがローマへ向けて旅立つのは、十二月三十日のことだった。当初の予定では三二年十二月までパリには戻らないはずだった。

1830年の主な作品

メンデルスゾーン（21歳）
無言歌集第１巻（1829-32）
３つの宗教歌
序曲《フィンガルの洞窟》（決定稿は1832年）
詩篇第115《我らにではなく、主よ》
交響曲第３番《スコットランド》（1829-32、41-42）
交響曲第４番《イタリア》（1830-33）
交響曲第５番《宗教改革》
ピアノ協奏曲第１番（1830-31）

ショパン（20歳）
エチュード第１番〜第12番（1829-32）
ピアノ協奏曲第１番、第２番（1829-30）
ノクターン第１番〜第３番（1830-31）、第４番〜第６番（1830-33）
マズルカ第１番〜第９番（1830-31）
マズルカ第46番・第48番（1829-30）
アンダンテ・スピアナートと華麗なる大ポロネーズ（1830-34）
歌曲《酒の歌》《消えろ》《使者》《魅惑》《戦士》

シューマン（20歳）
アベッグ変奏曲（1829-30）
《パピヨン》（1829-31）
トッカータ（1829-32）

リスト（19歳）
なし

ワーグナー（17歳）
序曲《太鼓》
ベートーヴェンの交響曲第９番をピアノ演奏用に編曲

†革命後のパリの音楽

一八三一年一月、ワルシャワ

ワルシャワのポーランド会議王国の国会は、国王としてのニコライ一世の廃位を決議した。これはロシアへの挑戦だけでなく、一八一五年のウィーン条約に対する挑戦であり、プロイセン、オーストリア＝ハンガリーに対しての宣戦布告でもあった。

だがポーランドの政府・国会は一枚岩ではなかった。穏健派は「ロシアだけでも強敵なのに、列強諸国すべてを敵にまわしても勝てないから、全面戦争になるのを避けたい」と考えていた。負ければいまよりもひどいことになるのは目に見えていた。一方、急進派はロシアに対する「人民の戦争」を訴え続けていた。

蜂起は拡大していった。ついにロシア帝国西部地域にまで蜂起軍の勢力は広がり、その地域のポーランドへの併合を国会は可決した。ロシアのニコライ一世は態度を硬化させた。もはや、戦争しかなかった。ロシア軍はワルシャワを目指して進軍を開始した。迎え撃つポーランド軍は強かった。二月二十五日にグロフフで両軍は激突し、ポーランドが勝利した。その後も、ポーランド軍の快進撃は続いた。

一月〜三月、パリ

七月革命後最初のパリ音楽院の協会演奏会は一月三十日だった。ベートーヴェンの《英雄交響曲》で始まり、七重奏曲も全曲ではなく抜粋だが演奏された。革命によってプログラムが変わった様子はない。

二月十三日の第二回では、ベートーヴェン作品としては交響曲第七番と《フィデリオ》のフィナーレが演奏された。二十七日の第三回では、《プロメテウスの創造物》序曲と交響曲第五番と、何かのミサ曲の一部が演奏された。

パリのオペラ座は三月一日付けで、七月革命による行政改革の一環として民営化された。オペラ座は大革命後の一七九四年八月七日からロワ通りにあったが、一八二〇年二月十三日にベリー公爵が劇場の階段で撃たれて暗殺されると、取り壊されることになった。オペラ座の客である貴族たちは、そんな忌まわしい所でオペラを楽しむ気分にはなれなかったからだ。

ロワ通りの劇場はベリー公爵が暗殺された日が最後の公演となり、翌一八二一年八月十六日にペルティエ通りに新しい劇場が開場した。このペルティエ通りの劇場は一八七三年に火事で焼失するまで続き、七五年に新たに完成したのがミュージカル『オペラ座の怪人』の舞台となるガルニエ宮と呼ばれる劇場で、現在も使われている（一九九〇年にバスチーユに新しい歌劇場が建てられてからは、ガルニエ宮ではバレエや小規模なオペラとコンサートが上演されている）。

七月王政は王を戴いているものの実質的には銀行家と大企業経営者たちブルジョワジーによる政権だ。オペラ座が国からの補助金に安堵して赤字を垂れ流している状況に、経営者として日頃いかにして利益を出すかで苦労している政権の担い手たちは憤り、民営化を断行したのである。もっとも、劇場を売却するような完全な民営化ではなく、補助金を減額し劇場経営を民間人に委ねるという形式だった。いまの日本の指定管理者制度の先駆けともいえる。

一方、音楽院と協会演奏会は革命後もそのままだった。三月十三日には《田園交響曲》が演奏された。これまで同様に、アブネックはベートーヴェンを主軸にして演奏会を開いていく。

三月、ローマ

メンデルスゾーンは前年十月にイタリアへ入り、フィレンツェ、ヴェネツィアとまわり、新年をローマで迎え、しばらくこの永遠の都に滞在していた。イタリアでもメンデルスゾーンの名は音楽関係者の間ではよく知られており、彼はその土地の音楽家たちと交流していた。

ローマではすぐに、同世代の二人の音楽家、フランスからローマ賞を受賞して留学してきたアレクサンドル・モンフォール（一八〇三〜五六）と、ロシアから来ていたミハイル・グリンカ（一八〇四〜五七）と親しくなった。

そうこうしているうちに、ローマ賞をモンフォールと同時受賞したベルリオーズがだいぶ遅れて三月十二日にローマに到着した。彼は十二月三十日にパリを出ていたが、故郷ラ・コート＝サンタンドレに立ち寄り数週間過ごし、二月になってから出発していた。

ベルリオーズが到着した翌日にメンデルスゾーンは、モンフォールから紹介された。ここに二人の交友が始まる。

ベルリオーズは前年十二月に二十七歳になり、メンデルスゾーンは二月に二十二歳になったばかりだ。この二人は性格も音楽観もだいぶ異なっていた。とくに違うのはその経歴だ。銀行経営者の家に生まれ、容姿端麗で才能もあり、ユダヤ人であることでの悩み以外は何ひとつ不自由なく育ち、幼い頃から音楽の才能を発揮し、最高の家庭教師が雇われ最高の教育を受け、作品発表の場にも恵まれていたメンデルスゾーンに対し、ベルリオーズは青年期になってから独学で音楽を学んだ、いわば叩き上げだ。二人に共通するのは、ベートーヴェンとゲーテへの崇拝と、当時のイタリア音楽への嫌悪だけだった。

この時点でメンデルスゾーンは習作を除けば、交響曲のジャンルでは第一番と《宗教改革》を、ベルリオーズは《幻想交響曲》を完成させていた。メンデルスゾーンの交響曲はモーツァルトやベートーヴェンの様式を守ったもので新奇さはない。年長のベルリオーズのほうが革新性に満ちていた。もともとフランスでは様式的な音楽はあまり作られない傾向にあった。他の作曲家もモーツァルトやベートーヴェンのような形式の交響曲はほとんど書いていない。この後の世代も同じで、ドビュッシーやラヴェルも四楽章構成の「交響曲」は書いていない。自由を愛する国民性なのだ。それに対しドイツは規律を重んじるというイメージだ。あまりにも単純な図式だが、ベルリオーズとメンデルスゾーンはそんな型にはめることができる。

二人の音楽青年は表面では親しく接してはいたが、それぞれ相手のことが理解できないでいた。それはこの時期にそれぞれが書いた手紙から窺える。

メンデルスゾーンは母親への手紙でベルリオーズの音楽は〈凶暴〉で、印象としては〈退屈〉で〈ばかばかしい〉と書いている。あるいは〈彼は手探りで闇の中を探し、自分を新世界の創造者と思い込んでいる〉とか〈気が狂うほど努力しているのに成功したためしがない〉と辛辣に書き、〈ベルリオーズが尊敬しているのは、ベートーヴェン、シラー、ゲーテだけで、ハイドンやモーツァルトを軽蔑している〉と怒ってもいる。だが紳士でもあるメンデルスゾーンは、公の場でベルリオーズの悪口を言うこともなかった。

一方のベルリオーズのメンデルスゾーンへの評価はどうだったのか。彼は回想録で〈メンデルスゾーンの音楽はみな私をうっとりさせた。彼は、我々の時代の最も優れた能力の持ち主だ〉と手放しの絶賛をしている。

ベルリオーズはメンデルスゾーンの部屋に入り浸り、二人でローマの遺跡を歩き、藝術や宗教、青春について語りあっていた。

ベルリオーズは〈メンデルスゾーンがグルックを賞賛しなかったら、殺していたぐらいだ〉とも書いているが、グルックへの評価では二人は一致したらしく、メンデルスゾーンがベルリオーズを殺す事態には至らなかった。

クリストフ・ヴィリバルト・グルック（一七一四～一七八七）は「オペラの改革者」のひとりだった。それまでのオペラはすべてが「歌」だったわけではなく「セリフ」もあり、音楽の流れが中断していたが、それを改革し、音楽の一部とした。そのため、没後四十年が過ぎたこの時代でも賛否両論だったわけだが、ベルリオーズとメンデルスゾーンはともに評価していたのだ。グルックの改革はベルリオーズを経てワーグナーによって最終的に完成される。

クリストフ・ヴィリバルト・グルック

春、ライプツィヒ

ヴィークはクララの演奏旅行の第一弾としてドレスデンに連れて行った。

宮廷顧問官に話を通してもらい、ザクセン国王の前で四回も演奏する機会を得た。天才少女クララ・ヴィークの名は、少しずつ広がっていく。

二月二十三日、ワーグナーはライプツィヒ大学に「音楽学生」として入学した。

日本風にいえば、蛮カラな学生生活で酒場に入り浸り、悪友たちと乱闘ばかりしていた。ギャンブルに走り母の年金まで持ち出して賭けてしまい、ほぼ使い切ってしまった。ところが、これで最後にしようと持ち金のすべてを賭けたら大当たりして、これまでの負けを取り返した。しかしこれに懲りて、少しはまじめな学生生活を送るようになる。

後にこの音楽家は何度も破産し、そのたびに救世主が現れるという波乱の、というよりも行き当たりばったりで常に天が味方する人生を送るが、学生時代にそれは始まっていたのである。

†ある恋の破局

三月九日、パガニーニがパリで演奏した。これをリストが聴いて衝撃を受けたとされるが、リストが聴いたのはこの翌年ではないかとの説もある。いずれにしろ、パリにパガニーニ旋風が巻き起こっていた。

三月〜四月、パリ

三月二十七日、パリ音楽院の協会演奏会に、ついにベートーヴェンの第九が登場した。パリでの初演である。

その頃ローマにいるベルリオーズは婚約者マリー・モークとの遠距離恋愛に耐えきれず、留学の規則を破りローマからパリへ向かった。マリーはヒラーの恋人だったのに自分と付き合った女だ。留守中に別の男と付き合うのではないかと、ベルリオーズは不安に駆られたのだ。途中のフィレンツェに着いたところで体調を崩して滞在していると、パリのマリーの母からの手紙が転送された。彼の不安は的中した。マリーが他の男性と結婚するという報せだった。

その相手はカミーユ・プレイエルといった。一七八八年生まれなので、この年、四十三歳になる。当時としても年齢差のある結婚だ。

カミーユ・プレイエル

プレイエルは作曲家だが、ピアノ製造会社プレイエル社の二代目でもあった。プレイエル社はカミーユの父で音楽家のイグナース・プレイエルが一八〇七年に創業し、一八一三年に息子カミーユに経営権を譲っていた。

カミーユは父の事業を継ぐとさらに拡大していった。一八三〇年には音楽ホール「サル・プレイエル」を開設した。自社のピアノの宣伝の場でもあったが、音楽家に作品発表と演奏披露の場としても提供された。当時のパリで演奏会を開くとしたら、オペラ座をはじめとした劇場や音楽院ホールのような大きな会場か、貴族や富豪の邸宅のサロンしかなく、室内楽やピアノのソロでの演奏会に適した数百人規模のキャパシティのホールがなかったのだ。プレイエルはピアノをさらに売っていくには適当な規模の演奏会場があったほうがいいと考えた。

マリー・モークから見れば、ベルリオーズはローマ賞こそ受賞したものの この先どうなるかまったく分からない若造だ。それに比べれば、カミーユ・プレイエルは実業家なので安定した結婚生活が望める。彼女は冷徹な判断で、ベルリオーズを捨ててプレイエルを結婚相手に選んだともいえるが、結婚を急いだのは別の理由もあった。

パリの音楽界では、マリーをめぐり、親友だったベルリオーズとヒラーとが三角関係にあったことは誰もが知っていた。ベルリオーズはローマへ、ヒラーもドイツに帰ってしまい、パリにいない。その結果、世間の好奇な視線は残されたマリーに集中し、それから逃れるためには誰かの妻となるしかないと思い詰めたという説もある。

ともあれ、マリー・モークはプレイエルと結婚した。

この報せでベルリオーズは逆上し、彼女とプレイエルを殺して自殺しようと考え、銃を用意したが、結局、思い留まりローマへ帰ることにした。

†ポーランドの悲劇

五月、ウィーン―ポーランド

ウィーンにいるショパンは、演奏会やオペラに行くのだけが楽しみという生活だった。ようやく演奏する機会を得て、四月四日にホーフブルク宮殿内の舞踏会場（レドゥーテンザール）での演奏会に、何人かの音楽家と一緒に出た。

一方、ポーランドとロシアの戦争はポーランドが優位に進んでいた。

この戦況をワーグナーは自伝『わが生涯』でこう回想している。〈ロシアの大軍を相手とするポーランドの自由独立戦争が、私を興奮の極みに導いた。ポーランドが数日のうちに収めた成果に、私は仰天し有頂天になった。世界は奇跡によって新しく生まれ変わったかと思われたのだ。〉

ワーグナーはポーランド人ではない。ウィーン会議体制に歯向かおうとしているポーランドは、その体制を維持しようとしているドイツからみれば、不届きである。しかしそれはワーグナーにとっては、いまでいう「大人の事情」でしかない。自由と独立を求める闘いに、青年はロマンを感じ、共鳴したのだ。ザクセンにある反プロイセン感情も影響しているのかもしれない。

しかし五月二十六日、オストロウェンカでの戦いにおいて、ポーランド軍の将軍が判断ミスをした。兵力投入のタイミングを誤り、敗北してしまったのである。これをきっかけに戦況はロシア優位になっていく。その敗戦の報にワーグナーは〈この世が破滅したかのごとき印象を受けた。〉だが彼の周囲にいた学生たちは、ワーグナーの悲嘆を理解しなかった。ポーランドの独立戦争への温度差が、ワーグナーを悪友たちから遠ざけ、音楽へ集中させたと、本人は語っている。

勢いづいたロシア軍はプロイセンとの国境近くの川を渡り、西方からワルシャワへ攻め入った。

六月、パリ

六月一日、民営化されたパリのオペラ座の総支配人（「総裁」とも訳す）に、オペラとも音楽とも無縁の実業家ルイ・ヴェロン（一七九八〜一八六七）が就任した。この年、三十三歳になる若い実業家だ。

ヴェロンは文具商の子として生まれ、医学を学び博士号を取得しながらも、知り合った薬剤師が開発した万能薬に目を付けて、大々的に売り出して巨万の富を得たという、変わった経歴の人物だ。一八二九年にその富で雑誌「パリ批評（Revue de Paris）」を創刊し、自分でも演劇批評を書いていた。この雑誌には当時の人気作家たちが書き、そのなかにはアレクサンドル・デュマ、ウジェーヌ・シュー、オノレ・ド・バルザック、ヴィクトル・ユゴー、プロスペール・メリメもいた。こうして実業界のみならず、文化人や藝術家たちの間でも、ヴェロンは有名になっていった。オペラ座が民営化されると決まると、ヴェロンは経営の担い手として名乗りをあげ、経営と藝術の両方が分かる人物と認められて契約したのだ。

オペラ座を黒字にするには、観客動員を増やすしかない。それにはどうしたらいいのか。ヴェロンは客層を貴族ではなく、七月革命で勝利したブルジョワジーにすると決めた。そして彼らが望むものは「奢侈と娯楽だ」と分析し、「オペラ座をブルジョワのヴェルサイユにしよう」との結論に達した。

ヴェロンは設備を豪華にした。暖房や照明の設備も刷新した。さらに観客が歌手やバレエのダンサーの楽屋に出入りできるようにした。

しかしハード面での改善だけでは客は増えない。レパートリーの刷新が必要だった。貴族にとってオペラ座は社交の場であり、貴婦人たちはオペラを見に行くのではなく自分のドレスや宝飾品をみせびらかしに来ていた。そこで上演されるものは時流からかけ離れていようがかまわなかった。こうして古くなったものばかり上演していたので新興ブルジョワジーたちは他の劇場へ行ってしまい、オペラ座は赤字に喘いでいたのである。

ヴェロンは雑誌の仕事を通じて知り合った台本作家ウジェーヌ・スクリーブ（一七九一～一八六一）と相談しながら、新しいオペラ作りを始めていく。

結果を先に記せば、ヴェロンは成功した。その要因は予約制定期会員の獲得にあった。それができたのは、新作が評判を呼んだからだ。

民営化されたオペラ座で最初のヒット作となるものは、三年前に完成していた。旧体制下、お蔵入りとなっていたものが、陽の目を見ようとしていた。

六月、ローマ─ミラノ

メンデルスゾーンはベルリオーズがローマを出ている間、ナポリを観光していた。敬愛するゲーテが滞在したことのある都市なので、その足跡を訪ね、追体験したのである。

六月六日にローマへ戻ると、パリに行っているはずのベルリオーズが戻っていたので、二人は再会を楽しんだ。

メンデルスゾーンの長いイタリア旅行での最後の日日はミラノだった。

ミラノにはベートーヴェンの弟子だったという女性ピアニストがいた。ドロテーア・フォン・エルトマンで、ミラノ駐在のオーストリア軍司令官の男爵の妻だった。メンデルスゾーンはこの夫婦に歓迎され、ベートーヴェンの話を聞くことができた。

さらにミラノでメンデルスゾーンが「感動の対面」をしたのが、モーツァルトの長男カール・トーマス・モーツァルトである。カールは音楽家にはなれず、在ミラノのオーストリア領事館の事務員をしていた。

イタリア旅行の最後に、メンデルスゾーンは「ベートーヴェンの弟子」と「モーツァルトの息子」に会えたのだ。偉大な音楽家を知っている人と会って話せたからと、音楽的に影響を受けることはないだろうが、何らかの刺激はあったに違いない。

ミラノには数週間滞在した。

六月、ライプツィヒ

六月八日、シューマンは二十一歳の誕生日を迎えた。

このとき、彼はもうひとりの自分をはっきりと認識する（と、当人は思い込んだ）。そのもうひとりの自分は、即興詩人フロレスタンという衝動的な人物だ。そして本来のシューマン（と自分で思い込んだ）のことを、オイゼビウスと呼んだ。つまり、世間ではシューマンと呼ばれている男の内面は、穏やかな性格のオイゼビウスと、衝動的なフロレスタンの二つのキャラクターに分裂していたのである。

最近はやりの多重人格ものみたいだが、こうした考え方は、シューマンのオリジナルではない。ロマン派の作家ジャン・パウルの影響だとされている。

クララ・ヴィークが初めてショパンの音楽を聴いたのが、ちょうどシューマンが自分の中の二つの人格に気付いた頃だった。

六月八日の日記に〈私が八日間かけて練習したショパンの作品二の変奏曲は、これまで私が見たり弾いたりしてきたなかで、いちばん難しい作品です。この独創的で霊感に溢れた作品は、まだほとんど知られていません。たいていのピアニストや先生たちは、不可解で演奏不可能だと考えています〉とある。これが正しければ、六月一日からクララは練習を始めていたことになる。

ショパンという見知らぬポーランドの音楽家の作品を練習させたのは、もちろんヴィークである。シューマンの友人でもあるユリウス・クノルというピアニストがゲヴァントハウスで演奏したのを聴いて、ヴィークはクララのピアノの腕をアピールするのにこの曲は適していると考えたのだ。

ヴィークの家に下宿していたシューマンは、クララが弾いているショパンの作品二を聴いた。彼はその音楽に感動し、一篇のエッセイを書こうと思い立つ。

六月〜七月、ウィーン

ショパンはまだウィーンで無為無策の日日を送っていた。それでも六月十一日にケルントナートーア劇場での演奏会で自作のピアノ協奏曲第一番を演奏できた。

しかし七月二十日、ショパンはウィーンに見切りを付けて旅立った。

結局、前年十一月にウィーンへ着いてからの九か月で、ショパンは四月と六月に演奏しただけだった。これでは演奏会で稼ぐという目論みは達成できない。

それでも少しは知られる存在となり、貴族や富裕な市民の邸宅のサロンで演奏する機会が増えてきたものの、当初、思い描いていた生活とはあまりにも落差があったのだ。

その間マズルカなどいくつかの作品が生まれたが、こんな生活をしていていいのかという思いは強くなり、出て行くことにした。ウィーン会議体制に逆らったポーランドへの風当たりも強くなっていた。

しかしロシアとの戦闘が続いている故国へは帰ろうとしなかった。ショパンが目指したのはパリだった。この時点でポーランド人が旅行するには、ロシアの許可が必要だった。ショパンは目的地をロンドンとし、パリを経由するというパスポートを申請し、ようやく手に入れた。

同じ七月二十日、メンデルスゾーンはミラノから旅立とうとしていた。

メンデルスゾーンのイタリア滞在は八か月に及び、その間に彼は序曲《フィンガルの洞窟》、ピアノ協奏曲第一番を完成させ、交響曲《イタリア》の構想を練り、下書きを始めている。

彼の次の目的地はミュンヘンだった。ミラノからはまっすぐに行けば約四五〇キロだが、途中のスイスの山々を観光したようで、ミュンヘンへ着くのは九月になる。

†ワルシャワ陥落での共鳴

八月～九月、ミュンヘン

八月になると、もはやポーランド軍の敗北は必至となり、ワルシャワでは市民による略奪などが頻発した。国民政府は責任のなすりあいをするだけで、機能不全に陥った。

ショパンはウィーンを出ると、リンツを経由してモーツァルトの生地であるザルツブルクに着いた。モーツァルトが亡くなって四十年が過ぎていた。彼が生きている間はこの作曲家に冷淡だったザルツブルクは、この頃すでに、モーツァルトを観光資源としていた。ショパンはいまの観光客と同じように、モーツァルトが生まれた家を見学した。

ザルツブルクに数日滞在すると、ショパンはバイエルン王国のミュンヘンへ向かい、ここに一か月ほど滞在した。ワルシャワの父からの送金を待っていたのだ。この滞在の間に、フィルハーモニーの日曜マチネに呼ばれ、八月二十八日にはピアノ協奏曲第一番と、《ポーランド民謡による大幻想曲》を演奏し、好評だった。

ショパンがミュンヘンを発ったのはこの演奏会の数日後だというから、九月になるかならないかといった頃であろう。パリまでは、約七八〇キロである。

メンデルスゾーンはミュンヘンに九月九日か十日に到着した。

ショパンがこの都市を旅立ったたった二週間ほど後になる。もし二週間早くメンデルスゾーンが着いていたら、あるいはショパンが十日頃まで滞在していれば、二人はミュンヘンで出会えたのである。

メンデルスゾーンはこの頃すでにショパンのことは知っていた。作品が出版されていたからだ。そのショパンの演奏会の直後に到着したので、当然、ミュンヘンの音楽愛好家たちから、ショパンの演奏会のことも聞いて、関心を持つようになっていた。

ミュンヘンでメンデルスゾーンが再会を楽しみにしていたのは、前年に知り合った美貌のピアニスト、デルフィーネ・フォン・シャウロート（一八一三～八七）だった。前年はただ知り合った程度だったが、この再会で二人は本格的な恋に落ちた。この恋があったので、メンデルスゾーンのミュンヘン滞在は長くなる。

九月、シュトゥットガルト

九月八日、ついにワルシャワは陥落した。

ポーランド国民政府のメンバーは次々と辞任し、最後には、クルコヴェッキ将軍が全権委任された。しかし、将軍にはもう何も手段は残されていない。蜂起の指導者や軍人たちは「このままロシアに占領された国の中で生きることはできない」と多くが亡命していった。潔いともいえるし、無責任ともいえる。亡命者の数は一万人という。

ショパンが九月八日のワルシャワ陥落を知ったのは、その数日後ミュンヘンを出てシュトゥットガルトに滞在していたときだった。エチュード《革命》は、このときに作曲されたという説が有力だ。そのため、ショパン自身が付けたタイトルではないが、この曲は《革命》という愛称で呼ばれるようになる。ポーランドの独立戦争は失敗したので「革命」にはならず、どちらかというと「絶望」が相応しい。「革命」と名付けたのはポーランドの愛国主義者の作家モーリス・カラソフスキである。

ショパンは絶望した。しかし、シュトゥットガルトにいつまでもいるわけにはいかない。どんな人生が待っているのかは分からないが、彼はパリに向かった。

パリには九月の終わりに着いたが、正確な日付は確定できない。

九月、ライプツィヒ

ワルシャワ陥落の報せを受けて嘆き悲しんでいるもうひとりの音楽家がいた。いや彼はまだこの時点では音楽家とはいえない、音楽家を志す無名の、しかし何かと目立つ青年ワーグナーである。彼はポーランドの敗北を〈わが身の不幸〉とまで感じた。

ワーグナーとショパンは、同時代に生きた音楽家だが、うっかりするとそれを忘れてしまうほど、その音楽の外見は似ても似つかない。三時間も四時間もかかる長大なオペラを書いた「歌劇王」ワーグナーに対し、数分から、長くても三十分前後、それもピアノで演奏する曲以外はほとんど書かなかった「ピアノの詩人」ショパン。生き方においては浪費家という以外、共通点はない。それにしても昔の音楽関係者はニックネームを付けるのがうまかった。単に曲の傾向を示すだけではなく、キャラクター全体を的確に捉えている。ワーグナーは王国を築いたのでまさに「王」だし、ショパンは権力とか権威とは無縁の「詩人」なのだ。ちなみにリストは「ピアノの魔術師」と称された。

そんな二人だが、ポーランド独立が失敗に終わったことを嘆き悲しんだという点では共鳴している。ポーランド人のショパンが嘆き悲しむのは当然としても、他人事であるはずのワーグナーがこんなにも共鳴したのは不思議だ。ワーグナーを突き動かした衝動こそが自由を希求する「ロマン主義」という得体の知れないものだったのかもしれない。

敗戦を受けてポーランド軍の一部や政府の官僚、そして貴族の一部は亡命を決意し、フランスを目指した。フランスはナポレオン帝政時代からポーランドには友好的だったのだ。

フランスへ向かうポーランド軍の一部がライプツィヒを通過したとき、ワーグナーは彼らが敗残兵でありながら立派だったのを見て安心した。その日、ゲヴァントハウスではベートーヴェンの交響曲第五番が演奏され、ポーランドの軍人たちは正装でそれを聴きに行き、ワーグナーはその姿に魅せられた。

同じライプツィヒにいたシューマンは、他の多くのドイツ人がそうであるように、ワルシャワ陥落にとくに感情を揺さぶられていない。彼が夢中になっていたのはポーランドの若い音楽家ショパンの曲で、その衝撃と感動をどう文章で表現するかに悪戦苦闘していた。

試行錯誤の末にシューマンがショパン論を書き上げたのは、九月二十七日頃だった。この日付の手紙で、ライプツィヒで刊行されている専門誌「総合音楽新聞」(「一般音楽新聞」とも訳されるが、「総合」とする)に掲載してくれと依頼しているからだ。

九月二十八日、ヴィーク父娘は長い演奏旅行に出発した。それにともない、シューマンはヴィーク邸での下宿生活をやめて引っ越した。

ヴィーク父娘の最終的な目的地は約九百キロ西のパリだったが、途中の大都市で演奏会を開きながらの旅である。父娘の最初の目的地は約一〇〇キロ先のワイマールだった。文豪ゲーテはまだ存命だ。

ワイマールに着くと、クララは十月一日にゲーテの前で、ピアノを弾いた。この文豪はとても喜んだ。七日にはワイマールの宮廷に招かれた。
その後、父娘の旅はエアフルト、アルンシュタット、カッセルと続く。

†パリへ

十月、ミュンヘン

メンデルスゾーンはミュンヘン滞在中にピアノ協奏曲第一番を完成させ、十月十七日、バイエルン国王列席のもと、自らピアノを弾いて初演した。交響曲第一番と《夏の夜の夢》序曲も演奏された。

デルフィーネ・フォン・シャウロート

このピアノ協奏曲はデルフィーネ・フォン・シャウロートに対する思いが秘められているとする説もある。その最大の根拠はこの曲が彼女に献呈されているからだ。だが、この曲はイタリア滞在時にほぼできており、ミュンヘンでは最後の推敲がなされただけとの説もある。何ごともロマンティックにしたがる傾向が、このような伝説を生むのだろうか。

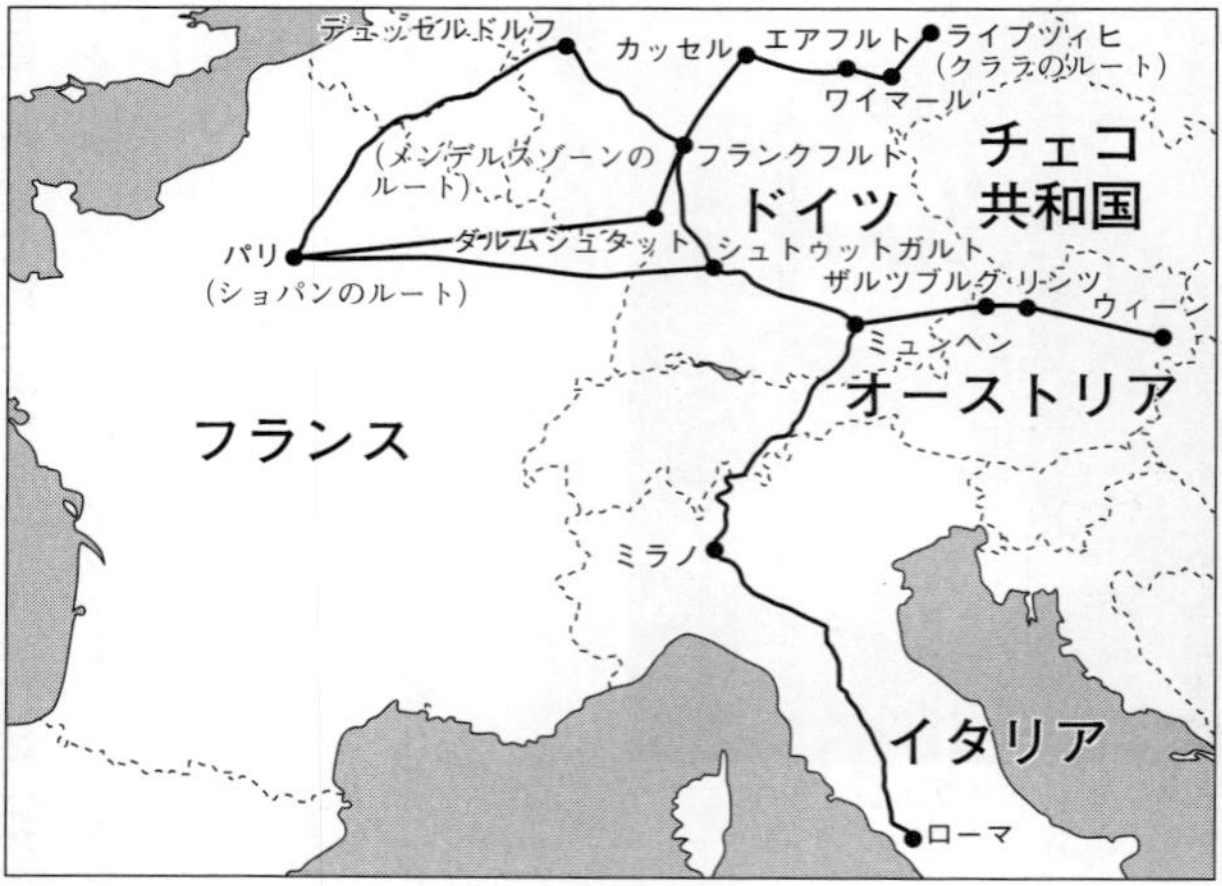

メンデルスゾーンとデルフィーネの仲はかなり知られていたらしく、バイエルン国王ルートヴィヒ一世は、彼女と結婚するようメンデルスゾーンに勧めた。ところがメンデルスゾーンは国王の介入が不愉快だと父親に宛てた手紙に書く。

二人がどの程度の関係だったのかは分からないが、メンデルスゾーンがミラノを旅立つと、この二人の恋とも友情ともつかぬ関係は終わった。デルフィーネは別の男性と結婚したがピアニストとしても活躍した。はるか後、メンデルスゾーンが亡くなってから二十年以上が過ぎた一八七〇年にメンデルスゾーン祭がライプツィヒで開かれたとき、彼女はこのピアノ協奏曲を弾く。

メンデルスゾーンはミュンヘンが気に入り、

予定より長く滞在していたが、旅の目的地であるパリを目指して出発する。西のシュトゥットガルト（二二七キロ）へ行き、北上してフランクフルト（一七五キロ）、西北のデュッセルドルフ（二一〇キロ）へ行って、それぞれには数日滞在しただけだった。デュッセルドルフから南西四五八キロがパリだから合計して、約一〇六〇キロの旅である。

†《悪魔のロベール》旋風

十一月、パリ

ショパンはパリに着くと、まず、住むところを探した。

最初の数日は宿に泊まっていたようだが、十一月十八日付の手紙で「ぼくはポワソニエール二十七番地の小さな部屋に住んでいる」と友人アルフォンス・クメルキスに伝えている。十月のある時点で、住まいを見つけたのであろう。

ウィーンでは収入のある仕事は何もできなかったので、この時期のショパンは父親からの仕送りに頼って生活していた。しかし、いつまでも親の脛をかじっているわけにもいかない。故国ポーランドの政治情勢も不安定だ。

ショパンはウィーンで知り合ったベートーヴェンの親友だったマルファッティ博士からのパエール宛ての手紙と、出版社への手紙をたよりに、パリ音楽界を営業してまわることになる。

フェルディナンド・パエール（一七七一～一八三九）はイタリア出身のオペラ作曲家で、パリでリストを教えたひとりでもある。紹介状のおかげで、まだパリでは一度も演奏もしていないショパンをパエールはもてなしてくれ、フランスで暮らせるように法的な手続きをとってくれた。

フリードリヒ・カルクブレンナー

ショパンはロシア帝国発行のパスポートを持つポーランド人であり、そのパスポートはロンドンへ行くためのもので、パリには一時的な滞在しか認められていなかった。実際、ショパンはロンドンへ行くつもりで、パリには数か月滞在するくらいのつもりだったようでもある。だがパエールが警察とかけあい、パリに「長期滞在」することが許された。

パエールはショパンをパリ音楽界の重鎮たちにも引きあわせてくれた。パリのイタリア座に君臨するロッシーニ、音楽院院長ケルビーニ、ヴァイオリニストで作曲家のバイヨー、そしてドイツ出身のフリードリヒ・カルクブレンナー（一七八五～一八四九）である。

カルクブレンナーの名は、これまでも何回か登場した。プレイエル夫人となったマリー・モークがベルギーにいたときの師であり、クララ・ヴィークがライプツィヒのゲヴァントハウスで演奏した曲の作曲者で、ピアニストとしても有名だった。パリ音楽院のピアノ科教授で、ピアノメーカーのプレイエル社の役員と、まさにパリのピアノ界の首領《ドン》で、この年、四十六歳だった。

カルクブレンナーはショパンのピアノを聴くと、その才能に感激した。そして「三年間私の弟子になれば、すばらしい音楽家にしてあげよう」と申し出た。

これが、おそらく十一月中旬のことである。十一月二十七日、ショパンの父と姉、そして師エルスネルの三人がそれぞれショパンに出した手紙が遺っている。その前にショパンから彼らへ手紙が届き、そこに「カルクブレンナーと会い、弟子にならないかと言われた」と書いてあったのだろう。三人とも、「あなた（ショパン）はすでにすばらしい音楽家なので、カルクブレンナーの弟子になる必要はない」と返事を出した。

ショパンが迷っている頃、パリではひとつのオペラが話題の的となっていた。マイヤベーアの新作《悪魔のロベール》が、十一月二十一日に初演を迎えると、いきなりセンセーショナルな成功を収めていたのである。

ジャコモ・マイヤベーア

ジャコモ・マイヤベーア（一七九一〜一八六四）の名はいまも忘れられてはいないが、その作品の上演頻度はそう高くはない。《悪魔のロベール》もめったに上演されなくなっている。彼は裕福なユダヤ系ドイツ人の銀行家の息子として生まれた。オペラ作曲家としてはロッシーニとワーグナーの中間の世代だ。出世作は一八二四年の《エジプトの十字軍》で、一八二六年からパリに住んでいた。

マイヤベーアは「ロッシーニのイタリア様式と、モーツァルトのドイツ様式を足して二で割り、さらに豪華絢爛さを施して、フランス独自のグランドオペラ形式を確立した」とされる。《悪魔のロベール》は三年前に完成したが、何度も上演が頓挫していた。それが七月革命によるオペラ座民営化で、ヴェロンが総支配人となったことで、新体制が放つ新作にラインナップされたのだ。このオペラの台本を書いたスクリーブとヴェロンとが懇意だったのが決め手となったが、内容としても、これまでにない斬新で大胆なものを求めていたヴェロンの嗜好と一致したのである。《悪魔のロベール》は、悪魔を父に公爵の娘を母として生まれた青年が主人公で、悪魔である父や死んだ尼僧が墓から出てきて誘惑するなど、当時としては良識派が眉をひそめるような過激な内容だった。

七月革命に続いて、パリのオペラ界でも革命が成就した。ロッシーニからマイヤベーアへの世代交代でもあった。

ショパンはパリ音楽界の裏事情にも通じるようになり、親友ティトゥスへの十二月十二日の手紙でマイヤベーアは〈これを上演するまでパリで三年間も待ち、二万フランの費用をかけた〉と記している。さらに師エルスネルへの手紙でも、〈マイヤベーアは《悪魔のロベール》上演までの三年間、自活していなければなりませんでした〉と書いている。

当時の音楽家にとって「成功」とはオペラを書いてヒットさせることにあった。自分が「オペラを書ける」とアピールするためにはオーケストラ曲を書く必要があった。ショパンがワルシャワでの最後の日日に「ピアノとオーケストラの曲」を盛んに書いていたのは、オペラ作曲家を目指していたからだった。

しかし、ウィーンとパリでオペラ業界の裏事情を知ってしまうと、ショパンにはとても自分には権謀術数渦巻くオペラの世界で生きていくのは無理だと思うようになる。ピアノ曲は楽譜を出版することや自分で演奏することで作品を知ってもらえるが、オペラは歌劇場で上演されなければ意味がない。上演させるためには藝術的才能とは別の、プロモーションやマネージメントの能力が必要となり、ショパンは自分にはそんなものはないと見切りをつけたのだ。師エルスネルへの手紙には〈私はピアニストとして世の中に出ざるをえなくなり、立派な藝術上の目標を究めることは、後の機会に延ばさざるをえなくなりました〉と書いている。

†ベルリオーズの帰還

十二月、ローマ

《悪魔のロベール》がパリで大ヒットしていることは、ローマにいるベルリオーズもすぐに知った。パリに戻っていた親友のヒラーが手紙で知らせてくれたのだ。

ヒラーへの十二月八日付の返事にベルリオーズは〈五十万もの呪いを！〉と書いた。彼はマイヤベーアの成功を妬んでいることを隠していない。〈一睡もせずにすごしてしまった。こんなときに、ぼくはどうしてローマに束縛されているんだ。〉

ベルリオーズは個人的にマイヤベーアに恨みがあるわけではない。自分以外の誰かが自分のいないパリで成功しているのが厭なのだ。

ベルリオーズはパリへ飛んで帰り、オペラを書いて成功したい。しかし、ローマにいなければならない。さて、どうする。

十二月、パリ

メンデルスゾーンがパリに着いたのは、日付は確定できないが十二月初旬である。すでに天才音楽家としてヨーロッパ上流階級でその名を知らぬ者のいないメンデルスゾーンは、パリに着くなり、代表会議に呼ばれ、「国民の王」ルイ・フィリップとも面談した。銀行家の父から王か首相への密書を預かっていたのかもしれない。

メンデルスゾーンは妹への十二月二十日付の手紙で、〈ここ（パリ）では、政治以外の歌は何も作曲されていない。ぼくの生涯のなかで、ここでの二週間ほど音楽的でない過ごし方をしたことはなかったと思う。ぼくは二度と作曲のことを考えられなくなるのではないかと思う〉と書いている。彼は何らかの政治的任務を帯びていたのだろうか。

メンデルスゾーンが着いたときのパリは前述のように《悪魔のロベール》の話題でもちきりの頃だ。さっそく、メンデルスゾーンもこのオペラを見た。マイヤベーアもメンデルスゾーンもユダヤ系で銀行家の息子という同じ生い立ちだ。これは親しみも呼べば、近親憎悪も生む。どうやらこの場合は後者だった。メンデルスゾーンは十二月十九日付の父親への手紙で、〈こういったものは、俗受けするでしょうが、私はそのような音楽を書く気は毛頭ありません〉と批判的に書いている。

メンデルスゾーンはカルクブレンナーに対しても、その音楽は虚飾に満ちているとして批判的だった。

パリ音楽界は当然のようにメンデルスゾーンを歓迎したので、その末端にいたショパンとも知り合った。メンデルスゾーンはショパンの曲を知っていたので、すぐに親しくなった。ショパンがカルクブレンナーの弟子になるかどうか悩んでいると打ち明けると、「あんな偉ぶっている奴よりも、君のほうが優れているのだから、彼のレッスンなど受ける必要はないよ」と助言した。

これが決め手となったのかどうかは分からないが、ショパンはカルクブレンナーの申し出を断った。しかしこのピアノ界の首領は意地悪な人ではなかったようで、ショパンが弟子入りを断っても、そのデビューに力を貸している。ショパンの才能を見抜き、自分の持ち駒のひとつとしたほうが得策と判断したのかもしれない。

カルクブレンナーのお膳立てで、ショパンは十二月二十五日に演奏会を開くことになったが、これは延期された。当時の演奏会は雑多なプログラムで必ず歌曲が含まれるが、そのための歌手が決まらなかったのが理由とされている。

カルクブレンナーはショパンを社交界にも紹介した。プレイエルのサロンに連れて行き、演奏させたのだ。

演奏会は延期となったが、ショパンの名は、パリ社交界で知られるようになっていく。

一八三一年十二月のパリには、以前からこの都市で暮らしているリスト、ポーランドから来たショパン、大旅行中のメンデルスゾーンの三人が揃っていたのである。

この年、メンデルスゾーンが二十二歳、ショパンが二十一歳、リストが二十歳である。みな美青年としても知られる音楽家だ。音楽史上、こんなにも若く美しく才能のある音楽家が揃った時期はないであろう。

†シューマン、音楽論壇デビュー

十二月、ライプツィヒ

二十一歳のシューマンは師ヴィークの留守中はライプツィヒの劇場の音楽監督ハインリヒ・ドルン(一八〇四～九二)に作曲を学び、トーマス教会カントルのテオドール・ヴァイリヒからは音楽理論を学んでいた。

秋にシューマンはジャン・パウルの未完の長編小説『生意気盛り』の中の「仮面舞踏会」の章に着想を得た、十二曲で構成されるピアノ曲《パピヨン》を作曲した。十二曲にはそれぞれ標題が付けられている。文学と音楽の融合といえばオペラであり、詩に曲を付けた歌曲があるが、ベルリオーズについでシューマンも、小説の情景を言葉ではなく楽器だけで表現しようと模索していたのである。

十八歳のワーグナーも、シューマンと同じ、トーマス教会カントルのテオドール・ヴァイリヒのもとで作曲を学んでいた。二人は机を並べて学んでいたのではなさそうだが、ほぼ同時期に同じ師に学んでいたのである。

ワーグナーは演奏会用序曲をいくつか書き、ヴァイリヒはこれを認めてくれた。そしてこの師はワーグナーの母を訪ね、「あなたの息子さんにはもう私から教えるものは何もありません」と言うのだった。

シューマンは作曲と並行して文筆活動も始めていた。ライプツィヒで一七九八年に創刊された音楽情報と批評が載っている雑誌「総合音楽新聞」の、「十二月七日発行」の号に、ロベルト・シューマンなる無名の筆者による『作品二』という小説なのか評論なのかエッセイなのかよく分からない記事が掲載された。

シューマンはすでに何曲も作曲していたが、まだ音楽家としては世に知られていない。彼の名が音楽業界で話題になった最初の「作品」は、作曲作品でもなければピアニストとしての演奏でもなく、執筆した評論だったのである。モーツァルトやベートーヴェンは書簡や日記は遺したが、論文やエッセイなどの著作はない。有名音楽家で、曲だけでなく膨大な量の著作も最初の人がシューマンだったといっていいだろう。

このシューマンの初文藝作品は『音楽と音楽家』（吉田秀和訳、岩波文庫）に収録されているので、いまでも簡単に入手できる。この岩波文庫版では五頁なので長い作品ではない。タイトルの『作品二』は、ショパンの「〈お手をどうぞ〉の変奏曲」のことを指す。

この文章はロベルト・シューマン名義となっているが、普通の評論とは異なり、「ユーリウス」なる人物が書いたという設定になっている。このユーリウスが作中の「ぼく」である。そして「君」という別の人物に対しての私信のかたちで書かれている。

最も有名な一節は、「諸君、脱帽したまえ、天才だ」である。ショパンに対する敬意を、シューマンは作中人物の台詞としてこう書いたのだ。

さて――ここから史料間で記述が錯綜する。

十二月十二日付けのショパンからティトゥスへの手紙には、「数日前、カッセルにいるひとりのドイツ人から十ページもある評論が届いた」と入手経路を説明した上で、自分の作品について書かれた評論について紹介し、「このドイツ人の想像には本当に死ぬほど笑った」と酷評している。書かれた当人としては当惑するばかりだったのだろう。

さらに手紙によると、この評論の書き手は「パリにいる義兄」に頼んで音楽批評誌「ルヴュー・ミュジカル」に掲載しないかと売り込んでいた。同誌関係者からそれを知ったヒラーが掲載を止めさせてくれ、「ヒラーがぼくを守ってくれた。まったく、賢明というには程遠い、大変愚かな考えだよ」とその評論の書き手を批判している。

ショパンが手紙で書いた評論の内容からして、シューマンが書いた『作品二』のことと思われ、そう解釈している文献も多い。だが、シューマンが送りたければライプツィヒから送ればよく、なぜカッセルから送ったのか分からない。さらにシューマンには「パリにいる義兄」はいない。

ショパンの手紙には評論の書き手の名も送り主の名もないので、それが混乱のもとなのだが、カッセルからパリのショパンに評論を送ったのは、シューマンではなく旅行中のフリードリヒ・ヴィークだった。「パリの義兄」とはヴィークの二人目の妻の兄エドゥアルト・フェヒナーという画家のことだ。

カッセルにはヴァイオリニストで作曲家のルイ・シュポーア（一七八四〜一八五九）が住んでおり、ヴィークはクララのピアノ演奏を聴いてもらった。そのときにクララが弾いたのがショパンの作品二のモーツァルトの変奏曲だった。シュポーワはピアノ演奏も作品も絶賛した。ちょうどそこへパリにいる義兄フェヒナーからの手紙に、ショパンというピアニストがパリに来たとあった。ヴィークはショパンと知り合いになればクララのデビューに役立つと考え、ショパン作品を絶賛する評論を書いて、ショパンに送ったのだ。その際にシューマンの評論『作品二』を参考にしたので、似た内容になったと思われる。


その後もヴィーク父娘の約九百キロの演奏旅行は、ゆっくりと進んでいた。ワイマールでゲーテの前で演奏したのが十月で、その後、エアフルト、アルンシュタット、カッセル、フランクフルト、ダルムシュタットを経て、パリに着くのは翌年二月である。

1831年の主な作品

メンデルスゾーン（22歳）
ピアノ協奏曲第１番（1830-31）
無言歌集第１巻（1829-32）
交響曲第３番《スコットランド》（1829-32、41-42）
交響曲第４番《イタリア》（1830-33）

ショパン（21歳）
アンダンテ・スピアナートと華麗なる大ポロネーズ（1830-31）
エチュード第１番〜第12番（1829-32）
ノクターン第１番〜第３番（1830-31）、第４番〜第６番（1830-33）
マズルカ第１番〜第９番（1830-31）
スケルツォ第１番（1831-32）
バラード第１番（1831-35）
ワルツ第１番・第３番
歌曲《悲しみの川》《花婿》《リトアニアの歌》

シューマン（21歳）
《パピヨン》（1829-31）
トッカータ（1829-32）
アレグロ

リスト（20歳）
なし

ワーグナー（18歳）
ピアノソナタ 変ロ長調
ピアノのための幻想曲

✝ショパンのパリ・デビュー

一八三二年一月〜二月、パリ

前年十二月二十五日に予定されていたショパンの演奏会は、歌手の出演交渉がうまくいかず、一月十五日に延期になった。歌手は歌劇場が押さえていたので、貸してもらうしかないのだが、それがうまくいかなかったのだ。

演奏会は一月に延期されたが、そのおかげで、四人の伴奏ピアニストの一人として、フェリックス・メンデルスゾーンが出演することになった。

しかし、カルクブレンナーが病に倒れ、演奏会はまたも延期されてしまう。

この年もパリ音楽院の協会演奏会が始まった。第一回は二月五日で、ベートーヴェン作品では交響曲第七番と《オリーブ山上のキリスト》が演奏された。

十九日の第二回では、ベートーヴェンの第八番が初登場する。これでベートーヴェンの九つの交響曲すべてがアブネックとパリ音楽院管弦楽団によって演奏されたことになる。この日はメンデルスゾーンの序曲《夏の夜の夢》も演奏された。当然、本人も客席にいたはずだ。

二月十五日、ヴィーク父娘がようやくパリに到着した。

義兄フェヒナーのおかげで、ヴィーク父娘はパリの音楽愛好家のサロンに出入りできるようになり、《悪魔のロベール》で一世を風靡していたマイヤベーアとも知り合い、このオペラの招待券を貰った。さらに後に親しい友人となるメンデルスゾーンとも出会った。

クララはカルクブレンナーにも紹介され、このピアノ界の大物の前でピアノを弾いた。カルクブレンナーはクララを褒めたが、その父ヴィークとは口論となり、ヴィークが目論んでいたショパンに紹介してもらうことは実現しなかった。

プレイエル社と深い関係にあるカルクブレンナーと対立したことで、ヴィークは当時のパリのもうひとつの大ピアノメーカー、エラール社とは親しくなった。

エラールとプレイエルはともに創業者の名であり、ブランドであり、社名でもあった。エラールは、パリに来たばかりの頃からリストを後援していた。ショパンはプレイエル派、リストはエラール派という構図は、単に人間関係だけではなく、その楽器としての特質と、彼らの資質と音楽性とがマッチしたから生まれたものだった。

二月二十六日、ついにショパンがパリにデビューする日となった。

会場はプレイエルが持つホールである。客席は三百ほどで、満員にはならなかった。その多くが、亡命してきたポーランド貴族だった。つまり、ショパンの名はこの時点ではまだ知られていなかったので、一般の音楽ファンは少なかったのだ。

それでも、カルクブレンナーが自らの人脈を駆使して、パリ音楽界の名士たちを招待していたので、客席はそれなりに華やかとなった。最前列にはマリー・プレイエルがいた。客席にはメンデルスゾーンもリストもヒラーもいた。音楽専門誌「ルヴュー・ミュジカル」の編集長のフランソワ＝ジョゼフ・フェティスも招待客のなかにいて、このポーランドから来た青年の音楽が本物であるかどうかを、その耳で確かめようとしていた。

そしてクララ・ヴィークとその父もいた。

プログラムは、ベートーヴェンの弦楽五重奏曲（作品二十九）をヴァイオリニストのバイヨーとヴィオラのウルバンなどで、次が女性歌手二人の二重唱でトメオーニとイサンベールが歌い（曲名はポスターなどに載っていないため不明）、その後にショパンが自作のピアノ協奏曲を弾いた。史料によっては、ショパンが弾いたのは全曲ではなく、「一部」だったとあり、また第一番なのか第二番なのかも諸説ある。

後半はカルクブレンナーがショパンのデビューのために作曲した「序奏と行進曲付の大ポロネーズ」で、ショパンとカルクブレンナーの二人がメインで、ヒラー、スタマティ、ソヴィンスキ、オズボーンの四人が伴奏、合計六台のピアノで演奏された。そして最後がショパンの出世曲である「作品二」、すなわち「モーツァルトの《ドン・ジョヴァンニ》のアリア〈お手をどうぞ〉の変奏曲」を、当然のことながらショパンが弾いた。

六台のピアノの曲は、会場のオーナーであるピアノメーカーのプレイエルの宣伝的な曲だった。カルクブレンナーは同社の役員でもあるのだから、ポーランドから来た有望な青年音楽家と、自社のピアノの両方の宣伝を兼ねる意図で作曲したに違いない。

四人のピアニストのうち、ヒラーはベルリオーズの親友で、プレイエルの夫人となっているマリーのかつての恋人だ。

史料によっては四人の伴奏者の一人がメンデルスゾーンとなっている。これは一月に予定されたときはメンデルスゾーンが弾くと告知されたための混乱のようだ。ショパンとメンデルスゾーンの「夢の共演」はならなかったのだ。

音楽雑誌編集長フェティスは、ピアノ音楽は常套的形式で書かれるものであるとして、過去三十年にわたり反復されてきたが、それは欠点のひとつだったとした上で、

〈最も熟練した藝術家でさえも、作品を繰り返しから脱却させることができなかった。しかし、ここに一人の青年がいる。彼は自然のイメージに自分を投げ出し、何の模倣も追わず、ピアノ音楽の完全な革新とまではいかないにしても、少なくとも、部分的には、我々が久しく求めて得られなかった、何かを見出したのであり、それは今までどこからも発見することができなかった種類の豊富な独創的楽想である。〉

ショパンの斬新さが認識されたのである。これこそが、ショパンを同時代の音楽家と隔絶させるものであり、偉大なる音楽家の系譜のどこにもポジションがない、つまり先輩も後輩も同僚もいない、孤高の存在とさせる理由だった。

演奏会が終わると、ショパンの楽屋には客が列を作った。若いメンデルスゾーンとヒラー、リストは最後尾にいた。リストがショパンと会うのはこのときが最初だった。リストの名は有名だったので、ショパンは当然知っていた。リストが「よい友だちになりたいと思います」と言うと、「ぼくも同じことをあなたに言おうと思っていました」とショパンが答えたと伝えられている。十九世紀前半の二大ピアニストの出逢いである。

リストはショパンが亡くなってから評伝を書き、そこにはこの日の演奏についてこう書かれている。

〈熱狂的な拍手が幾度も幾度も繰り返された。新しい詩的情緒を表現し、音楽藝術の中に勇敢な楽しい改革をもたらしたこの天才に魅せられた我々は、賛美の情を現し尽くせない感がした。〉

この演奏会をきっかけに、ショパンとリストは親しくなっていった。二人にヒラーを加えた三人の青年ピアニストは、日本風にいえば三羽鴉として、パリ社交界の寵児となるのだ。三人がよく招かれたのがプラーテル伯爵家で、夫人パウリーネはポーランド出身だったのでショパンを贔屓にしてくれた。このパウリーネは三人についてこう評している。

「私がまだ若くて美しかったら、可愛いショパンを夫にし、ヒラーを友人に、リストを愛人にしたい」

彼女だけでなくパリの社交界の女性すべてがそう思っていたのではないだろうか。

三人のうち、ショパンはプレイエル社と、リストとヒラーはエラール社の専属となり、パリ音楽界と社交界を二分させた「ショパン、リスト、ヒラーの誰がいちばん優れているか」という大論争は、二大ピアノメーカーの代理戦争でもあった。

†去る人、来る人

三月、パリ
パリ音楽院の協会演奏会の第三回は三月四日で、ベートーヴェン作品では《静かな海と楽しい航海》と交響曲第四番が演奏された。
第四回は二週間後の十八日だった。ショパンは二月の演奏会の評判がよかったので、音楽院の演奏会に出演したいと申し出たのだが、断わられた。
その十八日の演奏会はベートーヴェン作品がプログラムの中心で、最初が《田園交響曲》、次にグルックのオペラのアリア、その次がベートーヴェンのピアノ協奏曲第四番、さらに弦楽四重奏曲の抜粋、ケルビーニの《メデア》の二重唱、それから《コリオラン》序曲と《オリーブ山上のキリスト》の一部だった。

ピアノ協奏曲でピアノを弾いたのは、メンデルスゾーンだった。

この時点ではショパンよりもメンデルスゾーンのほうが知名度は高いのだから、協会がメンデルスゾーンを選ぶのは当然だった。演奏会が成功したので、メンデルスゾーンは交響曲《宗教改革》を演奏してくれないかと音楽院管弦楽団に頼んだ。一八三〇年に完成していたものの、なかなか演奏してくれるオーケストラがなく、初演の機会を逸していたのである。最後の頼みの綱であるパリ音楽院管弦楽団は、いったんは演奏を引き受けたが、練習が始まると、難しかったため、「こんな曲は演奏できない」と断った。結局、《宗教改革》はベルリンで初演される。このようになかなか初演されなかったせいなのかは分からないが、メンデルスゾーンはこの曲を封印してしまい、存命中は出版もされず、没後「第五番」として出版される。

三月十九日にはクララ・ヴィークの演奏会がフランツ・シュテーペル音楽学校の講堂で開かれた。

一八三二年二月から三月にかけて、パリではショパン、メンデルスゾーン、クララ・ヴィークが次々と演奏していたのだ。

三月、ワイマール

三月二十二日、ゲーテが亡くなった。八十二歳だった。

四月、パリ

当時のヨーロッパではコレラが流行していた。四月九日に行なわれたクララ・ヴィークの二回目の演奏会はそのため客が少なかった。

コレラを避けるため、ヴィーク父娘は十四日にパリを出た。

メンデルスゾーンもパリを去り、ロンドンへ向かった。彼はパリよりもロンドンのほうが好きだったようで、この後もこの都市には何度か行く。フィルハーモニック協会で彼の序曲《フィンガルの洞窟》が演奏され、メンデルスゾーンはミュンヘンで完成させたピアノ協奏曲第一番を弾いた。さらにメンデルスゾーンを喜ばしたのは、彼が書き溜めていた《無言歌》がロンドンで出版され、熱狂的な反響を呼んだことだった。イギリスの女性たちが競って家庭のピアノでこの曲を弾くようになる。

パリを去る人もあれば、パリへ来る人もいた。四月二十日、パガニーニがパリで演奏会を開き、リストがそれを聴いた。

パガニーニはベートーヴェンとは別の意味で、多くの若い音楽家に衝撃を与えてきた。それは、「超絶技巧」である。当時の音楽には内面を掘り下げる方向への潮流もあれば、聴衆に度肝を抜かせる技巧で人気を得る音楽家もいた。音楽が興行として成り立つには後者も必要だった。内面か上辺の技巧のどちらを重視すべきかは、結論の出ない永遠のテーマであろう。

　リストが聴いたのは、天才パガニーニとしては晩年にあたる。おそらくは全盛期は過ぎていたであろう。それでもリストは感激し、「ぼくはピアノのパガニーニになる！」と叫んだ。そして後に「パガニーニの主題による超絶技巧練習曲集」と、それを改訂した「パガニーニの主題による大練習曲」を書く。

マリー・カロリーヌ

　この月、ルイ・フィリップ政権をほんの少しだが揺るがす事件が起きていた。

　パリ音楽院演奏会協会の有力会員だったベリー公爵夫人マリー・カロリーヌは、革命後は亡命していたが、息子こそが正統なフランス国王であるとの信念を捨てきれず、クーデターを企てたのだ。

　マリー・カロリーヌは農婦に変装してナポリからマルセイユへ向かい、フランスに上陸した。

そして自分は「フランスの摂政」だと宣言した。前王シャルル十世は面倒に巻き込まれたくないと思ったのか、自分が復権しようと思っていたのか、亡命先から「マリー・カロリーヌは摂政ではない」との声明を出した。
マリー・カロリーヌはフランス西部ヴァンデ県へ潜入し、ブルボン家支持者と叛乱を起こすがすぐに逮捕されてしまった。この後も彼女は「お騒がせ女」としていくつもの事件を起こすが、歴史を動かすことはない。

四月三十日、ライプツィヒのゲヴァントハウスでは、ワーグナーの序曲が演奏され、評判を呼んだ。そこでワーグナーは交響曲を書くことにした。

†ショパンの挫折

五月、ローマ
五月二日、ベルリオーズはローマを後にした。パリの様子、とくにマイヤベーアの成功を知ったベルリオーズはなんとか早く帰国できないものかと交渉し、当初予定よりも半年早くフランスへ帰国することが許され、十二月まで支給されるはずの留学費の残金も貰えることになった。帰国の条件として、十二月まではパリに行くなと言われた。これはローマの責任者がパリの当局に内密に許可してくれたことを意味している。

ローマ賞の規定では、ローマで二年間勉強したら、その次の年はドイツへ留学することになっていた。それをどうするかも問題だったが、それは後で考えることにした。

ベルリオーズはローマからフィレンツェへ、そしてボローニャ、モデナ、パルマと通って、五月二十日にミラノ、そしてトリノに二十二日に着いた。それからアルプスを越えて、フランス領に入ったのは三十一日のことだった。

五月、パリ
五月二十日、パリではネイ元帥未亡人が音楽院のホールで開いた演奏会にショパンが出演し、自作の協奏曲第二番の第一楽章を弾いた。
演奏会には、パリの名士が揃っていたので、ここで成功していればショパンの人生は別のものになっていたかもしれない。だが、彼は失敗した。この大ホールでは、彼の繊細なピアノの音はほとんど聞こえなかったのである。
二月の演奏会を絶賛した「ルヴュー・ミュジカル」は、この協奏曲について〈作曲の面ではオーケストレーションが不充分である〉とし、演奏の面では〈音が貧弱だった〉と酷評した。現在もなお、ショパンのオーケストレーションについては、同じ批評が繰り返されている。ショパンはこの評に絶望し、パリでコンサートピアニストとして成功するのはもはや無理だと考えるようになる。

コンサートピアニストにならないのであれば、オーケストラとピアノのための曲を書く必要はない。ショパンが作曲家としての経歴の最初期にしかピアノとオーケストラの曲を書かなかったのは、そのためだ。

オペラ作曲家とコンサートピアニストの道を諦めたのに、ショパンがパリで人気ピアニストとなれたのは、コンサートホール以外の場、サロンがあったからにほかならない。

†実りなき旅

六月、ベルリン
ロンドンにいたメンデルスゾーンは五月十五日に師であるツェルターが亡くなったと知る。これはジングアカデミーの監督ポストが空いたことを意味していた。
メンデルスゾーンがベルリンに戻るのは六月のことである。
メンデルスゾーンがグランドツアーを始めたのは一九二九年春で、その年の十二月までイギリスに滞在し、いったんベルリンへ戻り、一八三〇年五月に再び旅立った。それから実に二年間にわたり、ドイツ各地やイタリア、そしてパリ、ロンドンと旅していたのである。

旅の間にフランスでは七月革命が起き、ポーランドでは独立戦争が敗北に終わっていた。だが、ベルリンは何の変化もなかった。メンデルスゾーンはオペラを書こうと模索し、パリで知り合った台本作家スクリーブと手紙のやりとりをしたが、実らなかった。これまでに書いた序曲やピアノ協奏曲の推敲をするなどして過ごしていた。

七月〜十一月、ライプツィヒ

ライプツィヒにいるシューマンはまだ芽が出ない。ピアノの練習と作曲の勉強を独学で続け、ピアノの小品を作っていたが、演奏会を開くわけでもない。それどころか、練習のしすぎなのか、右手の中指が痛んでいく。五月にはもう演奏できなくなっていた。

七月三日と三十一日に、クララはショパンの作品二を、ゲヴァントハウスで演奏した。この演奏会によって、クララの名声は揺るぎないものとなった。この月は三回、演奏会に出演した。

シューマンはライプツィヒの雑誌にクララ・ヴィークを絶賛する評論を書いた。

〈クララの音は聴くものの心にまで浸透する。彼女は女流詩人であり、これは詩そのものである。〉

ワーグナーは四月に序曲が演奏され、それなりに評判がよかったことで自信を付け、交響曲に挑み完成させた。彼の唯一の交響曲で、ハ長調の「作品二十九」となる（未完の交響曲が他

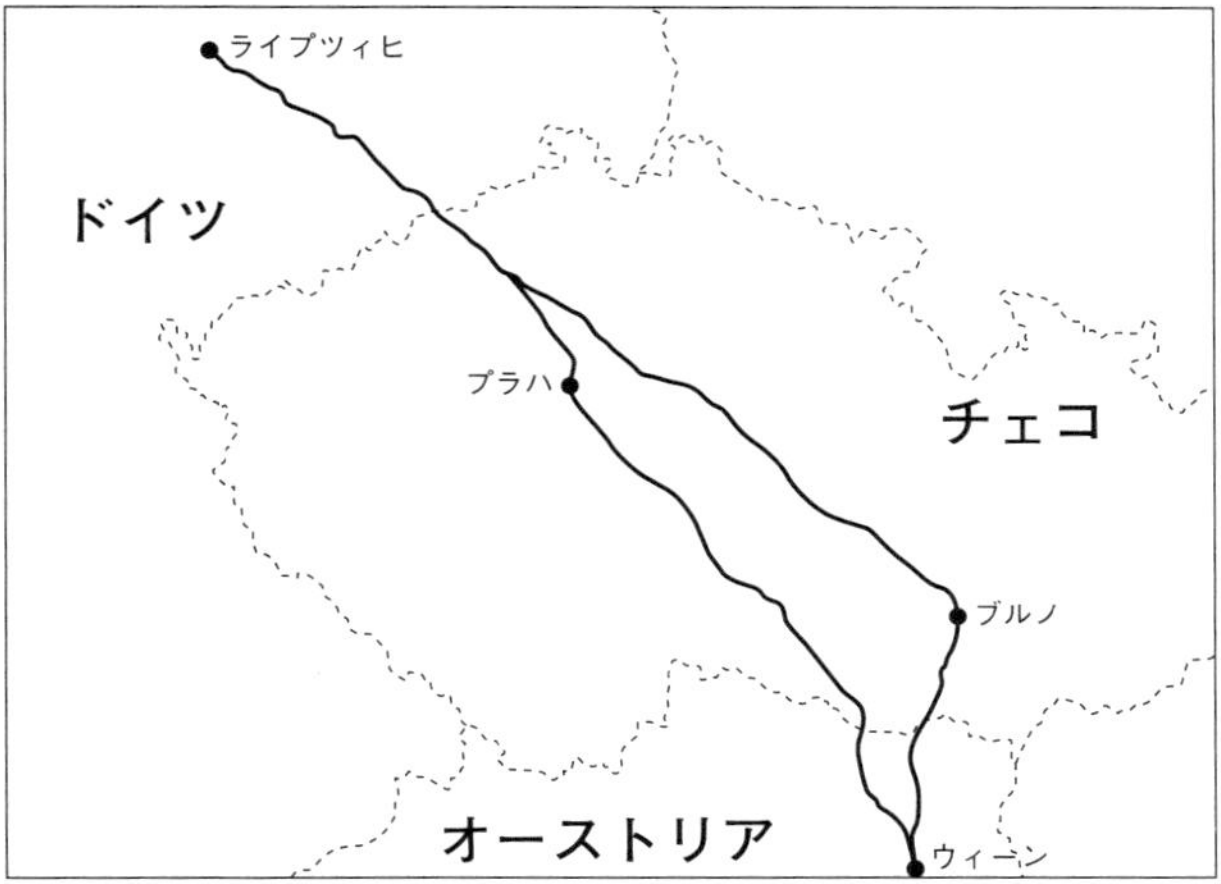

にもある）。この曲のスコアを携えてこの夏ワーグナーは初めてウィーンへ行くことにした。
チェコのモラヴィア地方のブルノへ行く友人がいたので、馬車に同乗させてもらった。ブルノまで約四三〇キロである。そこからは自分で馬車を借りて約一二八キロ先のウィーンへ行った。交響曲を演奏してもらえないかと尋ねまわったが、ついに実現しなかった。
当時のウィーンはヨハン・シュトラウス（父、一八〇四〜四九）のブームがまだ続いており、ワーグナーはこのときにシュトラウスがヴァイオリンを弾きながら指揮をする演奏会を聴いている。グルックのオペラ《タウリスのイフィゲニア》も見ているが、退屈だった。
ワーグナーはウィーンでは結局、何も得ることのないまま九月で滞在を切り上げた。ライプツィヒへ戻る途中、プラハに寄ってみることにした。ウィーンからプラハは約二八七キロ、そこからライプツィヒまでが約二三一キロだ。

プラハには十三歳の年に行き、伯爵家の美人姉妹と親しくなり、その翌年にも訪ねたことがあった。今回もその美人姉妹と再会し、あわよくば恋に発展しないかと期待したが、彼女たちには貴族の青年の取り巻きがいて、ワーグナーを恋の相手とはしなかった。

恋は実らなかったが、プラハ音楽院の初代院長が交響曲を認めてくれ、学生オーケストラによって十一月に演奏された。

さらに失恋の経験をもとに《婚礼》と題したオペラの台本を書き始めた。ワーグナーはこの習作時代から最後の《パルジファル》までのすべてのオペラで台本も自分で書いた。こういうオペラ作曲家は珍しい。もともと演劇で藝術に目覚めただけあり、彼は音楽よりも先に言葉で物語を作るのである。《婚礼》はE・T・A・ホフマンの物語にインスピレーションを得たもので、失恋での鬱屈を爆発させたかのような陰惨な物語となった。強制結婚、密かに愛していた人の転落死、復讐、狂気の爆発などが描かれた。

十一月、ツヴィッカウ

シューマンはピアニストを断念した。指の力が弱いと感じており、当時流行していた指を拡張する訓練器を使っていたのが逆効果となった。ヴィークは使いすぎるなと注意していたのだが、この青年は焦ってしまったのだ。そのため、指が強くなるどころか動かなくなってしまった。焦ったシューマンはますますさまざまな民間療法を試した。動物の臓物に手を浸すといいと聞けばやってみたし、磁気にもあててみたし、スズの粉末を摂取したこともあった。しかし、何の効果もない。十一月に母へ宛てて書いた手紙では「完全に諦めた」と書いている。ショパンとは別の意味でシューマンは挫折した。コンサートピアニストにはとてもなれそうもなかった。そうなれば彼に残されたのは執筆と作曲だけだった。

この秋は交響曲（ト短調）が完成した。故郷ツヴィッカウで第一楽章のみだが初演されたので、「ツヴィッカウ交響曲」とも呼ばれる。現在「第一番」として知られる曲とは別のものだ。

この交響曲が十一月十八日にツヴィッカウで演奏されたのは、ヴィークのおかげだった。この秋、クララ・ヴィークはアルテンブルク、ツヴィッカウ、シュネーベルクへ演奏旅行に出かけ、シューマンもツヴィッカウは故郷なので同行した。そのクララの演奏会でシューマンの交響曲の第一楽章が演奏されたのだ。二人の名が一枚のポスターに並んだ最初でもあった。クララの演奏は絶賛され、シューマンの交響曲はオーケストレーションが貧弱だと言われてしまった。

このとき、クララと初めて会ったシューマンの母は彼女に「あなたは将来、ロベルトと結婚するに違いありません」と予言したという。女のカン、であろうか。

シューマンはそのままツヴィッカウにしばらく留まることにした。

十一月、パリ

ローマからフランスへ帰ったベルリオーズはいったん故郷に落ち着いていた。年内はパリへ行ってはいけないのだが、十月二十八日に故郷を旅立ちパリへ向かった。パリに着くのは十一月七日の夜明けだった。

ベルリオーズとしては、翌年になったらドイツへ行かなければならないので、なんとかその前にパリで演奏会を開きたかったのだ。十二月までパリへ行ってはならないと言われていたが、我慢できるようなベルリオーズではなかった。

パリに着いて二日後の九日には音楽院のホールを使いたいと申し出て、交渉の末、十二月二日に演奏会が決まった。

新しい住まいはオペラ座の近くのサン・マルク街に見つけた。驚いたことに、その部屋はかつてイギリスの女優ハリエット・スミッソンが住んでいた部屋だった。その偶然はベルリオーズには運命だと感じられた。やはり自分とハリエットとは結ばれなければならないのだ、そうだ、彼女はどうしているのだろうか——偶然にも、ハリエットもまたこのとき、パリにいた。

しかしかつてパリで一世を風靡した女優は凋落していた。彼女自身が座長となりイタリア座で公演していたのだが、不入りで批評もさんざんだった。ベルリオーズが一目惚れしたのは一八二七年で、もう五年も経っていた。この時代も美人女優の人気は、儚いものだった。

ベルリオーズが戻って来たと知ってリストが訪ねてきた。ピアノメーカーの二代目社長の妻となったマリー・プレイエルの話も出たが、ベルリオーズは「ぼくがいちばん愛したのはハリエットだ」と言った。そしてリストに、「ローマにいる間に《幻想交響曲》の続編を書き、その新作のタイトルは《生への回帰》になる」と伝えた。

十一月十九日、国王ルイ・フィリップの暗殺未遂事件が起きた。国王は路上で狙撃され、弾丸は外れたが、犯人は逃走して捕まらなかった。いったい、どの勢力の仕業だったのかは、永遠の謎となる。各党派は、それぞれの対立する党派の仕業だと騒ぎたてた。

パリに来て一年が過ぎてショパンの運命が大きく好転した。この頃ポーランドの亡命貴族の紹介で、パリのロスチャイルド家にその令嬢のピアノ教師として雇われることになったのだ。これが評判になり、他の貴族からも依頼が来て生活が安定していく。レッスン料は一時間二〇フランで一日に五件を掛け持ちしたこともあったという。時給二〇フランは一フラン五〇〇〇円として一〇万円になる。かなり高額だが貴族や富豪なら払える額なのだろう。

オペラ作曲家を断念し、コンサートピアニストにも自信がなく、ショパンの当面の職業は

「ピアノ教師」となった。それでも曲作りは続け、それを出版するという、もうひとつの収入源も確保していく。「職業作曲家ショパン」の誕生である。

†女優への恋の再燃

十二月、パリ

十二月九日、ベルリオーズのイタリアからの帰還後初の演奏会がパリ音楽院のホールで開かれた。

プログラムは改訂された《幻想交響曲》と、その続編にあたる《生への回帰》がアブネックの指揮で演奏された。この新作はベルリオーズがこれまでに書いた曲を改作し、六つの曲にして、それを俳優が朗読するモノローグでつなぐ音楽付き叙情独白劇とでもいうべきものだ。《幻想交響曲》が現在もなおオーケストラの人気レパートリーとして定着し、膨大な数の録音があるのに対し、この続編はあまり知られていない。ベルリオーズとしては、続けて演奏されることを想定して書いたが、《幻想交響曲》だけが人気曲になってしまった。

客席にはパリの名だたる文化人たちがいた。作家のアレクサンドル・デュマ、ハイネ、ユゴー、親友のヒラーもいたしリストもショパンもいた。パガニーニもいた。そして女優ハリエットもいた。

ハリエットは音楽には興味がないのでベルリオーズも知らなければ、《幻想交響曲》が自分への失恋によって生まれた曲だということも知らなかった。彼女は知り合いに誘われて、この演奏会にやって来たのだった。気晴らしでもあり、大勢の文化人の集まる場所に行けば、自分の宣伝にもなるだろうという程度の気持ちだった。当人は知らなかったが、《幻想交響曲》とハリエットとの関係はパリの音楽界ではほとんどの者が知っていた。彼女が現れたので客席にいた全員が驚いた。

会場では《幻想交響曲》の詳細なプログラムと、《生への回帰》の台本が配られた。彼女を連れて来た編集者はモーリス・シュレージンガーといい、ベルリオーズの友人でもあった。ハリエットのことを思い出したベルリオーズの頼みを受けてこの女優を連れてきたのだ。ハリエットは配られたプログラムと台本を読み、周囲の人々が自分を見てヒソヒソと話すのを感じ、この音楽が自分と関係があることを悟った。

演奏会は大成功した。終演後、楽屋にシュレージンガーがハリエットを連れて来て、ついにベルリオーズは憧れの女優と会って話すことができた。

演奏会の評判はよかったが、オーケストラや歌手を雇ったので経費もかさみ、ベルリオーズは経済危機に陥った。そこで起死回生を狙い、二回目の演奏会を十二月三十日に開くことにした。ハリエットへの花束攻勢も始めた。落ち目になった彼女は上昇気流にあるように見える若い音楽家に関心を抱くようになっていった。

その頃、アカデミーからベリオーズのもとへ「翌一八三三年一月一日からドイツに行くのであれば、給付金を支給する」との通知が届いた。逆にいえば、ドイツに行かなければ金は出ない。せっかくハリエットとの仲が進展しそうなこのときにパリを出るのは避けたかった。前回はマリー・モークと婚約しながらもローマへ行ったがために彼女を失った。ベルリオーズは同じことを繰り返したくなかったので、ドイツ行きの延期を申し出た。

ジョルジュ・サンド

この十二月に初演された《生への回帰》は一八五五年に改訂決定稿が出版される際に《レリオ、あるいは生への回帰》と改題される。「レリオ」は男性の名で、主人公のことだ。そして同じ十二月に発表された新人作家の短編小説の主人公もまたレリオだった。それは多分、偶然である。だがこの作家はこの物語の音楽家たちと深い関係を持つようになる。ジョルジュ・サンドである。
男装の女流作家として知られるジョルジュ・サンドは一八〇四年にパリで生まれた。ベルリオーズの一歳下、ショパンの六歳上になる。出生時の名はアマンティーヌ＝オーロール＝リュシル・デュパンといった。四歳の年に父が事故死し、姑（祖母）と折り合いの悪かった母は出て行き、祖母に育てられたが、その祖母も十七歳の年に亡くなった。

一八二二年、オーロールは父モーリス・デュパンの友人夫妻の家へ遊びに行き、そこで歩兵少尉カジミール・デュドヴァン男爵と出逢い、結婚した。男爵は二十七歳、オーロールは十八歳だった。翌二三年に息子モーリスが生まれ、二八年には娘ソランジュが生まれた。しかしその頃から夫婦間には溝ができており、一八三一年に夫とは別居した。

このときすでにオーロールには若い恋人がいた。七歳下の法学生ジュール・サンドー（Jules Sandeau）である。オーロールは一八三一年一月にパリへ出てサンドーと一緒に暮らし、二人でJ・サンド（J Sand）というペンネームで合作して小説『ローズとブランシュ』を発表した。これが評判になると、翌年は自分ひとりで『アンディアナ』を書いた。ジュールはこれを評価し彼女自身の名で発表するようにと奨めた。しかしまだ離婚が成立していないので本名となる夫の姓は使いたくないし、旧姓デュパンを使うことも母に反対されそうなので、有名になった「J・サンド」の「J」をあえて男性名である「ジョルジュ」として、「ジョルジュ・サンド」というペンネームにした。

こうしてジョルジュ・サンド作『アンディアナ』は一九三二年五月に出版され、たちまち評判となった。そうしているうちにジュール・サンドーとの仲は悪くなっていく。

ベルリオーズの演奏会は十二月九日で、同日発売の雑誌「パリ批評」にサンドの新作『侯爵夫人』が掲載された。この小説の主人公はタイトルにある侯爵夫人なのだが、彼女の恋の相手の俳優の名がレリオといった。ベルリオーズが《生への回帰》を改訂して出版するときに《レリオ》というタイトルにしたのは、これに影響されているのか、よくある名前なので偶然なのかは分からない。

この一八三二年十二月の時点でベルリオーズとサンドとはまだ知り合ってないと思われるが、後に二人は互いに尊敬しあう仲となる。

小説が評判になるにつれ、サンドは有名になり、男装してサロンに出入りするようになっていた。しかし、この時点ではまだリストともショパンとも知り合っていない。

十二月十五日、パリではそのショパンとリストがヒラーの自主公演に客演し、三人でバッハの協奏曲を弾いた。

十二月、ライプツィヒ

ワーグナーは十二月の初めにライプツィヒへ帰り、プラハで台本を仕上げた《婚礼》に音楽を付けていった。しかし姉ロザーリエが台本を読んで、あまりにも恐ろしい物語でオペラには向かないと言うので、やめてしまった。途中まで書いた楽譜も破棄したが、最初の部分の合唱と七重唱のみが現存している。

十二月十五日、ワーグナーのプラハで初演された交響曲がレストランで演奏された。演奏したのはオイテルペ合奏団という。これは私的な演奏会で、内輪の人々だけが聴いたが、そのなかにはフリードリヒ・ヴィークがいた。

父からワーグナーの交響曲の話を聞いたクララは、故郷ツヴィッカウにいるシューマンへ手紙を書いて、こう伝えた。

〈ワーグナーさんが、あなたを追い越しました。ワーグナーさんの交響曲が演奏されたのですが、それはベートーヴェンのイ長調の交響曲（第七番）と紙一重だったそうです。〉

行間からは「ロベルトさん、しっかりしてよ」との思いが読み取れる。十三歳の少女は二十二歳の青年を叱咤激励しているのだ。恋でなくて何であろう。

1832年の主な作品

メンデルスゾーン（23歳）
カンタータ《最初のワルプルギスの夜》
序曲《フィンガルの洞窟》（決定稿）
序曲《美しいメルジーネの物語》（1835年に改訂）
交響曲第３番《スコットランド》（1829-32、41-42）
交響曲第４番《イタリア》（1830-33）
無言歌集第１巻（1829-32）

ショパン（22歳）
エチュード第１番〜第12番（1829-32）、第13番〜第24番（1832-36）
ノクターン第４番〜第６番（1830-33）
マズルカ第10番〜第13番（1832-33）、第54番・55番（1832）
バラード第１番（1831-35）
スケルツォ第１番（1831-32）
ロンド変ホ長調

シューマン（22歳）
トッカータ（1829-32）
パガニーニの奇想曲による練習曲
６つの間奏曲
クララ・ヴィークの主題による即興曲（1832-33）
ピアノソナタ第１番（1832-35）

リスト（21歳）
なし

ワーグナー（19歳）
交響曲 ハ長調
歌劇《婚礼》の台本執筆（作曲は途中で断念）

第三章　恋の季節（一八三三〜一八三五年）

前章で五人は音楽家として開花した（シューマンだけ少し出遅れているが）。

一八三二年での五人の交流と年齢（誕生日での満年齢）を確認すれば、
メンデルスゾーン（二十三歳）はパリでリストとショパンと知り合った。

ショパン（二十二歳）はパリでリストとメンデルスゾーンと知り合った。

シューマン（二十二歳）はライプツィヒでワーグナーと知り合った。

リスト（二十一歳）はパリでショパンとメンデルスゾーンと知り合った。

ワーグナー（十九歳）はライプツィヒでシューマンと知り合った。

この五人全員と直接会っているのが、クララ・ヴィーク（十三歳）だった。暮らしているライプツィヒではシューマンとワーグナーと知り合いで、演奏旅行で行ったパリで、メンデルスゾーン、リスト、ショパンと顔をあわせている。

さらにベルリオーズ（二十九歳）もパリでリストと知り合い、ローマでメンデルスゾーンと知り合い、帰国してショパンと知り合っている。

主人公たちは二十代、青春の只中にある。音楽も大事だが恋と友情もそれぞれの生活のなかでは大きなスペースを占めていた。

前世代のベートーヴェンやシューベルトは恋の話もあったが生涯独身だった。その前のハイドンやモーツァルトは結婚しているが、そこに大恋愛があったようには語られない。むしろ「悪妻」物語の例として語られることのほうが多い。だがロマン派たちはみな大恋愛をするのだ。

恋が音楽家の物語で前面に躍り出るのは、女性の社会進出が進んだこととも関係するだろう。それまでは「○○の娘」「○○の姉や妹」「○○の妻」「○○の母」としてしか歴史に登場しなかった女性たちは、自らの名で自らの意思で行動していくようになる。とくに文化・藝術の分野は女性の進出が早い。

†オペラの現場へ

一八三三年一月、ライプツィヒ

一月十日、ライプツィヒではゲヴァントハウスで若手音楽家のための演奏会が開かれた。十九歳とまだ若手に属するワーグナーの交響曲が演奏され、十三歳のクララ・ヴィークがヨハン・ペーター・ピクシス（一七八八〜一八七四）のピアノ協奏曲を弾いた。

客席にはロベルト・シューマンがいた。そして、「優雅な世界」という新しい雑誌の編集長ハインリヒ・ラウベ（一八〇六〜八四）もいた。ワーグナーより七歳上のこの青年は「青年ドイツ（「若きドイツ」とも）」という文学運動グループのメンバーだった。彼らは過激な自由主義者たちで、政治的、宗教的、社会的自由、さらには女性解放と自由恋愛も主張していた。ラウベはワーグナーの友人となる。

ラウベは自分が書いたオペラの台本をワーグナーに渡し、作曲しないかと持ちかけた。しかしワーグナーは、台本は自分で書くべきだと思っていたし、姉ロザーリエに見せると彼女もこれはやめたほうがいいと言うので、断わった。自分で新たな台本を書くことにして、イタリアの劇作家カルロ・ゴッツィの童話『蛇の女』を原作にしたオペラを書き始めた。彼の最初の完成したオペラとなる《妖精》である。

一方、ワーグナーは大学を中退しており、仕事にも就いていなかったので、家族は心配していた。ヴュルツブルクの劇場で歌手をしていた兄アルベルトがこの地の音楽協会でワーグナーの作品を演奏する機会をくれ、これが成功すると、劇場の合唱指揮者になることが決まり、一月半ばに着任した。

こうしてリヒャルト・ワーグナーは、オペラの現場で働き始めたのだった。上演の裏方として仕事をし、オペラ上演とはどんなものなのかを身をもって知り、その一方でオリジナルのオペラを台本から自分で書き始めていた。

一月、ベルリン
一月のベルリンでは、前年に亡くなったツェルターが務めていたジングアカデミー監督職の後任を決める選挙が行なわれた。

メンデルスゾーンはあまり気乗りしなかったが、周囲から推されて応募した。対立候補はツェルターの友人だった五十四歳になるルンゲンハーゲンである。メンデルスゾーンはユダヤ人である自分が選ばれるとは思っていなかったが、その予想通り、一月二十二日に行なわれたアカデミー会員の投票で、ルンゲンハーゲンは一四八票、メンデルスゾーンは八八票で、負けた。

予想していたとはいえ敗北のショックは大きかった。ルンゲンハーゲンは指導者代理にならないかと提案したが、メンデルスゾーンは断った。アカデミーの会員だった姉ファニーと妹レベッカは退会した。

メンデルスゾーンはベルリンにいるのが厭になっていた。そんなところに、五月にデュッセルドルフ近くのアーヘンで開催されるニーダーライン音楽祭で指揮をする仕事がきた。それは翌シーズンからデュッセルドルフ市の音楽総監督になることを含ませた提案だった。メンデルスゾーンはそれを受けることにした。

リストの「運命の女《ひと》」

三月、パリ

この頃、リストはマリー・ダグーと出逢った。すぐに二人が恋に落ちたわけではないが、ここにロマン派時代を代表するカップルが誕生するのである。

マリー・ダグー

ダグー伯爵夫人マリーは一八〇五年生まれなので、リストの六歳上だった。フランクフルトの銀行家ベートマン家の血筋を引くフランスの子爵家の令嬢で、当時のパリの三大美人のひとりと称されていた。一八二七年にフランスの騎兵隊士官ダグー伯爵と結婚し、二人の娘が生まれたが、結婚から五年目のこの時点では夫婦関係は冷え切っていた。当時のフランスの上流階級によくある話である。

リストとマリー・ダグーとの出逢いは一八三二年十二月か三三年一月のどちらかとされている。この十二月から一月にかけて、リストはパリにいなかったので、その前か後、ということになる。パリを留守にしていたのは、後援者であったラブルナレード伯爵夫妻とアルプスに静養に出かけていたからだ。この伯爵は高齢で、夫人は美貌で知られていた。三人の旅（使用人が同行しているが）がどんなものだったのか、人々は勝手に妄想した。帰ったリストが焦燥していて苛立っていたので母が驚いた。

アルプスから帰ると、リストはピアノ教師の仕事と公開の場での演奏活動を本格的に再開させた。いずれも生活のためだった。それまでのリストはサロンという閉ざされた空間で演奏するだけで、劇場やホールでの公開演奏会にはほとんど出ていなかったが、それを再開させたのだ。

三月十二日、リストは久しぶりに自主公演の演奏会を開いた。リスト自身がピアノを弾いた他、オーケストラ曲、声楽曲といったこの時代のいつもの演奏会のように多彩というか雑多なプログラムだ。オペラ座のオーケストラが出てベルリオーズの序曲《宗教裁判官》も演奏された。

続いて二十三日にはヒラーも自主公演を開き、それにリストとショパンも客演し、三人でバッハの協奏曲を共演した。三羽烏が揃ったのだ。

そして遅くてもこの頃までに、リストはマリー・ダグー伯爵夫人とラ・ヴァレット侯爵邸のサロンで知り合った。この年、マリーが二十八歳、リストは二十二歳だった。

マリーはリストと会うと、自分はフンメルにピアノを習ったことがあると自慢した。リストは、ただただ彼女の美貌に圧倒されたようだ。数日後、マリーから邸宅への招待状が届いた。この日は他に客がいたので、何も進展はない。翌日も招かれ、この日は二人だけだった。こうして、マリーとの交際が始まり、リストはショパンやハイネもマリーに紹介し、彼女のサロンは若い藝術家たちが集う場となっていた。

貴族のサロンに若い藝術家が集うのはよくある話だ。そこから恋愛が生まれるのもよくある話である。だがそれはたいがい秘められたものとして終わる。リストとマリーの場合、それが公然化してしまうのは、二人の愛があまりにも激しくなり、そしてリストが有名人だったからだ。

†「道ならぬ恋」の始まり

四月、パリ

四月二日、ベルリオーズは婚約者ハリエットのためにイタリア座で自主公演をした。ハリエットの劇団は客の入りが悪く彼女は負債を抱えていたのだ。相談を受けたベルリオーズはプロポーズし、彼女はそれを受け入れた。彼女にはもうそれしか負債を解決できる道はなさそうだった。とはいえベルリオーズは資産があるわけではない。そこで興行を打って一山あてようとしたのだ。婚約したが彼の両親は結婚に反対していた。

ベルリオーズはちょうどパリに来ていたパガニーニにも出演を依頼したが、出演料の折り合いがつかなかったようだ。この公演にはハリエットとベルリオーズは出演していない。しかし人気ピアニストのショパンとリストが出て、リスト作曲のソナタ（作品二二）を連弾に編曲したものを二人で弾いた。

マリー・ダグーとの道ならぬ恋に悩むリストとしては幸福そうなベルリオーズが羨ましかっただろう。この演奏会はそれなりの収益があり、ハリエットに渡された。しかし、それくらいで彼女の負債がなくなるわけではなかった。

四月、ライプツィヒ

故郷ツヴィッカウにいたシューマンは四月にライプツィヒへ戻った。

留守にしている間にヴィーク家では悲劇があった。クララの弟にあたるクレメンスが病死していた。クララは悲しみにくれていたのでロベルトが帰って来てくれたのは心の支えになった。ロベルトはヴィーク邸には下宿せず、部屋を借りていた。そのため、ロベルトとクララとは手紙のやりとりをするようになり、これが後世の歴史家にとっては当時の二人についての重要な史料となる。

シューマンは作曲と並行して、新しい音楽批評雑誌の創刊を考えるようになり、同志を集めていく。その雑誌は翌年創刊される。

四月二十九日にはライプツィヒのゲヴァントハウスでのクララの演奏会でシューマンの交響曲の第一楽章が演奏された。しかし、まだ評判は呼べない

五月七日、ヨハネス・ブラームスがハンブルクで生まれた。父は市民劇場（歌劇場ではない）のコントラバス奏者だった。彼がシューマン夫妻の前に現れるのは、二十年後のことだ。

五月、パリ

五月になると、マリー・ダグーはパリ近郊のクロアッシーにある城で過ごしていた。リストはその城に招かれ、彼女の二人の娘ルイーズとクレールを紹介された。マリーが何を考えていたのかは分からないが、自分に子供がいることをリストに認識させ、これ以上、深入りしないよう警告したのかもしれない。この時点でのマリーはリストとの愛に生きる決断をしていない。あるいは、自分にはこういう娘たちがいるがそれを含めて愛せるかと問い質そうとしたのかもしれない。リストは数日滞在し、パリに帰った。

この時代のフランスの上流階級では、子供が生まれれば夫婦はそれぞれ愛人を持つのが当たり前といった風潮である。仮面夫婦が多い。現在の日本よりははるかに既婚者の恋愛が自由である。とはいえ、愛人関係にあると公言することは憚られる。

リストとマリーがいつ一線を越えたかは当人たち以外には分からない。頻繁には会えない二人の間では手紙が往復した。それを分析すると夏まではまだ一線を越えていないとされている。

五月、ロンドン

五月十三日、ロンドンでメンデルスゾーンの《イタリア交響曲》が彼自身の指揮で初演された。イタリア旅行中に着想を得た曲だ。大旅行を終えた後、ベルリンへ戻ってからロンドンのフィルハーモニック協会から新作の依頼があり、このイタリア旅行の体験をもとにした曲を仕上げることにしたのだ。「イタリア」とタイトルが付いているがベルリオーズの交響曲のような物語のある標題音楽ではない。イタリアの音楽が一部、引用されている。

《イタリア交響曲》は三月に完成しており、ロンドンへ送られた。そしてメンデルスゾーン自身の指揮で初演することになった。この日はモーツァルトのピアノ協奏曲第二十番でピアノも弾いた。客席にはパガニーニがいて、メンデルスゾーンに感激し、一緒にベートーヴェンのソナタを演奏しようと申し出たが、これは実現しなかった。

初演を終えるとすぐにメンデルスゾーンは大陸へ戻り、約束していたデュッセルドルフの音楽祭に向かった。ここではヘンデルのオラトリオ《エジプトのイスラエル人》やベートーヴェンの《田園交響曲》、自作の《トランペット序曲》を演奏した。

メンデルスゾーンは十月からデュッセルドルフ市の音楽総監督に就任することになっていたが、それまでベルリンにいるのは気がすすまなかったので、父とロンドンへ行くことにした。彼はロンドンが好きで、ロンドンの人々もメンデルスゾーンを好きだった。

ロンドンでの日日、メンデルスゾーンはまさに英気を養っていた。

†浪費家のベストセラー作曲家

六月、パリ
六月五日、ベルリオーズは結婚に反対する両親へ三度目の結婚催告書を送った。両親は受け取りを拒否したが、当時の法律ではこれで手続き的には四か月後に結婚が可能となった。
ショパンは楽譜が売れ、貴族の子女へのピアノ教師の仕事も多く、サロンで演奏すれば謝礼も貰えるので、実入りがよくなり、パリへ来て二度目の引っ越しをした。ショセ・ダンタン五番地の高級アパルトマンで家賃の年額が一二七五フランだったという。

ショパンのレッスンは一時間二〇フランで、一日に五人を教えていたというから一日一〇〇フラン、一か月に二十日間教えたとして二〇〇〇フランで、それだけで年間に二万四〇〇〇フランとなる。さらにショパンにはサロンで演奏した場合の謝礼と楽譜の原稿料（当時はまだ印税ではない）も入る。ところが生活は楽ではなかった。ショパンは浪費家だった。リストが注意するほど、収入があってもすぐに何か買ってしまう。質素な暮らしを嫌い、服にもお金をかけた。ショパンとすれば必要経費だった。スター・ミュージシャンはみすぼらしい格好はできないのだ。

ショパンの浪費癖は死ぬまで治らない。もっとも同じように浪費家のワーグナーとは異なり、借金まみれになることはなかったようだ。何より、ショパンは投機的興行を打つことはしないので、そこがワーグナーとの大きな違いだった。

この年は作品八から十二までの五点が、フランスだけでなくロンドンやウィーンでも出版される。ショパンはめったに公開演奏会に出ないが知名度を維持できたのは、楽譜が売れるベストセラー作家だったからだ。ピアニストとしてのショパンの音楽は社交界に出入りできる人しか聴く機会はないが、その作曲作品は多くの人が知っていた。

この夏ショパンは友人のチェリストのフランショームの故郷であるトゥーレーヌ地方で静養しながら作曲をし、九月までここに滞在した。

ショパンは旅に出るにあたり、親友リストに、「留守の間、時々部屋に来て、風通しをしてくれないか」と鍵を預けた。これによってある事件が起きる。何年の出来事なのかは確定できないのだが、場所がショセ・ダンタン五番地の高級アパルトマンなのは間違いなく、ショパンが長期旅行に出ておりリストがパリにいるという条件だと、三三年か三四年となる。

リストはある女性との密会の場としてショパンの部屋を、もっと厳密にいえばベッドを拝借してしまったのだ。そしてショパンはそれを知ると気を悪くし、しばらくリストとは疎遠になった。だが二人の友情は壊れることなく以後も続くので、一時的な怒りだったのだろう。

リストの密会の相手の女性とは、マリー・ダグーではなくマリー・プレイエルだった。ピアノメーカーの社長夫人であり、ベルリオーズの元婚約者であり、ヒラーの元恋人という華麗なる恋の遍歴の持ち主は、リストとも関係があったのだ。この事件が一八三三年だとしても、リストとマリー・ダグー伯爵夫人との関係が始まっているので、リストの恋の相手は複数いたことになる。

問題を複雑にするのは、ショパンはプレイエル社の支援を受けており、マリー・プレイエルはその社長夫人である。リストはプレイエル社のライバルのエラール社の支援を受けているから、マリー・プレイエルは後援者のライバル会社の社長夫人となる。ショパンとしては自分の部屋で浮気をされたのでは、マリーの夫カミーユ・プレイエルに対して顔が立たないので、リストを怒ったとも考えられる。

リスト以外にもマリー・プレイエルの恋の噂はたくさんあった。結局、一八三五年にプレイエル夫妻は離婚し、その直後に女の子が生まれた。結婚している間に夫以外の男性の子を妊娠したのではないかと噂になったが、プレイエル社がもみ消した。離婚後もマリーはプレイエル姓を名乗ることが許され、ピアニストとして第一線に復帰し、クララ・ヴィークのライバルのひとりとなる。

†若き音楽総監督

九月〜十月、デュッセルドルフ
九月二十五日、メンデルスゾーンはデュッセルドルフに到着した。意欲に燃えた若き音楽総監督の登場である。
十月からメンデルスゾーンのデュッセルドルフ市音楽総監督としての仕事が始まった。二十四歳の音楽総監督は当時としても若いといっていいだろう。ドイツの都市にはかつて市の音楽総監督（Generalmusikdirektor）というポストがあった。市の公式行事での音楽から、教会の音楽、歌劇場や管弦楽団まで音楽に関わる人員を統括するポストである。行政的な管理職であり、指揮者として演奏もし、さらには作曲もする。

メンデルスゾーンは大富豪なので生活のために仕事をする必要はない。そんなメンデルスゾーンが同世代で最初に安定的収入が確保されるポストを得るのだから皮肉なものである。

新任の監督が誰でもそうであるように、メンデルスゾーンは張り切っていた。最も意欲的な試みだったのが、歌劇場でモーツァルトの《ドン・ジョヴァンニ》を指揮したことだ。メンデルスゾーンがオペラを指揮したのはこれが初めてだった。この背徳的な人物を主人公にしたオペラは、まだ現在のように名作としての評価を得ていないので、画期的だった。

上演は成功し、以後もメンデルスゾーンはオペラを指揮していたが、やがてこの仕事からは手を引く。歌劇場の仕事はあまりにも雑事が多く、作曲をする時間が取れなくなってしまったのだ。これには批判が出て、デュッセルドルフ市との関係も悪くなっていった。

若き純粋な天才は歌劇場というあまりにも俗っぽい魑魅魍魎《ちみもうりょう》が跋扈《ばっこ》する世界と相容れないのである。

十月、パリ
リストは「自宅にいたのでは作曲に専念できない」と母に言って、ピアノメーカーのエラール社のそばに一部屋借りることにした。
この部屋に貴婦人が黒いヴェールで顔を隠して出入りするようになった。そのために借りた

ヴィンチェンツォ・ベッリーニ

部屋だった。もちろん、その貴婦人はダグー伯爵夫人マリーである。二人は道ならぬ恋の道を歩み出していた。

十月三日、ベルリオーズとハリエットがついに結婚した。パリのイギリス大使館の礼拝堂での結婚式にはリスト、ヒラー、詩人のハイネが出席した。

この秋、パリにイタリアのオペラ作曲家ヴィンチェンツォ・ベッリーニ（一八〇一～一八三五）がやって来た。六月にロンドンで《ノルマ》（初演は一八三一年十二月、ミラノ・スカラ座）が上演されることになり、それに立ち会い、その帰路パリへ来たのだ。ベッリーニは三月にヴェネツィアのフェニーチェ座で初演された《テンダのベアトリーチェ》が不評だったので、パリで一花咲かせたいと考えていた。当時は誰もがパリを目指したのだ。

ベッリーニは長期戦となるのを覚悟して家を借りたが、オペラ座はイタリア・オペラに厳しく、なかなか契約ができない。そこで翌一八三四年一月にイタリア座と契約して、《清教徒》に取り組むことになる。

パリの音楽家のなかでベッリーニと親しくなったのがショパンだった。ショパンはベッリーニの音楽を高く評価しており、影響されているとも指摘されている。そしてワーグナーもまた、ベッリーニに注目していた。

十一月、パリ

十一月二十四日、新婚のベルリオーズ夫妻は、またもハリエットの負債を解決するための自主公演をした。今回はハリエット自身も『ハムレット』に出演し、ベルリオーズの《幻想交響曲》、序曲《宗教裁判官》、カンタータ《サルダナパル》が彼の指揮で演奏され、リストもピアノを弾き、ベストセラー作家アレクサンドル・デュマの戯曲『アントニー』も上演されるという大規模な公演となった。

しかしハリエットはかつてのハリエットではなく、演技気力も容姿も落ちていた。観客は正直に反応し、拍手はほとんどなかった。それでも二〇〇〇フランの興行収入があった。この時点でのハリエットの負債は一万四千フランだったので、それなりに助かるはずだった。だがベルリオーズはこの二〇〇〇フランで次の興行を打つことにし、十二月二十二日に再び、今度は音楽だけの公演をした。またもリストが出演してくれ、本職の指揮者ジラールが《幻想交響曲》と序曲《リア王》を指揮し、演奏会は成功した。

こうした興行は、しかし頻繁にはできない。リスクが大きすぎた。ベルリオーズは生活のために執筆活動を始めることにした。パリでは出版ビジネスが隆盛に向かっている時期で、新聞・雑誌のほとんどは音楽批評のページがあったので、そこに執筆していくのだ。

ショパンのように楽譜出版で稼ぐ音楽家もいれば、ベルリオーズとシューマンのように著述家として活躍する音楽家も登場している。この著述家グループにはやがてワーグナーも参加する。ベルリオーズ、シューマン、ワーグナーはピアニストではないという点でも共通する。ピアノが弾ければ、コンサートピアニスト、あるいはサロンピアニストとして稼げるが、歌劇場や教会、宮廷楽団の専属音楽家以外は、「作曲」だけでは生活できないのである。専属音楽家は、生活は安定しているが、命令あるいは依頼された曲しか作れず、自由に思うままに曲を作る機会はない。どちらを選ぶかだ。

ショパンのこの年はドラマチックな出来事はない。ピアノ教師としてレッスンをして、サロンで演奏し、作曲して出版社に送り、というそんな生活が続いていた。

リストとマリー・ダグーの仲が怪しいと、パリ社交界では噂になっている。リストはそれとなくやめたほうがいいと助言されることもあった。簡単に恋をやめられれば誰も悩みも苦労もしない。

十月〜十一月、ライプツィヒ

ライプツィヒのシューマンの周囲では不幸が相次いだ。この年はマラリア熱が流行し、十月にシューマンの兄の妻ロザーリエが亡くなり、さらに十一月には後を追うように兄ユーリウスも亡くなった。シューマンは自殺衝動に駆られ、借りていた五階の部屋から身投げしそうになったので、二階へ引っ越したほどだった。

十一月末に鬱状態から脱し、その間に中断していた雑誌創刊に向けて動き出した。

シューマンは集めた同志たちを勝手に「ダーヴィト同盟」と名付けていた。

1833年の主な作品

メンデルスゾーン（24歳）
序曲《美しいメルジーネの物語》
幻想曲《スコットランド風ソナタ》
協奏的小品第１番、第２番
２つの宗教合唱曲
交響曲第３番《スコットランド》（1829-32、41-42）
交響曲第４番《イタリア》（1830-33）
ポンソリウムと讃歌《讃歌の歌》
無言歌集第２巻（1833-34）

ショパン（23歳）
エチュード第13番〜第24番（1832-36）
ノクターン第４番〜第６番（1830-33）
マズルカ第10番〜第13番（1832-33）、第56番（1833）
バラード第１番（1831-35）
華麗なる変奏曲
ボレロ

シューマン（23歳）
クララ・ヴィークの主題による即興曲（1832-33）
謝肉祭（1833-35）
パガニーニの奇想曲による６つの演奏会用練習曲
ピアノソナタ第１番（1832-35）
ピアノソナタ第２番（1833-38）

リスト（22歳）
小品《ああ、あなたに言うかしら、ママ》
ラ・ロマネスカ

ワーグナー（20歳）
歌劇《妖精》台本完成、作曲に着手

†幻のオペラ

一八三四年一月、ライプツィヒ

ワーグナーのヴュルツブルクの劇場の合唱指揮者の仕事は一年契約だったので、それを終えると一月にライプツィヒに戻っていた。完成したばかりのオペラ《妖精》を姉ロザーリエに見せ、自分で歌って聞かせた。ロザーリエは感激し「上演してもらおう」と、彼女が専属しているライプツィヒの歌劇場の支配人に紹介した。

支配人はスコアを預かったが、なかなか採用するとの返事が来ない。ワーグナーが催促し、いったんは六月に上演されると決まった。だが何度も延期され、そのうちワーグナーとしてもどうでもよくなってしまう。結局《妖精》の初演は、ワーグナーが亡くなった後の一八八八年のミュンヘンまで待たねばならない。有名になってからなら上演しようと思えばできたであろうが、自分でも習作レベルのものと思い、封印してしまうのだ。

《妖精》の上演を交渉している最中の三月、ライプツィヒ歌劇場ではベッリーニの歌劇《カプレーティ家とモンテッキ家》が上演された（ロミオとジュリエットの物語だが、シェイクスピアの戯曲のオペラ化ではない）。このオペラのロメオは女性歌手ヴィルヘルミーネ・シュレーダー＝ドヴリアン（一八〇四〜六〇）が男装して演じていたが、彼女の演技にワーグナーは驚嘆した。

演劇の演技と比べても遜色がなかったのである。当時の大半のオペラが「声」を聞かせるもので、演技は二の次だった。オペラ「歌手」であり、オペラ「俳優」ではなかったので、直立不動で、せいぜい手を前に出したり、斜め後ろに広げたりする程度だった。

もともと演劇好きだったワーグナーは改めてオペラは演劇であると悟った。そしてドイツのオペラには演劇的要素が欠けていて、イタリア・オペラに学ぶべきだと思った。この衝撃をもとに、ワーグナーは次のオペラを書き始めた。《恋愛禁制》である。ドイツ語ではあるが、イタリア・オペラの様式で書く。

ワーグナーはシュレーダー＝ドヴリアンに熱心なファンレターを書いた。このあたり、ベルリオーズと似ているが、恋愛感情を抱いたわけではなく、歌手・女優として敬愛したのだ。シュレーダー＝ドヴリアンはこの熱心なファンの名を記憶に留めた。

前年にワーグナーが知り合った過激な文学青年ラウベは「青年ドイツ」の機関誌「優雅な世界」を出していたが、ワーグナーはそこに初めての論文『ドイツのオペラ』を寄稿した。ドイツの作曲家を硬直していると批判し、イタリアやフランスの作曲家を見習うべきだと書かれていた。ベッリーニ作品に刺激されてのものだ。

ワーグナーもまた、論文の著作が多い音楽家だった。ユダヤ人を批判したものまで書いたことで、ヒトラーのナチスに利用されてしまうほどその著作は影響力があった。文筆活動にも精力的だったのは「書きたいこと」があったからではあるが、作曲だけでは生活できず、「食うため」でもあった。この点でも、ベルリオーズとワーグナーは似ていた。

初論文は「優雅な世界」六月号に掲載される。

†見えない三角関係の始まり

四月、ライプツィヒ

四月三日、シューマンの新雑誌「ライプツィヒ新音楽時報」が創刊された。編集人として名を連ねるのは、シューマンの他、ヴィーク、ピアニストのユリウス・クノル（一八〇七～六一）、ピアニスト・作曲家のルードヴィヒ・シュンケ（一八一〇～三四）の四人だったが、実質的にはシューマンが編集長だった。

エルネスティーネ・フォン・フリッケン

二十一日にヴィークにエルネスティーネ・フォン・フリッケン（一八一六～四四）という女性ピアニストが弟子入りし、ヴィーク邸に下宿することになった。その数週間前にクララがプラウエンで演奏会を開いた折に、アッシュからフリッケン男爵が娘エルネスティーネを連れて聴きに来ており、感動した男爵は娘をヴィークに預けることにしたのだ。

エルネスティーネはクララより三歳上で、この年十八歳の美しい令嬢だった。クララは姉ができたように喜び、二人は仲よくなった。

エルネスティーネと親しくなったのはクララだけではなかった。ロベルトが彼女に一目惚れしてしまった。二人が親しくしているのをそばで見ているうちに、クララのロベルトへの気持ちは、妹が兄を想うようなものとは違うものになっていく。彼女はエルネスティーネへの嫉妬を自覚した。つまり、「ロベルトさん」に恋していた。だが、そのロベルトはクララのことを一人の女性とは認識していない。彼にとって「クララちゃん」は初めて会ったときの八歳の少女のままだった。

ロベルトをめぐるクララとエルネスティーネの三人は、当事者たちにはまだ見えていないが、確実に三角関係にあった。

ヴィークは娘の心の変化に気付いたのだろうか。それとも偶然にこの時期になったのか、クララをドレスデンに留学させることにした。音楽理論と声楽の勉強をさせるためだった。

しかし、引き離されれば、恋心はかえって燃え上がる。ロベルトと会えないクララは熱心に彼へ手紙を書いた。書いていくうちに想いは深くなり燃えていく。十五歳の少女の恋は本気度を増していく。しかしその相手は自分を妹のようにしか思っていないこともまた彼女は知っていた。どうしたらいいのだろう。

四月、パリ

四月九日、パリでリストの自主公演があった。ベルリオーズの《イタリアのハロルド》と《生への回帰（レリオ）》の一部が演奏され、さらにリストが《生への回帰》をピアノとオーケストラ用に編曲したものも演奏された。リストは編曲の名手であった。この日はメンデルスゾーンの《無言歌》も二台のピアノ用に編曲して演奏した。

リストとベルリオーズは単に友人であるだけでなく、音楽の上でも助けあっていた。もっとも、与えるのはリストで、ベルリオーズがリストに与えるものはそんなにはないのだが、リストはベルリオーズの天才を尊敬し、その作品の普及に生きがいすら見出していた。

†メンデルスゾーンとショパンの再会

五月、アーヘン―デュッセルドルフ

ニーダーライン音楽祭は毎年開催都市が異なり、この年はデュッセルドルフから八〇キロ、オランダとベルギーの国境近くのアーヘンで開催された。アーヘンは大聖堂で知られる歴史の

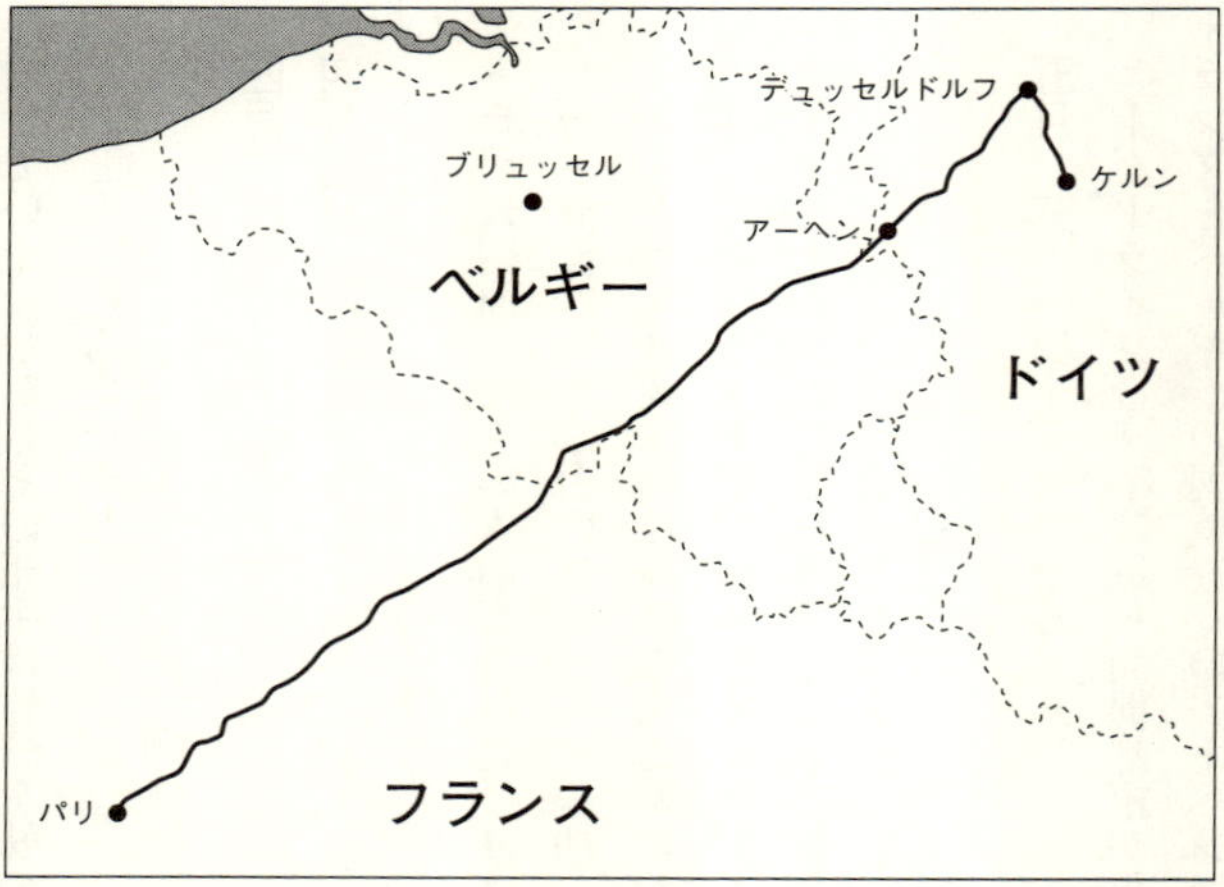

ある都市で「北のローマ」と呼ばれていたこともある。

メンデルスゾーンはこの音楽祭に出演者のひとりとして参加した。そこにはショパンが来ていた。パリ以来、二年ぶりの再会だった。

ショパンは親しくしていたヒラーがアーヘンの音楽祭で重要な仕事をすることになったので一緒に行くことにしたのだ。パリからアーヘンまでは三八四キロで、それなりの旅である。ちょうどワルツ（作品十八）が出版され、その印税五〇〇フランが入ったので旅費とした。

メンデルスゾーンはショパンのピアノを改めて聴いて〈絶望的な哀愁感と激しい情熱が交錯する音楽だ〉と評した。その後、三人はデュッセルドルフへ行き、さらにケルンにまで足を伸ばした。これらは演奏会があったわけではないようだ。彼らは一緒にピアノを弾き、互いの曲を紹介し、楽しんだ。

この頃すでにメンデルスゾーンはデュッセルドルフの仕事に限界を感じていた。オペラを指揮しないことで批判され、オーケストラは若い天才監督に反発していた。それを知ったライプツィヒ市は、ゲヴァントハウス管弦楽団の楽長にならないかと打診してきた。メンデルスゾーンは引き受けることにした。

†ワーグナーの最初の「運命の女」

七月、ライプツィヒ
ワーグナーは金持ちの友人テーオドール・アーペルと六月半ばから旅行に出た。馬車を借り切っての豪華旅行で、ボヘミア地方に出かけた。ライプツィヒから一八二キロ南東にあるチェコの保養地テプリッツで二週間過ごし、その後は九二キロ南のプラハに向かった。ここでまた伯爵家の美人姉妹と再会したが、何ごとも起きなかった。歌劇場へ行き《妖精》の上演も打診したが、採用されなかった。
七月にワーグナーがライプツィヒに戻ると仕事の話が待っていた。ベートマン劇団という劇団の楽長にならないかという。
ベートマン劇団はマクデブルクを本拠地とする旅回りの劇団だった。水準は低かったが、モ

ミンナ・ブラナー

ーツァルトからベッリーニまでのレパートリーを持っていた。座長ハインリヒ・ベートマンはこの年六十一歳だった。彼の妻は有名な女優だったが、若くして亡くなっていた。プロイセン国王が彼女を贔屓にしていたので遺族に年金を出してくれ、それで維持している劇団だった。そんな劇団なので専属の楽団はなく、そのつどオーケストラを雇っていた。

ワーグナーをこの楽団に紹介したのはライプツィヒ歌劇場の楽長で、《妖精》を売り込まれて困っていたので、厄介払いのつもりだったともされる。

ワーグナーが巡業先へ向かうと、ベートマンは落ちぶれた感じで、他の劇団員もやる気がなさそうで、さらには儲かってもいそうもない。ワーグナーは一泊して朝になったら断って帰ることにした。ところが、その宿で、美しい女性を見かけ、尋ねるとベートマン劇団の看板女優だという。

彼女こそがワーグナーの最初の「運命の女」となる、ミンナ・ブラナーだった。ミンナ・ブラナーはこの年二十六歳で、ワーグナーの五歳上になる。ドレスデンでトランペット奏者を父に生まれた。九歳になる妹がいたが、これは実はミンナの子だった。さらにこの頃はある男爵と婚約していた。つまりは恋多き、美しい女優だったのだ。

ワーグナーはミンナに一目惚れし、断わるつもりだった楽長を引き受けてしまい、二日後には《ドン・ジョヴァンニ》を指揮していた。

いったんライプツィヒに戻り、身辺を整理すると、ワーグナーはベートマン劇団に加わった。

八月、ライプツィヒ

ロベルト・シューマンとエルネスティーネの恋は一気に燃え上がっていった。二人はシューマンの友人の家で毎日のように密会し、二人の間では結婚の約束までした。やがて二人の関係はヴィークの知るところとなり、有力者の大事な令嬢を預かっている以上、報告しないわけにはいかないので、彼はフリッケン男爵に伝えた。

男爵はライプツィヒにやって来て、エルネスティーネを連れてアッシュに帰ってしまった。しかし別れ際にシューマンは指輪を贈っていたので、正式に婚約したつもりになっていた。

九月四日にクララがドレスデンから戻って来たときは、エルネスティーネが連れ去られた直後で、なんとなく父の様子も落ち着かなかった。

クララが戻ってきたのはライプツィヒで演奏会に出るためで、出版されたばかりのショパンの新曲「ピアノとオーケストラのためのロンド」と「ポーランド民謡による大幻想曲」、そしてシューマンのトッカータを弾いた。トッカータは彼のピアノ曲としては公開演奏会での初演にあたる。そんな記念すべき演奏会なのに、エルネスティーネのことで頭がいっぱいの「ロベルトさん」は行方をくらませて聴きに来なかったので、クララは傷ついた。

シューマンがこの時期にエルネスティーネを思いながら書いたとされるのが、《謝肉祭》と「交響的練習曲」である。

†劇団の男と女

十月、マクデブルク

ベートマン劇団は巡業を終えて、十月初旬に本拠地マクデブルクに戻った。ここは歴史のある都市で、三十年戦争の舞台ともなった交通の要衝でもあり、文化活動も盛んだった。ワーグナーはいくつかのオペラでは演出も担い張り切って楽長の仕事をしていた。自ら演技の見本を示し、そのおかげで演劇的レベルが上がり、音楽もオーケストラを鍛えあげた。瞬く間にベートマン劇団の若き楽長は有名になっていった。

それまでの指揮者はオーケストラに背を向け客席に向かって立ち、拍子をとっているだけだったが、ワーグナーは客席を背にした。そしてテンポとアクセントを、両腕を大きく振ることとアイコンタクトなど顔の表情で奏者に指示し、ダイナミックな音楽演出をすることに成功した。これはメンデルスゾーンも同時期にコンサートで始めていることでもある。

誰に教わったわけでもなく、メンデルスゾーンとワーグナーは直感で新しい指揮者像を作り上げたのだ。現在の我々が知っている指揮者がこの時代に誕生したのである。

田舎のしがない劇団なので、うるさい先輩がいるわけでも伝統や因習が確固として存在するわけでもなく、二十一歳のワーグナーは自由だった。だからこそこの革命は可能だった。もうひとりの革命家メンデルスゾーンは全権を掌握しているので可能だった。

オペラ指揮者として場数を踏んでいくのと並行して、ワーグナーの女性遍歴も本格的に盛んになった。ミンナとはすぐに深い関係になった。だが彼女には婚約者がいたし、他にも多くの男友だちがいた。ところが婚約者は他の女性と結婚してしまった。大きな障害が取り除かれたのである。

ベートマン劇団の仕事と並行して八月から九月にかけて、ワーグナーは新しい交響曲を書いていたが第一楽章を書いたところで、行き詰った。彼は悟った。ベートーヴェンが九つの偉大な交響曲を書いた後、誰が作れるだろうか、と。そこで彼は次のオペラ《恋愛禁制》の台本の執筆に取り掛かった。

劇団は経営が不安定だったのでワーグナーへの給与の支払いは滞り、母親に仕送りを頼み、それでも足りず、富豪の友人アーペルに借金をして暮らしていた。この頃からワーグナーの借金依存型生活が始まる。さらにミンナがいながらも、他の女性とも関係をもち、それがミンナに発覚し、彼女は他の男性と遊んだ。ワーグナーの乱れた女性関係はこの頃から始まっていた。互いに他の異性と付き合いながらもワーグナーとミンナの仲は深みにはまっていった。恋の合間にワーグナーはオペラの台本を書き、劇団の仕事で舞台の付随音楽や序曲も作曲した。

十一月、パリ

ベルリオーズの新作、ヴィオラ独奏付き交響曲《イタリアのハロルド》が十一月二十三日に音楽院ホールで初演された。一千人が入るホールには、王子オルレアン公をはじめ、ユゴー、デュマ、ハイネといった作家・詩人など各界の名士がいた。もちろん、ベルリオーズと親しいリスト、ショパン、ヒラーもいた。演奏会は大喝采で終わった。この曲はパガニーニから、ヴィオラを手に入れたのでそれをいかせる曲を作ってくれと依頼されて書き始めたものだった。しかし、途中までできたところで見せたところ、気に入ってもらえず、パガニーニとは関係なく書いて完成させたものだった。

十二月十四日に《イタリアのハロルド》の二回目の演奏会があり、ヒラーとショパンも出演した。ショパンは自作のピアノ協奏曲第一番（第二番か、《華麗なる大ポロネーズ》かもしれない）のアンダンテ楽章を披露した。

二十五日にはショパンとリストがシュペール主催の演奏会で共演した。

当時は派手なものが好まれたので、ピアニストがひとりで弾くよりも二重奏やオーケストラと共演するのが好まれていた。リストはそのための新作を用意し、このときは《メンデルスゾーンの主題による二台のピアノのための二重奏曲》をショパンと披露したのだ。

この頃のフランツ・リストはマリー・ダグーとの関係で悩んでいた。マリーもまた悩んでいた。この恋が許されないことは理解していた。しかし、この人と一緒にいたいとの想いは消えることがない。二人は苛立っていた。会っても喧嘩をするようになった。そのうちマリーはクロアッシー城へ行ってしまった。リストは以前に助言してくれた神父の隠居先を訪ね、気持ちの整理をしてマリーとの関係に終止符を打とうとしてパリに帰った。

そんなとき、十一月末にマリーの長女ルイーズが高熱に苦しみ、六日後に急死した。六歳だった。マリーはルイーズの看護で疲れ果て、その死で打ちのめされ、体調を崩した。医者の勧めもありパリを離れ、クロアッシー城で静養した。次女は貴族の娘専用の幼稚園に預けられた。

娘の死でマリーのリストを求める想いはますます深くなる。

マリー・ダグーがパリを留守にしているある日、リストは友人の詩人アルフレッド・ド・ミュッセの紹介で、女流作家ジョルジュ・サンドと知り合った。

†ひとつの恋の終わり

十二月、ライプツィヒ

引き裂かれればますます燃え上がるという人類普遍の法則によって、シューマンの恋も深まっていく。十月二十五日、シューマンは「ツヴィッカウへ帰る」と言ってライプツィヒを出た。たしかにツヴィッカウへも帰ったが、シューマンはエルネスティーネに会いにアッシュに向かった。ライプツィヒの南にツヴィッカウがあり、アッシュはさらに南へ六八キロのところだ。クララはロベルトがアッシュへ行くことを察していた。

アッシュにシューマンが着いたのは十二月四日だった。シューマンはフリッケン男爵に改めてエルネスティーネとの結婚を許してもらうつもりだったが、男爵から衝撃の事実を知らされた。エルネスティーネは男爵の嫡出子ではなく、男爵家の相続権がなかったのだ。つまり彼女には財産がない。

シューマンが最初から資産目当てだったかどうかは分からないが、この恋はこれをきっかけに自然消滅へと向かう。シューマンはエルネスティーネとの結婚に積極的ではなくなるのだ。遠距離恋愛なので手紙を出さなくなれば、恋は終わってしまう。シューマンの優しさなのか、気の弱さなのか、優柔不断さなのか、決定的な絶縁状を書くわけでもなく、エルネスティーネへ連絡しないことで、その想いを断ち切る。
一方、ロベルトがアッシュへ行っている間、クララは父と演奏旅行に出た。五か月にわたる旅行で、ライプツィヒに戻るのは翌一八三五年四月だった。

十二月、パリ

フランツ・リストとマリー・ダグーの不倫の恋は、いよいよ切羽詰った段階に入ろうとしていた。マリーはすべてを喪ってでもリストと一緒にいたいと迫ってきた。マリーは、よくいえば、意志が強く自分の思いを貫く強い女性だった。悪くいえば、わがままで自分中心である。

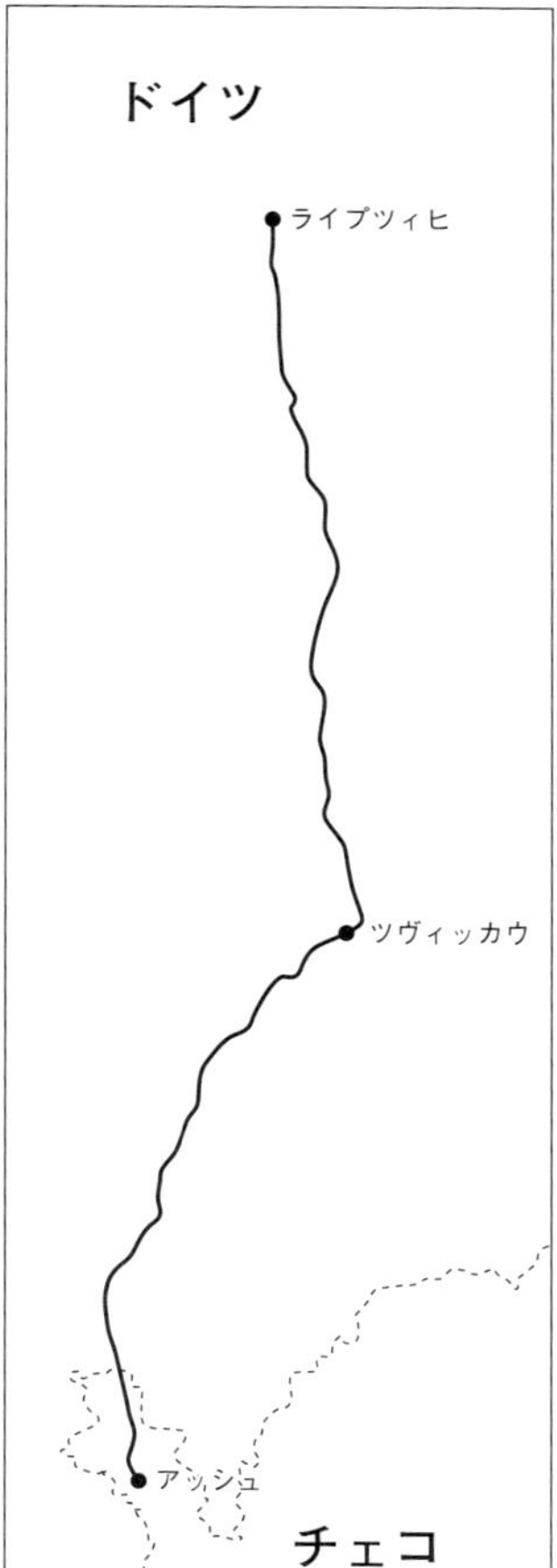

リストはマリーに頼まれ、ジョルジュ・サンドを紹介した。サンドは詩人ミュッセとの恋の最中だ。二人の女性はたちまち意気投合し、女は自由に生きるべきだという点で一致した。マリーがフランツとの恋に生きることは、単なる恋愛ではなく、女性の権利のための闘争だということになった。

もはやマリーの決意は固い。リストはそれに応えられるのか。

1834年の主な作品

メンデルスゾーン（25歳）
華麗なるロンド 変ホ長調
3つのカプリッチョ
無言歌集第2巻（1833-34）

ショパン（24歳）
エチュード第13番〜第24番（1832-36）
ポロネーズ第1番・第2番（1834-35）
マズルカ第14番〜第17番（1834-35）
バラード第1番（1831-35）
マズルカ第57番
幻想即興曲

シューマン（24歳）
謝肉祭（1833-35）
ピアノソナタ第1番（1832-35）
ピアノソナタ第2番（1833-38）

リスト（23歳）
ベルリオーズの《レリオ》の主題にもとづく交響的大幻想曲
深き淵の底から
詩的で宗教的な調べ
まぼろし（全3曲）

ワーグナー（21歳）
交響曲 ホ長調（未完）
歌劇《妖精》
論文「ドイツのオペラ」
シュマーレの劇《新しい年1835年を迎えて》の音楽
アーベルの劇《コロンブス》の音楽
歌劇《恋愛禁制、またはパレルモの修道女》台本

†「シューマンの雑誌」の誕生

一八三五年一月、ライプツィヒ

前年にライプツィヒで創刊された「ライプツィヒ新音楽時報」は、四人の編集人のうちシュンケが亡くなり、クノルも病に倒れ、ヴィークは他の仕事が忙しく、一月二日をもってシューマンが編集長となり全権（と全責任）を負い、「シューマンの雑誌」となった。週刊になり誌名も「新音楽時報」と改められる。ここをベースにしてシューマンの評論活動が展開されるのだった。彼が書くものは音楽理論、作品批評、演奏批評、雑報的なレポートと多岐にわたる。

「新音楽時報」は「駐在員」を組織した。欧州の主要都市――ベルリン、ウィーン、パリ、ロンドン、ナポリ、サンクトペテルブルク、ワルシャワ、ブリュッセル、さらに北米各地に、賛同してくれる者を募り、彼らから現地情報を送ってもらい、載せていくのだ。これによって広範なネットワークができた。雑誌編集を通じてシューマンは同時代の作曲家と演奏家（この二つはまだ完全には分離されていない）について最も多くの情報を持つ人物となる。

もともとシューマンは出版人の子として生まれた。家業を継いだわけではないが、父と同業者になったともいえる。

他の音楽家たちは作曲家であり演奏家でもあったが、シューマンは演奏家の道は断たれたが、作曲家にして評論家にして編集者という一人三役を務めていく。これはかなり困難な仕事だった。他人の作品を批判すれば、「それならお前の作品はどうなのだ」と言われる。それをはねのけるだけの音楽を書かなければならない。いい作品を書かなければ評論家として書いたものに説得力がない。二つを両立させることは極めて困難だが、シューマンはやり遂げる。

だが、作曲と文筆と雑誌作り以上に困難な仕事がシューマンを持ち受けていた。恋愛と結婚である。

†失業と負債

二月、マクデブルク

ベートマン劇団はまだマクデブルクにいる。リヒャルト・ワーグナーとミンナは出逢って半年後の二月三日、当人同士としては婚約した。だが結婚まではさらに紆余曲折がある。

ワーグナーの《恋愛禁制》は台本が完成し、一月二十三日から作曲に取り掛かった。その一方、増えていくばかりの借金をどうにかしなければならなくなり、起死回生の一手として興行を打つことにした。ライプツィヒにいるときに見て感動したソプラノ歌手ヴィルヘルミーネ・シュレーダー＝デフリーントがマクデブルクに客演したので、ワーグナーは演奏会を開こうと頼んだのだ。かつて熱烈なファンレターをくれた青年のことを彼女は覚えており、快諾してくれた。

こうして開かれた演奏会で、ワーグナーはベートーヴェンの《ウェリントンの勝利》や《フィデリオ》のアリア、自作の序曲《コロンブス》などを指揮した。だが大歌手が出演するにもかかわらず、客席は埋まらず、《ウェリントンの勝利》では巨大編成のオーケストラによる大音響で客席がパニックになるなど大失敗に終わり、かえって負債は増えてしまった。

失意のワーグナーにさらに災難が降りかかる。五月五日、ベートマン劇団は解散に追い込まれたのだ。ワーグナーはライプツィヒの実家へ帰った。三日後にミンナも来たので家族に紹介したが、みな冷淡だった。祝福されない婚約だった。

ヴィルヘルミーネ・シュレーダー＝デフリーント
四月、パリ
パリ音楽院の協会演奏会はその後も続いていた。この年最後の四月二十六日の演奏会もベートーヴェンが中心のプログラムで《田園交響曲》、シューベルトの歌曲《魔王》、ベートーヴェンの第九の第二楽章に続いて、ショパンが登場し、《アンダンテ・スピアナートと華麗なる大ポロネーズ》をオーケストラと共演した。最後はベートーヴェンの第五番最終楽章だった。

ショパンはワルシャワ時代最後の日日にあたる一八三〇年九月にピアノとオーケストラの《華麗なる大ポロネーズ》を書き始めウィーンで仕上げていた。それとは別にピアノ独奏の《アンダンテ・スピアナート》を三四年に作り、この二つを合わせたものをこのとき初演し、翌年出版する。前宣伝だったのかもしれない。

この年のショパンは二月と三月にも演奏会に出演し、四月にはアブネックのとは別の演奏会に出演していた。

†駆け落ち

五月、バーゼル

五月二十五日、マリー・ダグーは「母とバーゼルで落ち合い、しばらく旅をする」と言ってパリの邸宅を出た。そして翌日、旅の途中に夫ダグー伯爵へ〈私は発ちます。八年の結婚生活でしたが、永久にお別れします〉と手紙で離婚の意思を伝えた。しかしそう簡単には離婚はできない。バーゼルで母と会うというのは本当で、五月三十一日に着いた。パリからバーゼルは四六三キロだ。

リストがパリを出たのは六月一日で、四日にスイスのバーゼルに着いた。マリーはすぐにリストと会った。母は何も知らなかった。マリーが駆け落ちしてきたと知ると嘆き悲しんだが、娘を止めることはもうできなかった。

六月十四日、リストとマリーの不倫カップルはマリーの母をバーゼルに残し、旅立った。フランツ・リストの「巡礼」の始まりだった。マリーとの逃避行の日日の体験から彼のライフワークともいうべき《巡礼の年》は生まれるのだ。

七月、ライプツィヒ―マクデブルク

七月になるとライプツィヒにいるワーグナーとミンナ・ブラナーのもとに、ベートマンから劇団を再結成するから来てくれとの連絡があった。金策に成功したようだった。ワーグナーは呼びかけに応じ、新劇団のための人員を集めてくると言って、ベートマンからそれなりの額の金を巻き上げ、南ドイツをまわる旅に出た。最初に向かったのはプラハ（二三二キロ）だった。ここでは例の美人姉妹と会おうとしたが、これは実現しなかった。

その後、西へ向かい温泉地カールスバート（チェコ語ではカルロヴィ・ヴァリ、プラハから一四〇キロ）へ行き、数日滞在して七月二十六日にはバイエルン王国のバイロイト（一一一キロ）に着いた。この地にはバロック様式の辺境伯劇場があった。はるか後、ワーグナーがこの

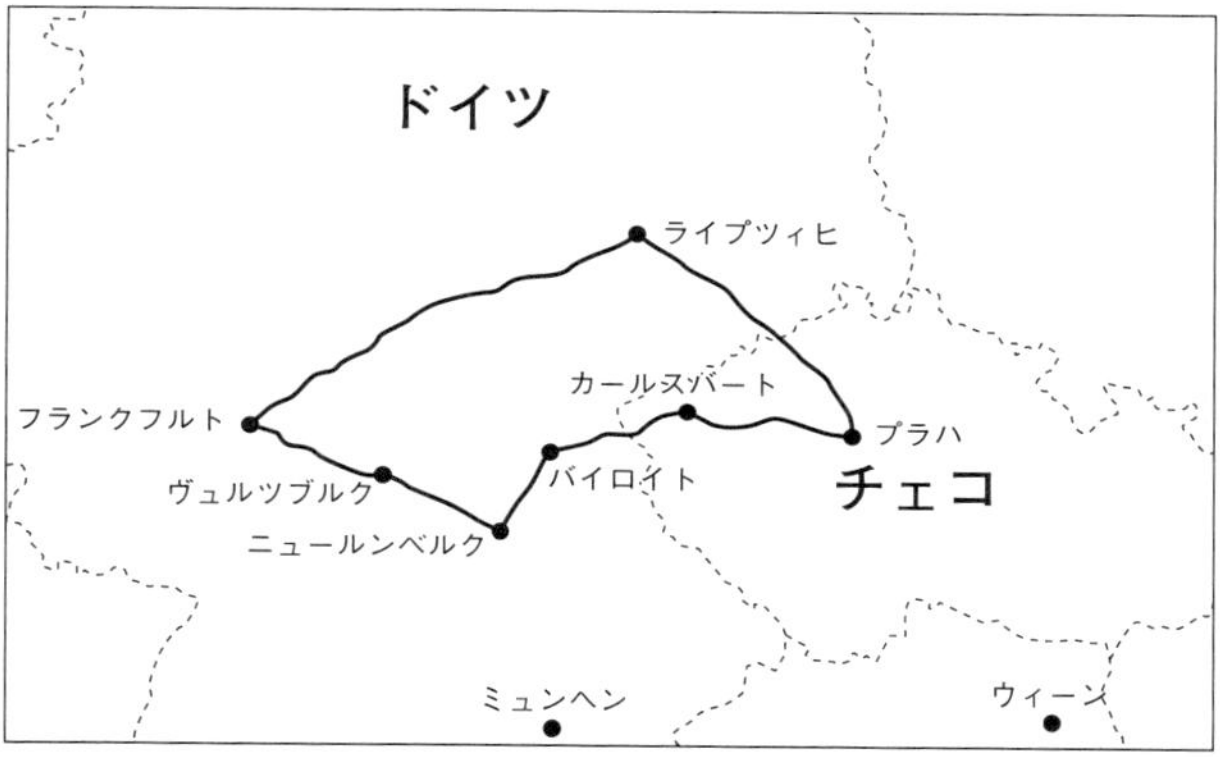

バイロイトの地に自らの劇場を建て、自らの作品のみを上演する音楽祭を開催するようになるとはこのとき誰が知ろう。

ワーグナーの旅は続き、ニュールンベルク（七九キロ）では義兄フリードリヒ・ブロックハウスと会って、旅費を借り、その次はかつて合唱指揮者をしたヴュルツブルク（一二九キロ）、フランクフルト（一一三キロ）と西へ進み、フランクフルトからライプツィヒ（三二九キロ）に戻った。

ワーグナーのスカウトがうまくいったのかどうかよく分からないが、ベートマン劇団はマクデブルクで再結成され、ワーグナーは楽長として働いた。ミンナと姉アマリエ（歌手だった）も加わった。

ワーグナーの楽長としての日日がこうして再び始まった。

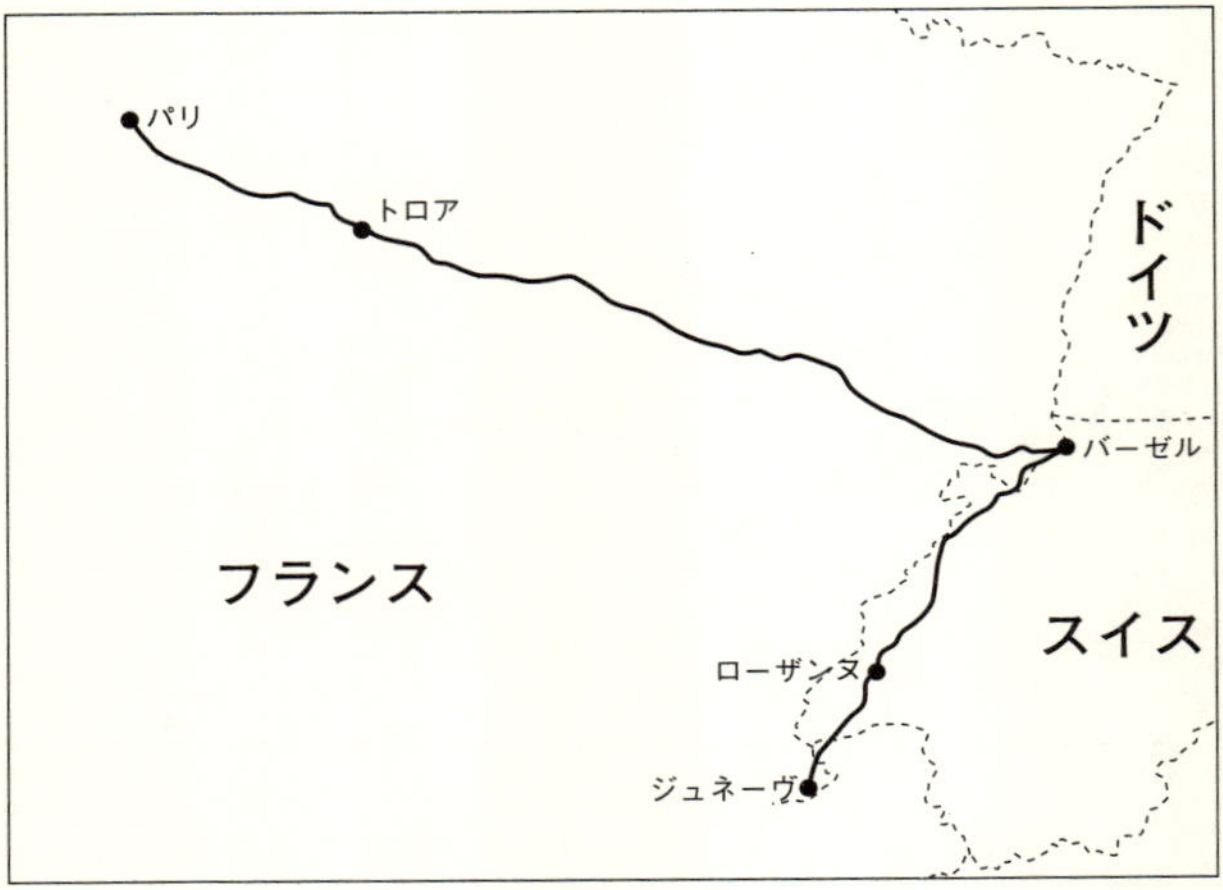

七月、ジュネーヴ

七月十九日、リストとマリーはスイスのジュネーヴに着いた。バーゼルからコンスタンツ（一三八キロ）、ワレンシュタット（九四キロ）、ベックス（一一六キロ）、ジュネーヴ（一三三キロ）と、五週間にわたりスイスを観光する優雅な逃避行だった。

　フランツ・リストはスイスでも有名だった。当地の名士が訪れ、ピアノのレッスンや演奏会の話が舞い込んでくる。リストとマリーはジュネーヴにしばらく滞在することにして、家を借りた。

　リストには千客万来だったが、彼が夫と子のいる女性と一緒であることは保守的なスイスの人人を困惑もさせた。パリでは社交界の中心にいたマリーは、表に出ることができなかった。

それでもリストとマリーの家に多くの藝術家や文化人たちが集まるようになり、サロンが形成された。

†新しい恋

八月、カールスバート

フランツ・リストがスイスでマリーとの生活を始めた頃、ショパンは両親と五年ぶりに再会していた。

両親から「ボヘミアの温泉地カールスバートに静養に行くので会えないだろうか」と連絡があったのだ。パリからカールスバートは八六三キロも離れているが、ショパンは喜んで会いに行った。八月十六日に再会し、この温泉地で三週間ほど一緒に過ごした。

この温泉地カールスバートは、つい一か月前にワーグナーが滞在したところだ。ショパンとワーグナーは生涯、一度も会っていないが、ニアミスはしていた。

九月になり、いよいよ両親との別れのときがきた。ショパンは両親を四七七キロ先のポーランドとの国境の手前のチェシンまで送っていった。ポーランド領に入った場合、再び出国できるかどうか不安だったので、国境の手前で別れたのだ。これが両親との永遠の別れになるとは互いに知らない。父ミコワイは一八四四年に亡くなり、母ユスティナは一八六一年まで生きる

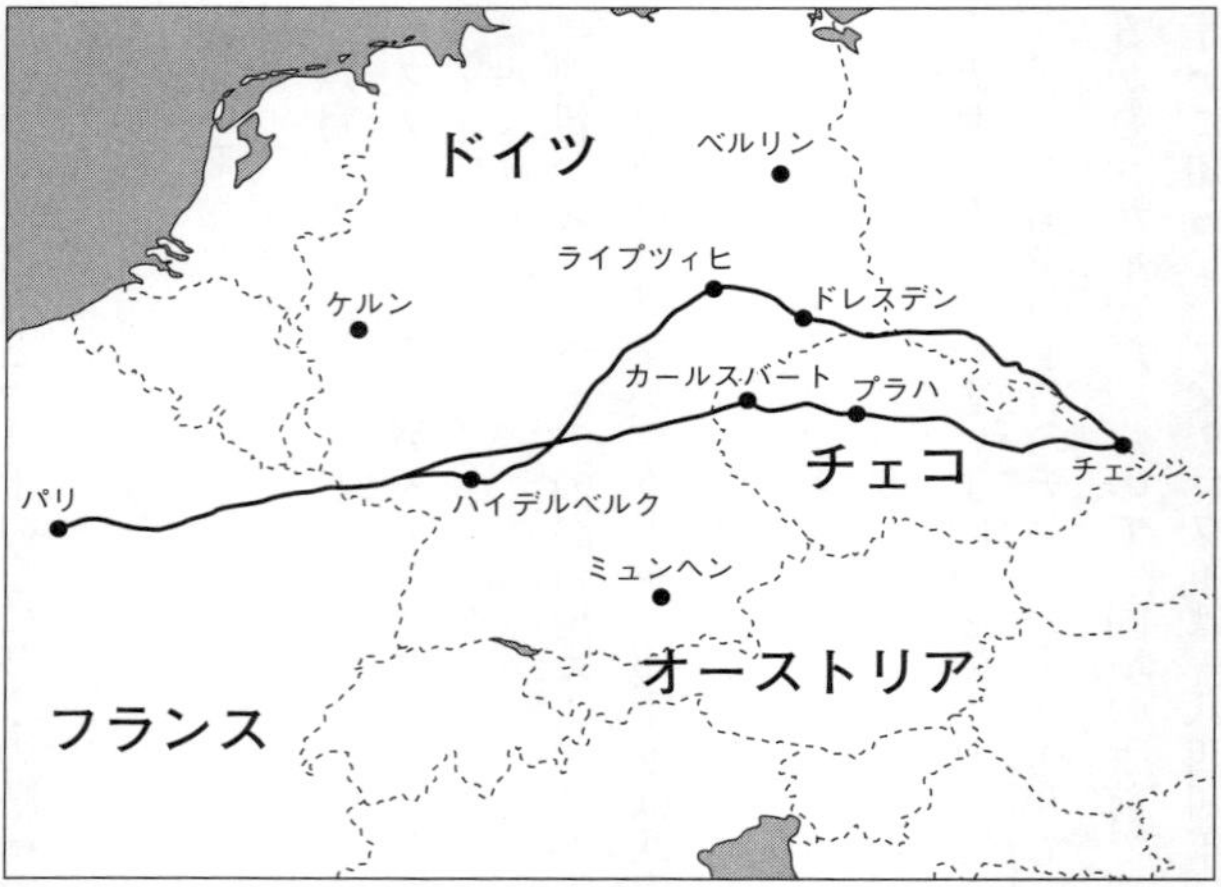

が、息子と会うことは二度となかった。

カールスバートは現在のチェコとドイツの国境近くで、チェシンはチェコとポーランドの国境の町なので、ショパンはチェコを横断するかたちとなった。両親は九月十四日にポーランドへ向けて旅立ったが、ショパンは十九日まで滞在した。

チェコの東にあるチェシンからパリまでは最短でも一三三八キロだが、ショパンはかなり寄り道をして、四四一キロ先のドレスデンへ向かった。そこにはポーランド時代の後援者のヴォジンスキ伯爵一家が滞在しており、事前に打ち合わせての訪問だった。

ヴォジンスキ伯爵一家は一八三〇年の動乱後、ポーランドを出てジュネーヴに旅行にいった。ショパンは伯爵の令嬢にピアノを教えていたこともあり懇意にしていたのだ。ジュネーヴにも招待されたが行けなかった。そこでこの夏は伯爵一家がドレスデンの親戚のもとに滞在するというので合流したのだ。

伯爵の令嬢マリア・ヴォジンスカ（一八一九〜九六）は、ショパンの九歳下だ。ショパンがワルシャワを出た五年前のマリアは十一歳だったので恋愛対象ではなかったが、再会したときは十六歳の美しい令嬢になっていた。ショパンはマリアに心を奪われた。

新しい恋の始まりだった。しかしショパンはパリへ帰らなければならない。九月の出発前日にショパンはマリアに一曲の楽譜を渡した。「別れのワルツ」の愛称で知られるワルツ作品六十九の一である。

マリア・ヴォジンスカ

ショパンは九月二十六日にドレスデンを出ると、パリへは直行せず約一一〇キロ西のライプツィヒへ向かった。

ショパンがパリを留守にしている間の九月二十三日、親しくしていたオペラ作曲家ベッリーニが三十三歳の若さで亡くなった。慢性の腸疾患と伝えられる。この年の一月にオペラ座で初演された《清教徒》が最後の作品となった。

†メンデルスゾーン、ショパン、シューマン、クララ、一堂に会す?

八月—十月、ライプツィヒ

この年のニーダーライン音楽祭は六月にケルンで開催され、メンデルスゾーンは指揮者として出演した。ベルリンから両親と姉ファニーと妹レベッカも来てくれ、音楽祭が終わるとデュッセルドルフに連れて帰った。母が倒れてしまったので、しばらく静養させ、八月にメンデルスゾーンも一緒に家族はベルリンへ帰った。これでデュッセルドルフでの仕事は終わった。

八月三十日、メンデルスゾーンはライプツィヒのゲヴァントハウス管弦楽団の楽長（Kapell-meister）に就任した。首席指揮者、音楽監督と同義だ。このオーケストラは「世界初の市民階級が作った民間オーケストラ」とされている。

ドイツ各地にある宮廷楽団はその名の通り王侯貴族の宮廷に所属しており、宮廷での演奏会には招待された貴族しか行けなかった。だがゲヴァントハウスの演奏会は民間団体なので入場料を払えば身分に関係なく入れ、この点で画期的だったのだ。設立は一七四三年で、ゲヴァントハウス管弦楽団と名乗るのは一七八一年からだ。メンデルスゾーン着任の時点で九十三年の歴史を持っていた。ウィーン・フィルハーモニーは一八四二年、ベルリン・フィルハーモニーは一八八二年に結成されるのでこれら名門楽団よりも長い歴史を持つ。この楽団は市の歌劇場でも演奏するので、その指揮者になったことは実質的には市の音楽総監督でもあった。

メンデルスゾーンの着任をシューマンは歓迎した。二人はすぐに意気投合し、音楽の改革者としての盟友関係となる。

九月下旬、メンデルスゾーンが着任して一か月が過ぎた頃に、ショパンがドレスデンからパリへの帰路、ライプツィヒに立ち寄った。

彼らがライプツィヒで会ったのは事実だが、会い方が史料によって食い違う。

アーサー・ヘドリーによる評伝では、ショパンはドレスデンを九月二十六日に出てその日のうちにライプツィヒに着いて一週間滞在したとある。ドレスデンからライプツィヒは一一〇キロだ。急げば一日で着いたのだろう。

ショパンはライプツィヒ滞在中の最後の日にフリードリヒ・ヴィーク宅へ行き、クララと会い、メンデルスゾーンと再会し、ショパン来訪の報せを受けてやって来たシューマンとも初めて会った。ヴィーク邸は音楽家たちが集う社交場になっているので、ショパンがヴィーク邸を訪ねても不思議ではない。一八三二年にショパンがパリでデビュー演奏会を開いたときにヴィーク父娘とは会っているので、旧交を温めに来たともいえる。

原田光子著のクララの伝記は少し異なる。ショパンはまずメンデルスゾーンを訪ね、クララに会いたいとメンデルスゾーンに頼みヴィーク邸を訪問した。そのときクララは「午後の散歩」に出かけていたので、ショパンは一時間ほど待たされた。帰って来て、クララはショパンの前で、シューマンのソナタ（嬰《えい》ヘ短調）と、ショパンの協奏曲第一番のフィナーレとエチュード作品十から二曲を弾いた。ここでシューマンの曲を弾いたのは、密かに想いを寄せる彼をアピールするためだったのだろう。ここでシューマンはお返しに新作のノクターンを弾いた。ショパンはクララ・ヴィークのピアノを改めて聴いて、彼女の才能が並外れていることを確認した。

カロリーヌ・レプロンのクララの評伝にはメンデルスゾーンは出てこない。〈ショパンはヴィーク邸に来て、それは演奏するためだった〉とある。

ヘドリー編の『ショパンの手紙』に収録されているメンデルスゾーンが姉へ出した十月六日付の手紙では、ショパンが到着したのは「日曜日」となっている。そしてショパンは「一日しか滞在の予定がない」となっているが、一緒にいられる日が一日しかないという意味なのかもしれない。この年の十月六日は火曜日で直近の日曜日は十月四日だが、ショパンと会ったのはその一週間前の九月二十七日だと思われる（根拠は後述）。

二人はその貴重な一日を音楽で費やし、メンデルスゾーンが作曲中のオラトリオ《聖パウロ》の一節を弾き、ショパンは彼のエチュードと「新しいコンチェルト」、ノクターンを弾いた。それをたくさんの人が聴いていた。メンデルスゾーンはショパンを〈彼の演奏には何か根本的に独創的なものがあり、同時にまた非常に立派な大家の風があります。本当に完璧な名手というのでしょう〉と讃えている。二人が演奏したのがどこなのかが手紙には書かれていないが、ヴィーク邸の可能性が高い。なんとも豪華なプライベート演奏会だ。

メンデルスゾーンはショパンに「新しい交響曲ができたらその初演に招待したいから来てください」と言い、ショパンはまた来ると約束したという。

当時としては新進気鋭の青年音楽家たちがたまたま集まっていただけの話だが、このときのライプツィヒには音楽史上最大級の天才たちが揃っていたのである。ワーグナーがこのときライプツィヒにいなかったのが残念だ。音楽の神はそこまでの偶然は設定しなかった。

ショパンがライプツィヒに来たのが十月四日ではなくその一週間前だと思われるのは、メンデルスゾーンの楽長に就任して最初のお披露目の演奏会が十月四日だからだ。ショパンがあと一週間滞在していればこの演奏会を聴いたはずだが、そういう歴史的事実は記録されていない。

最初の演奏会のプログラムはメンデルスゾーン自身の《静かな海と楽しい航海》序曲、ヴェーバーの《魔弾の射手》のアリア、シュポーアのヴァイオリン協奏曲《歌の情景》、ケルビーニの《アリ・ババ》の序曲と導入部、そして最後がベートーヴェンの交響曲第四番だった。以後メンデルスゾーンは、バッハ、ヘンデル、ハイドン、モーツァルト、ベートーヴェンと、すでに亡くなっている作曲家の作品を演奏会のレパートリーの中軸に据えていく。彼自身の作品も演奏されるが、これら過去の巨匠たちの作品に比べれば回数は少ない。

ショパンはライプツィヒから、さらに約四〇〇キロ南西のハイデルベルクへ向かった。ピアノの弟子だったアドルフ・グトマンが住んでいたので会いに行ったのだ。だがこの地で体調を崩し寝込んでしまった。どうにか回復し、パリ（五一五キロ）に着いたのは十月十八日だった。カールスバート、チェシン、ドレスデン、ライプツィヒ、ハイデルベルクと、二か月半にわたる旅だった。

ショパンを待っていたのはドレスデンのマリアからの手紙だった。彼女もまたショパンに好意を抱いているのは間違いなかった。しかし旅の疲れからかショパンはまたも寝込んでしまい、音信不通になったためワルシャワでは死亡説が流れ、両親を心配させた。

そのワルシャワにはマリアの父、ヴォジンスキ伯爵がいて、ショパンの両親と会い、ショパンの健康状態を案じていた。このことから伯爵が娘を病弱な者に嫁がせることはできないと考えていたともされる。

†幼い恋の自覚

十一月、ライプツィヒ

ショパンとは入れ違いに、十月六日にライプツィヒにイグナーツ・モシュレスがやって来た。モシュレスはヴィーク邸に招かれ、メンデルスゾーンとクララと三人で、バッハの三台のピアノのためのピアノ協奏曲を弾いてみた。この曲は忘れられていたが楽譜が発見されたばかりだったのだ。メンデルスゾーンは価値を認め、十一月九日のゲヴァントハウスの定期演奏会のプログラムに入れ、彼とクララとラーゲマンというピアニストと三人で弾いた。この日クララは彼女自身のピアノ協奏曲も弾いた。

客席にいたロベルト・シューマンは、クララの成長ぶりに驚いていた。友人への手紙に〈彼女は一日おきに、いや一時間ごとに心身ともに美しく成長している〉と書いた。出逢ったときは八歳だったので恋愛の対象ではなかった女の子は、少女から大人へとなろうとしていた。

メンデルスゾーンはデュッセルドルフではオーケストラの楽団員とうまくいかず失敗したので、ライプツィヒではまず楽団員の待遇改善から始めた。それもあって関係は良好だった。しかし幸先よくスタートを切った彼を大きな悲劇が襲った。父アブラハムが十一月十九日に急死したのだ。十月に妹レベッカが夫とライプツィヒへ来て、父の目が見えなくなったと伝え、メンデルスゾーンは一緒にベルリンへ帰り、見舞っていた。父は喜び、メンデルスゾーンはクリスマス休暇にまた来ると約束してライプツィヒへ帰った。その数日後、脳卒中で急死したのだ。五十九歳だった。

メンデルスゾーンは父の死に打ちのめされた。しばらく鬱状態にあったが、父が楽しみにしていたオラトリオ《聖パウロ》を完成させることで気を紛らわせた。日本風にいえば、それが父への供養になると思ったのだろう。このオラトリオは翌年、初演される。

十一月末、メンデルスゾーンが父の死に打ちのめされている頃、ロベルトは初めてクララに口づけした。エルネスティーネへの失恋から立ち直ったロベルトは、自分の身近に魅力的な少女がいることにようやく気付いたのだ。クララが父と演奏旅行へ旅立つ前日にロベルトはヴィーク邸を訪れた。しばらく会えなくなるので表敬訪問のつもりだったのかもしれないが、別れ際、クララを抱きしめキスをしたのだ。クララは後にロベルトへの手紙にこう書いている。〈私は気を失うかと思いました。眼の前が真っ暗になって、あなたのために持っていたランプを落としそうになりました。〉

ロベルトは二十五歳、クララ・ヴィークは十六歳——恋の始まりだった。

二人は音楽史上最も成功した音楽家カップルとなるが、すんなりと結婚できたわけではない。二人の結婚には大きな障壁が立ち塞がる。他でもない、フリードリヒ・ヴィークである。

✝新たなスター誕生

十一月、パリ

リストはジュネーヴの名士となり、十一月九日からは音楽院で教え始めた。

そして十二月十八日、マリーが女の子を産んだ。リストの子だったが、法律上はダグー伯爵の子とされる。ブランディーヌである。当時の貴族は自分では子育てをしないので、ブランディーヌは預けられた。

その頃パリでは――十一月二十二日、パリ音楽院でベルリオーズの演奏会が開かれた。《若きブルターニュの牧童》、《イタリアのハロルド》に加え、カンタータ《五月五日》が初演された。五月五日はナポレオンが死んだ日のことで、この英雄に捧げられた詩に曲を付けたものだった。広場にナポレオン像が再び置かれるなど、この頃からナポレオン再評価が始まっていた。ルイ・フィリップ政権への不満が、こういうかたちに現れているのかもしれない。

十二月十三日にはベルリオーズが自ら指揮して、序曲《リア王》、《幻想交響曲》、《五月五日》、《イタリアのハロルド》の行進曲を演奏した。

だがこの冬のパリで話題をさらっていたのはベルリオーズでもなければショパンでもなかった。スイスのジュネーヴ生まれのシギスムント・タールベルク（一八一二〜七一）である。リストの一歳下になり、「三本の腕を持つピアニスト」と称された超絶技巧の持ち主だ。

タールベルクは彗星のように登場したピアニストだった。父親についてははっきりしないが、ある貴族の落とし胤という説が有力だ。母はアマチュアとしてはなかなかの腕のピアニストで、最初は母から習っていたのだろう。一八二四年五月七日のベートーヴェンの第九の初演をウィ

シギスムント・タールベルク

ーンで聴いたと本人が語っているので、その頃にはウィーンにいたらしい。一八二六年にロンドンでモシュレスに師事したが、そのときすでにモシュレスも驚くほどの演奏技術だった。一八二六年五月十七日にロンドンで公開演奏会にデビュー、その後もフンメル、カルクブレンナー、チェルニーに師事した。

一八二八年に作曲作品が出版され、一八三〇年にはウィーンにグランドツアー中のメンデルスゾーンにも会っている。さらに同年十一月から翌年七月までウィーンに滞在していたショパンとも面識があった。

そのタールベルクがパリにやって来たのが、この年の十一月だった。名を挙げたい若い音楽家であれば誰もがパリを目指した時代だった。リストというスターピアニストが駆け落ちして不在であるのを知ってやって来たのだろうか。

タールベルクは十一月十六日にオーストリア大使ルドルフ・アポニー伯爵邸で開かれた私的演奏会で演奏し、パリ社交界にデビューした。

「天才ピアニスト、パリに登場」の噂は、はるかジュネーヴのリストのもとにも届き、この天才を動揺させた。

二か月後の一八三六年一月二十四日、このシーズン最初のパリ音楽院の協会演奏会で、ベートーヴェンの交響曲第七番やモーツァルトやハイドンの曲とともに、タールベルクが自作のピアノ独奏曲《大幻想曲》を披露し、喝采を浴びた。

かくしてタールベルク・ブームは沸騰した。雑誌「吟遊詩人」には〈モシュレス、カルクブレンナー、ショパン、リスト、エルツは偉大な藝術家であるし、これからもそうあり続けるだろう。しかしタールベルクはこれまでのいかなる藝術家とも比較のしようがない、新しい藝術の創造者である〉との批評が載った。

四月にタールベルクは初めてひとりだけの演奏会を開いた。前評判が高く一回だけの演奏会で一万フランの興行収入となった。演奏も作品も絶賛された。

タールベルクの成功をジュネーヴで知ったリストは、「ぼくは逃走するナポレオン・ボナパルトみたいなものだ」と自虐的に言った。

しかしリストはこのまま黙って引き下がる気はなかった。

1835年の主な作品

メンデルスゾーン（26歳）
無言歌集第２巻（1833-34）
序曲《美しいメルジーネの物語》（1832年作曲の改訂）

ショパン（25歳）
バラード第１番（1831-35）
エチュード第13番～第24番（1832-36）
ポロネーズ第１番・第２番（1834-35）
マズルカ第14番～第17番（1834-35）、第44番
ワルツ第２番
ノクターン第７番、第８番

シューマン（25歳）
謝肉祭（1833-35）
ピアノソナタ第１番（1832-35）、第２番（1833-38）、第３番（1835-36）

リスト（24歳）
ワルツ

ワーグナー（22歳）
歌劇《恋愛禁制、またはパレルモの修道女》作曲（1835-1836）

第四章

青春の決着（一八三六〜一八四一年）

一八三六年の五人の年齢（誕生日での満年齢）と恋の状態を確認すれば、

メンデルスゾーン（二十七歳）は、これまでも恋がなかったわけではないが、この年に出逢うセシルに一目惚れし、一気に婚約、結婚へと突っ走る。

ショパン（二十六歳）は伯爵令嬢マリアと再会し、恋に落ち、遠距離恋愛が始まっている。

シューマン（二十六歳）はかつての師の娘クララとの恋が始まっていた。

リスト（二十五歳）は伯爵夫人マリーと駆け落ちした。

ワーグナー（二十三歳）は歌手ミンナと出逢い婚約したが、先行きは不安である。

彼らの恋は国境を越えていく。

†引き裂かれた恋

一八三六年一月、ライプツィヒ

一月十四日、クララ・ヴィークはドレスデンへ向かった。彼女とロベルトとが恋に落ちていることを察した父ヴィークは「シューマンと付き合ってはいけない」と言い、手紙のやりとりも禁じ、引き離すためにドレスデンで演奏会を開くことにしたのだ。

クララ・ヴィーク

フリードリヒ・ヴィークはシューマンの音楽家や文筆家としての才能は認めながらも、娘の結婚相手としては相応しくないと感じていた。生活能力があるとは思えなかったのだ。この後、ヴィークとクララとロベルトは結婚をめぐり骨肉の争いを数年にわたり繰り広げることになる。その闘いの序曲が鳴り響いた。

一月三十日がクララのドレスデンでの最初の演奏会で、いつになく彼女の演奏は冴えなかった。ロベルトと引き裂かれたことで明らかに不安定になっていた。

手紙は禁じられていたが、二人は連絡を取り合っていた。ヴィークがクララを残してドレスデンから出ると、二月七日、ロベルトがやって来て二人は再会した。その三日前にロベルトの母が亡くなっていた。しかしロベルトは母の死を受け容れる勇気がなかった。それもあってクララに会いに来たのだ。

クララは孤独と絶望のなかにいるロベルトを慰めた。元気を得たロベルトは十日になって、ツヴィッカウへ母との永遠の別れをするために旅立った。ドレスデンを去る際にロベルトは「どうか心変わりしないで」と言った。クララは悲しく頷くだけだった。

二月十三日、母の死の後始末を終えて、ロベルトはツヴィッカウからライプツィヒへ帰った。ドレスデンへ帰って来たヴィークは、自分がいない間にロベルトが来たことを察し、「もしまたあいつが来たら射殺する」とクララを脅した。クララはうなだれた。

クララは春にライプツィヒへ戻るが、翌一八三七年八月まで一年半にわたり、ロベルトに会うことはおろか手紙のやりとりもできなくなってしまう。二人は同じ都市に暮らしながら、別の世界にいるようなものだった。遠距離恋愛ならば手紙のやりとりができるが、それすらもできない。演奏会場や街路で見かけることがあっても近寄って話しかけることができず、視線を交わすだけだった。それとは逆にヴィークはロベルトを見かけると罵詈雑言を浴びせた。

ヴィークの狙いはクララの「心変わり」だった。ロベルトが恐れるのもまさにクララの――そして自分の――「心変わり」だった。長く辛い持久戦の始まりだった。

だが共通の友人がいるので何らかのメッセージは交換できたであろう。たとえばクララが春に演奏旅行から帰ってくるとメンデルスゾーンは真っ先に訪ねている。

†逃げた婚約者を追って

三月〜七月、マクデブルク—ベルリン

ワーグナーはマクデブルクのベートマン劇団楽長として日日の公演を指揮し、その余暇にオペラ《恋愛禁制》を書いて完成させた。劇団は相変わらず赤字が続き、またも解散に追い込まれそうだった。ワーグナーは解散前に自作を上演させようと強引に三月二十九日に初演させた。ろくに練習もできず、歌手たちは歌詞を覚えずに舞台に出た。観客にストーリーを理解させるために配布する予定の台本も印刷が間に合わなかったので、どんな話なのか見ても分からず、失敗に終わった。ワーグナーは諦めきれず、二日後に今度は自腹を切って上演した。しかし、初演失敗の噂が広まっていたため観客はほとんど入らず、さらに女性歌手をめぐって出演者がステージ上で喧嘩をする始末で大混乱となり、途中で幕が閉められた。

作品的にも興行的にも失敗し、ワーグナーはまたも借金を背負った。この新作が大ヒットすれば劇団が継続できるかもしれないという淡い希望も無残に砕け散り、ベートマン劇団はまたも解散し、ワーグナーはまたも失業した。

ワーグナーは故郷ライプツィヒのゲヴァントハウス管弦楽団に新しい若い楽長としてメンデ

ルスゾーンが赴任していることを知っていた。そこで自作の交響曲を「謹呈」と書いて送った。ワーグナーとしてはゲヴァントハウスで演奏してくれないかというつもりで送ったのだが、メンデルスゾーンは「よかったら見てください」という程度のことと考えたらしく、プログラムに入れるかどうか検討した様子もなく、ワーグナーには何も返事もしなかった。後にワーグナーが論文「音楽におけるユダヤ性」においてメンデルスゾーンを批判するのは、この時に交響曲が無視されたことの逆恨みだとする説がある。

ワーグナーはシューマンにも論文を送った。「マクデブルクについて」と題し、この地の音楽事情を書いたもので、これは掲載された。

ミンナも新しい職場を手に入れなければならない。女優として実績もあり美人だったので彼女はすぐにケーニヒスベルクの劇場に採用された。

ケーニヒスベルクは現在のロシア共和国カリーニングラードで、バルト海沿岸の都市だった。五月半ば、ミンナが新しい職場へ発った日にワーグナーもマクデブルクを発ち、ベルリンへ向かった。《恋愛禁制》を上演できないか売り込むためだった。

ワーグナーがベルリンに着いたのは五月十九日で、七月六日まで約二か月間滞在した。ベルリンの宮廷歌劇場では楽長スポンティーニの《フェルナンド・コルテス》が上演されており、ワーグナーは風格の高さとスケールの大きさと壮麗さに感心した。

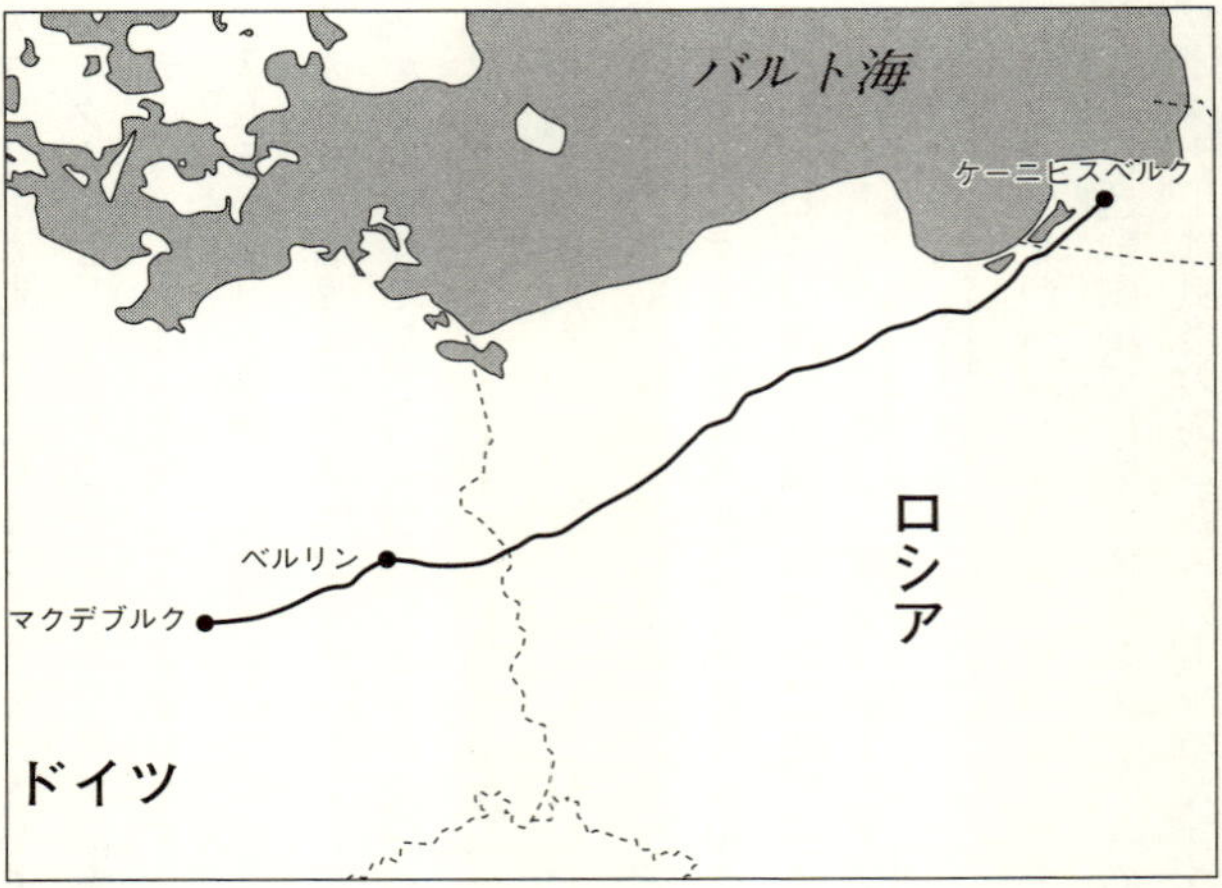

ワーグナーは「青年ドイツ」運動のハインリヒ・ラウベと再会し、彼が書いたポーランド独立戦争についての評論を読み、かつてその運動に昂揚し失敗に同情したのを思い出し、序曲《ポローニア》を作曲した。彼のポーランドへの想いは消えてはいなかった。

しかし肝心の《恋愛禁制》のベルリンでの上演は実現しなかった。ケーニヒシュタット劇場支配人のセルフと知り合い、彼は同劇場の楽長の仕事も提供すると言うので期待していたが、劇場が経営難で閉鎖されてしまい、時間を浪費しただけで終わった。

ベルリンにいる間、ワーグナーはケーニヒスベルクにいるミンナに毎日のように手紙を書いていたが、返事は三回に一回くらいだった。ミンナは、この劇団の楽長がもうすぐ辞めるので後任にワーグナーを推薦していると伝えてきたので、その結果がどうなるか知りたかったし、ミンナが恋多き女ですぐに男性と関係をもつことを誰よりも知っていたので、ワーグナーは待ちきれず、七月七日、ラウベたちから旅費を借りて馬車に乗った。

†リストの帰還

五月、パリ

メンデルスゾーンは三月二十八日にショパンへ手紙を書き、「交響曲はまだできていないが、デュッセルドルフで五月に開催されるニーダーライン音楽祭に来ないか」と誘った。

メンデルスゾーンは音楽祭で新作オラトリオ《聖パウロ》を披露するつもりだったので、ショパンを誘ったのだ。手紙にはシューマンも、「できれば来てほしい」と添え書きしている。

しかしショパンはこの招待は受けなかった。パリでリストを待っていたのだ。

五月になると、リストはマリーをジュネーヴに残し、ほぼ一年ぶりにパリに短期間、帰ることにした。演奏会を開くためだった。

リストは五月十四日にパリへ到着し、誰よりも先にショパンに会いに行った。マリーへのその日の手紙からは、二人がタールベルクについて語り合った様子が書かれている。それによれば、ショパンはタールベルクを批判し、リストを励ました。

リストがパリへ着いたとき、タールベルクはすでにこの都を去っていた。二人の「世紀の対決」は翌年まで待たねばならない。

リストはエラールとプレイエルそれぞれのホールで演奏会を開き、どちらも盛況だった。ショパンはもちろん、マイヤベーアや画家のドラクロアも来てくれた。リストはマリーの兄モーリスとも会い、金銭的な相談もした。兄はマリーがもう後戻りする気のないことを納得した。

半月ほどパリにいて、リストは愛するマリーの待つジュネーヴへ帰った。

六月と七月、リストとマリーはジュネーヴ近郊の村で過ごした。駆け落ちしてからもジョルジュ・サンドとの交信は続いており、八月末、二人はアルプス観光へ行くことにし、それにサンドも誘った。

サンドは七月に夫カジミールとの間で法的に「別居と財産分離」で合意したばかりだった。リストたちからの誘いを受け、サンドは十三歳の息子モーリスと八歳の娘ソランジュを連れてスイスへ向かった。

アルプスで過ごした後、一行はジュネーヴに戻り、サンド親子は九月末まで滞在した。この一か月ずっと一緒にいたことで、マリーとサンドの友情は深まった。そしてサンドの奨めでマリーも何か書いてみようという気になる。新しい女性作家の誕生だった。マリーはやがてダニエル・ステルンというペンネームで小説や歴史書を書く。

†結婚を決意するそれぞれの夏

五月〜九月、フランクフルト

リストがパリに一時的に戻っている頃の五月二十二日、デュッセルドルフでの音楽祭でメンデルスゾーンは新作《聖パウロ》を初演し絶賛された。

その後、メンデルスゾーンはフランクフルトへ行き数週間滞在した。聖セシリア教会の合唱コンサートの指揮を依頼されていたのだ。

ロッシーニ

フランクフルト滞在中、メンデルスゾーンはオペラから引退していたロッシーニと知り合った。この地で銀行家ロスチャイルド家の結婚式があり、ロッシーニとメンデルスゾーンは来賓として招かれたのだ。メンデルスゾーン家とロスチャイルド家とは同じ金融業なので懇意の関係にあった。ロッシーニとメンデルスゾーンはすぐに親しくなり、フランクフルトにはヒラーの家があったので、そこに集まり三人の音楽家は語り合った。

メンデルスゾーンにとって実り多きフランクフル

ト滞在だったが、ロッシーニと知り合い、ヒラーと旧交を温めた以上の収穫は、コンサートの合唱団にいた、十八歳の美貌のソプラノ歌手セシル・ジャンルノーとの出逢いだった。

セシルの父はスイス出身で牧師だったが彼女が二歳の年に亡くなっていた。母も美しく魅力的な人だった。メンデルスゾーンはたちまちこの母娘と親しくなった。あまりに頻繁にメンデルスゾーンがジャンルノー家を訪れるので近所で噂になるほどだった。それなのに、セシルはメンデルスゾーンが自分に気があることになかなか気づかなかった。

セシル・ジャンルノー

メンデルスゾーンはいったんフランクフルトを離れ、スイスを旅行した。頭を冷やし、それでもなおセシルが好きか、セシルと結婚したいかを自問自答する旅だった。
九月になると、メンデルスゾーンは一か月のスイスへの旅を終えてフランクフルトを再訪した。彼は旅の間、片時もセシルを忘れることはなかった。彼女以外、妻とする女性は考えられなかった。
彼はセシルの家を訪ね、プロポーズした。彼女はそれを受け入れた。メンデルスゾーンは九月九日の手紙で母に報告し、〈自分はなんて幸福なのだろう〉と書いている。

フェリックス・メンデルスゾーンは二十七歳、セシル・ジャンルノーは十八歳であった。

幸福なメンデルスゾーンは、十月にライプツィヒへ帰り、新しいシーズンを開幕させる。結婚は半年後の翌年三月だった。

七月、マリエンバート

ショパンのもとにドレスデンのヴォジンスキ伯爵家から、七月はボヘミアの温泉保養地マリエンバート（チェコ語ではマリアーンスケー・ラーズニェ）で過ごすと知らされた。ショパンはマリアに会いに行くことにし、九日間をかけてパリから八四五キロの同地へ向かった。着いたのは七月二十八日だった。

そこへ偶然メンデルスゾーンの妹レベッカが夫とやって来た。レベッカはショパンの演奏を聴きたいと頼んだが、いいピアノがないと断られた。そんなエピソードもあった。

一か月ほどマリエンバートで静養した後、ヴォジンスキ一家はドレスデンへ帰ることになり、ショパンも同行した。

七月、ケーニヒスベルク

七月半ば、バルト海沿岸のケーニヒスベルクにワーグナーが着くと、ミンナと劇団はさらに北のメーメルという町に巡業に出ていたのでワーグナーは追いかけ、ミンナと再会した。楽長になる話がなかなか進まないので、ワーグナーは新しいオペラの構想を練っていた。草案を書いて、パリで活躍している台本作家スクリーブに送ってみたが何の返事も来なかった。仕事もないのに借金をして贅沢に暮らしていた。

ワーグナーとミンナとは諍いもあったが、愛の日日を送っていた。しかし彼女の周囲には相変わらず、他の男がいるようだった。

九月、ドレスデン―ライプツィヒ

ショパンはマリアに結婚を申し込んだ。彼女が受け入れてくれたので、ショパンはマリアの母に結婚したいと告げた。母は「とりあえず婚約を認めますが、あなた（ショパン）の健康状態が不安なのでしばらく待ちましょう」と告げた。ショパンはそれを了承して帰った。ショパンがどう思っていたかは分からないが、おそらくはヴォジンスキ伯爵家としては健康不安を持ち出したのは口実で、本音は「身分が違う」であったろう。音楽家は知名度があり、収入は多くても社会的身分は低い。収入も人気に左右され将来は不安だ。

貴族や富豪たちは藝術家の才能を讃えるが、自分の娘の結婚相手としては認めない。かつて若き日のリストはこの身分格差が理由で失恋したが、それからまだ十年ほどしか過ぎていない。世の中は変わっていないのだ。立場は逆だが、貴族ではないものの地方の名士で医師だったベルリオーズの父ですら、息子の妻として女優を認めなかった。

世の中は変わっていないが、女性たちは変わろうとしていた。マリーは伯爵夫人の座を捨てて愛するリストと駆け落ちした。クララも父の反対を押し切っていく。サンドのような自由を求め自立する女性も登場している。だが伯爵令嬢マリアにそこまでの勇気とショパンへの愛があるかどうか。

九月八日、ショパンがドレスデンにいると知ったシューマンは手紙で「ライプツィヒに立ち寄ってくれないか」と頼んだ。パリへの通り道でもあるので、ショパンはこの年もライプツィヒへ寄ることにした。

ショパンはライプツィヒには九月十三日まで滞在した。前年は、ヴィーク邸にメンデルスゾーンやシューマンも来て語り合ったが、この年はそうはいかなかった。シューマンがヴィーク邸に出入り禁止となっていたからだ。メンデルスゾーンはまだライプツィヒには帰っていなかった。ショパンはシューマンとクララそれぞれと別の機会に会った。

シューマンはショパンに会うと、新作のバラード第一番を絶賛した。気を良くしたショパンは、次のバラード第二番をシューマンに献呈する。その返礼としてシューマンは《クライスレリアーナ》をショパンに捧げる。

ヴィーク邸を訪ねたショパンに、クララは彼女が作曲した協奏曲や新作の「作品五」の「四つの性格的小品」を弾いて聴かせた。ショパンはとくに「作品五」が気に入って、「楽譜をください」と頼み、持って帰った。

シューマンは十四日にリガにいるライプツィヒの劇場の元楽長ハインリヒ・ドルン宛の手紙で、ショパンを絶賛しつつも、演奏家としてはクララのほうが優れていて、〈ショパンが自身以上に、彼の作品に深い意味を与える〉と書いている。シューマンは「新音楽時報」誌でもクララを激賞する評論を書き続ける。

ショパンがライプツィヒを旅立った日、九月十三日はクララの十七歳の誕生日だった。前年のこの日は着任したばかりのメンデルスゾーンもヴィーク邸を訪れ、もちろんロベルトもいて、彼女の誕生日を祝ってくれた。しかしこの年はロベルトもメンデルスゾーンも来なかった。ロベルトと知り合ってから、彼が来てくれない誕生日は初めてだった。愛を確認したがために会えなくなるとは何と理不尽なのだろう。

ショパンがパリに着くと、マリアの母からの手紙が待っていた。マリアはそれに添え書きをしているが、彼女自身からの手紙は、以後も届かない。つまり母が検閲した手紙しかショパンのもとには届かないのである。ショパンもまた婚約者と直接のコミュニケーションがとれない。常に彼女の母を通してしか想いを伝えることができない。この遠距離恋愛も困難を伴いそうだった。

†「最悪の出逢い」

十一月、パリ

ショパンが旅行から帰って間もなくして、フランツ・リストとマリー・ダグーもパリに帰って来た。ジュネーヴでの暮らしに飽きてしまい、マリーはとくに華やかなパリに帰りたくなったのだ。リストはいまや一児の父となり稼がなくてはならず、それにはパリに戻るしかなかった。タールベルクとの勝負もつけたかった。娘は牧師夫妻に預けることにした。

二人の駆け落ちはパリで知らぬ者はなく、好奇な視線にさらされるのを覚悟してのパリへの一時帰郷だった。だが人の噂も七十五日というのは当時のパリでも同じだったらしく、二人の駆け落ちはもう「過去のニュース」でしかなかった。

二人は十月にパリへ帰るとラフィット通りにある高級宿フランス館に泊まっていた。その頃サンドもパリで部屋を探していたので同じフランス館に部屋を借り、サロンを共有することになった。

このサロンにショパンがやって来て、サンドを紹介された。それがいつかは確定できないが、十月末から十一月下旬と思われる。というのも十二月十三日のショパンからマリアの母への手紙に、〈今日、数人の友人が来ることになっています。サンド夫人も参ります。リストも来てピアノを弾く予定です〉とあるので、知り合ったのはその前となる。これはショパンが書いた手紙でサンドの名が確認できる最初のものとされている。この日はショパンの部屋にリストやサンドが来たわけで、すでに交友は始まっている。だが恋愛ではない。

ショパンとサンドは「運命の出逢い」をしてお互いに一目惚れだったとか、初対面で意気投合したのではない。その逆で、ショパンは友人フェルディナント・ヒラーへの手紙に〈あのサンドって女はなんて虫の好かない女だ。本当に女なのか、疑ってしまうよ〉と書き、家族への手紙にもサンドと会ったときの印象について〈感じの良い顔とは思えず、気に入りませんでした〉と書いている。最悪の出逢いをした二人がいつしか恋に落ちてしまう――これは恋愛ドラマの王道を行くストーリーだが、この二人の関係はその通りになる。

ショパンの頭の中には婚約したばかりのマリアがいる。会えないがゆえにマリアが理想化されている。目の前にいるサンドは悪いところが目につくのだ。

サンドは恋多き女である。周知の愛人だけでも、一八三三年には詩人アルフレッド・ド・ミュッセとつきあっていたが三五年三月に別れ、七月からは弁護士で過激な共和主義者ミシェル・ド・ブールジュの愛人となった。しかし彼とも三七年六月には別れ、七月からは息子の家庭教師に雇った劇作家フェリシアン・マルフィーユを愛人にしたばかりだった。したがって、サンドのほうもショパンに一目惚れして、婚約者から奪おうと考えたわけではない。

最初はサンドを嫌ったショパンだが、藝術家としては認めていたようで、社交界での付き合いは続けた。だがサンドもノアンにいることのほうが多いので、この三六年秋から冬に何度か会っただけで、以後一年以上は何の接点もない。

十一月、ケーニヒスベルク

十一月二十四日、ケーニヒスベルクの教会でワーグナーはミンナと結婚した。移り気な彼女を独占したいという思いと、同地で親しくなった友人から楽長になるには独身でいるよりも結婚していたほうが有利だと助言されたからだった。結婚証書には二人とも年齢を偽った。ワーグナーは一八一三年生まれで二十三歳なのだが一八一二生まれの二十四歳とし、ミンナは二十七歳なのに二十三歳とした。当地の法律で二十三歳だと結婚できないからという説と、女が年上では体裁が悪いと考えたという説とがある。

新婚の二人はろくに収入もないのに贅沢な家を借りた。生活費の原資は借金だった。新婚家庭にはミンナの娘（戸籍上は妹となっていた）も一緒だった。

十二月、パリ

十二月十五日、ベルリオーズの妻ハリエットが久しぶりに舞台に立った。自主公演で『ハムレット』のオフェーリアを演じたのだ。本人としては復帰公演のつもりだったが、引退公演になってしまった。観客の反応も悪く、批評でも酷評され、以後この女優が舞台に立つことはなかった。かつての人気女優はこの後「ベルリオーズの妻」としてのみ生きることになる。

その三日後の十八日、ベルリオーズの自主公演にリストが客演し《生への回帰》を、百人編成のオーケストラとピアノの曲に編曲したものを自ら弾いた。さらに《幻想交響曲》の第二楽章と第四楽章をピアノで独奏し、《イタリアのハロルド》では独奏ヴィオラのパートをピアノで演奏した。

リストがパリの聴衆の前で演奏するのは二年ぶりだった。万雷の拍手で迎えられるかと思ったが、彼がステージに現れると客席は静まり返っていた。リストはもう「過去の人」なのか、それとも「伯爵夫人との不倫」への抗議なのか。リストは、しかし冷淡な客席に挑戦するかのごとくに力の限り、弾いた。その熱い演奏に、わだかまりを抱いていた聴衆は圧倒され、演奏が終わると万雷の拍手を贈った。リストは勝った。リストはやはり、リストだった。

パリの人人が最初リストに冷淡だった理由のひとつは、タールベルクにあった。新しいスターの出現でリストは「過去の人」になっていたのだ。どうにかしなければならない。

フランツ・リストとマリー・ダグー、ジョルジュ・サンドの三人の友情はますます深まっていく。サンドが息子モーリスの体調がすぐれないので、実家のあるノアンへ帰っても、頻繁に手紙が交わされた。そしてマリーとリストもノアンへ行くことになり、翌一八三七年一月末にマリーだけが先に向かった。

リストはパリに春まで残らなければならなかった。タールベルクが来るというので、パリを留守にするわけにはいかなかったのだ。

1836年の主な作品

メンデルスゾーン（27歳）
オラトリオ《聖パウロ》
葬送行進曲
３つのプレリュード
６つの二重唱曲
無言歌集第３巻（1836-37）

ショパン（26歳）
エチュード第13番〜第24番（1832-36）
ノクターン第９番・第10番（1836-37）
24のプレリュード（1836-39）
マズルカ第18番〜第21番（1836-37）
歌曲《指環》《墓場の讃歌　木の葉が散る》

シューマン（26歳）
ピアノソナタ第２番（1833-38）、第３番（1835-36）
幻想曲（1836-38）

リスト（25歳）
華麗な大ワルツ（ベルンの舞踏会）
２つのスイスの旋律によるロマンティックな幻想曲
スイスの３つの歌
スペインの《密輸入者》による幻想的ロンド

ワーグナー（23歳）
歌劇《恋愛禁制、またはパレルモの修道女》作曲（1835-1836）
序曲《ポローニア》（ポーランド）
歌劇《気高き花嫁》草案

†クララ、実母と再会

一八三七年一月、ライプツィヒ

ヴィークはクララをシューマンから完全に引き離すため、一月から彼女の長期演奏旅行を組んだ。最初の行き先はベルリンで、この時は開通したばかりの鉄道で向かった。

ベルリンではバッハのフーガ、メンデルスゾーンのカプリッチオ、ショパンのノクターンとエチュード、ベートーヴェンの《熱情ソナタ》などを弾いた。現在のコンサートのプログラムと大差ないが、これは当時としては画期的であり、メンデルスゾーンが進めようとしていた演奏会の改革の実践だった。すでに記してきたように当時の演奏会は自作と同時代の音楽家の新作を披露するのが基本だった。クララ・ヴィークはそうした状況下、誰も覚えていないバッハや、難解な音楽として敬遠されていたベートーヴェン、出身地ベルリンでは人気がないメンデルスゾーン、まだ無名に近いショパンを弾いたのだ。八回にわたる演奏会は、一部には批判の声もあったが、評判がよく成功した。

ベルリンでクララは別れた実の母マリアンネと再会した。彼女はヴィークと離婚した後、音楽家バルギールと再婚してベルリンで暮らしていたのだ。一八二四年以来、十三年ぶりだった。以後、この母娘の交流が始まる。

音楽家クララ・ヴィークは成功し、その将来は明るい。しかし少女クララ・ヴィークは恋の前途が何も見えない。ライプツィヒにいるロベルトとの文通は絶えていた。お互いに相手が何を考えているのか分からず、自分の気持ちを伝えられず、それでいて相手を信じるしかない、辛い日日だった。

クララの旅はベルリンからハンブルク、ドレスデンと続いた。その間、ヴィークはクララとロベルトを引き裂くために、彼の悪口を吹き込み続けた。さらにヴィークはクララにカール・バンクという若い声楽教師をつけた。目の前に若い男がいればロベルトのことを忘れるだろうという浅はかな考えだった。バンクはロベルトとも知り合いだったのでクララは気を許し、親しく接した。それをバンクは自分に気があると誤解したのか、あるいはヴィークから頼まれていたのか、クララにロベルトの悪口を吹き込むようになる。さらにバンクはロベルトには、自分がいかにクララと親しくなったかを自慢した。そのうちにバンクがあまりにもクララに近づくのでヴィークは不快になり、彼も追い出した。

†ワーグナー、楽長に

一月〜三月、ケーニヒスベルク

ワーグナーはなかなか楽長になれないまま、冬を越した。仕事がないので作曲をすることにして完成したのが序曲《ルール・ブリタニア》だった。この年、イギリスではヴィクトリア女王の即位式が予定されていたので、それに合わせて祝典に使える曲を作れば採用されるのではないかと考えたのだ。ワーグナーはこの序曲をロンドンのフィルハーモニック協会に送ったが、何の返事もなかった。

二月四日には、パリにいるマイヤベーアへ、〈あなたの作品こそ、私に新しい方向を示してくれました〉と手紙を書いた。ファンレターなのか、売り込みなのか、よく分からない趣旨の手紙である。

ケーニヒスベルクの劇場の楽長ポストが不透明なので、オペラの作曲をしようと思い立つが、構想しただけだった。ついにミンナが動いた。彼女はそれなりに有名だったので、ダンツィヒの劇場から招聘された。そこでケーニヒスベルクの劇団の支配人にワーグナーを早く楽長にしてくれないのなら出て行くと脅した。

こうして四月一日から、ワーグナーはケーニヒスベルクの劇場の楽長となった。だがこの劇団もまた破産寸前だった。ミンナはそれを察して五月三十一日にワーグナーを残してケーニヒスベルクを去った。ディートリヒという商人と駆け落ちしたのだった。だがこの商人はすぐに捨てられたらしく、ひとり、ケーニヒスベルクへ戻って来た。ミンナは実家にいるのだろうと見当を付け、ワーグナーがドレスデンに向かうと、やはり彼女はそこにいた。収入もろくにな

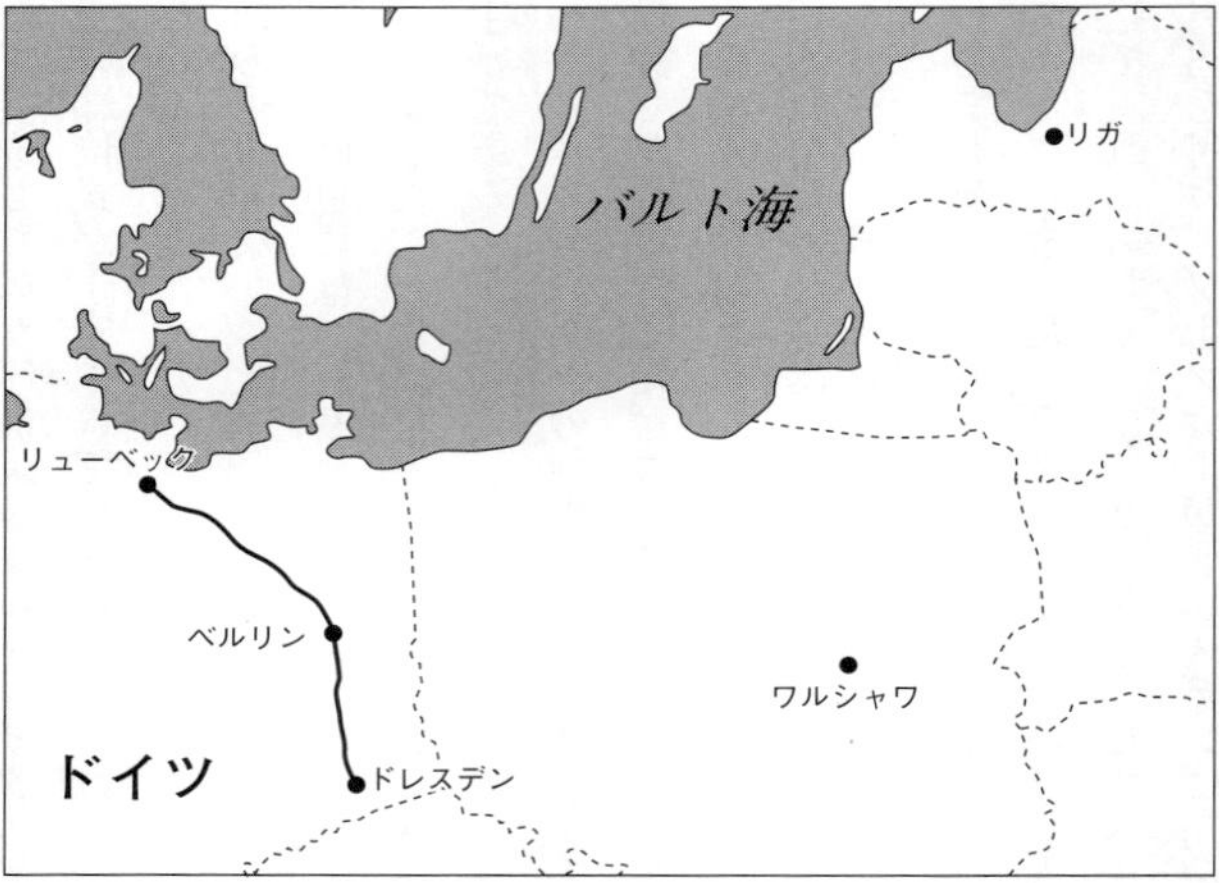

いのに贅沢に暮らすワーグナーに愛想が尽きたという。ワーグナーはミンナを諦めようとした時、ライプツィヒ時代の知り合いから、リガの劇場の楽長ポストが空いているとの情報を得た。

六月半ば、ワーグナーはベルリンへ行き、リガの劇場の支配人と会い、楽長として契約できた。これでミンナも戻ってくるだろう。ドレスデンへ戻り、ミンナと会い、二人でブラウゼヴィッツという村で休暇を過ごすことにした。だが、七月十六日にミンナはこの村からいなくなった。ドレスデンの実家にもいない。別れたと思っていたディートリヒとどこかへ出奔したのだった。

ワーグナーは契約したのでリガへ向かうことにした。ドレスデンからベルリンへ行き（一八一キロ）、そこから北へ向かいリューベックに出て（二六四キロ）、そこからは海路でリガに向かうというコースで、八月二十一日に到着した。

†幸福な結婚

三月、フランクフルト

ライプツィヒではシューマンがクララとのコミュニケーションが断たれ、不安と孤独のなかにあったが、ゲヴァントハウスの楽長は幸福の絶頂にあった。

三月二十八日、フランクフルトでフェリックス・メンデルスゾーンとセシル・ジャンルノーの結婚式があった。前年六月に知り合った二人は九月に婚約し、半年後に挙式したのだった。

この物語に出てくる女性たちのなかでセシルはその美貌は際立っているが、どちらかというと平凡な女性だった。性格は明るく、子供のように純真だとフェリックスの姉ファニーは評している。セシルは合唱団で歌っていたが、音楽の才能があったわけでもなく、鑑賞者としてもメンデルスゾーンに何か刺激を与えるような知識や才能はなかったようだ。

それでもメンデルスゾーンは美しく優しく明るい妻を得て、「楽園のよう」と自ら語る幸福な家庭を築いていく。

それと並行してライプツィヒでの音楽活動も充実したものとなっていく。楽長として取り組むゲヴァントハウスの演奏会も評判となり、オーケストラの演奏技術は向上した。メンデルスゾーン自身の作曲活動も順調だ。この年は弦楽四重奏曲第四番やピアノ協奏曲第二番を作曲した。

新婚旅行は二か月にわたり、その後はセシルの実家のあるフランクフルトで一か月過ごした。七月に体調を崩したセシルは妊娠二か月と診断された。

メンデルスゾーンはかねてからの約束があったので、八月の終わりにイギリスのバーミンガムへ行った。ここで音楽祭が開催されたのだ。四日にわたり演奏会があり、ヘンデル、モーツァルト、バッハの作品を演奏し、そして自身のピアノ協奏曲や《聖パウロ》も披露した。

ライプツィヒに戻るのは十月一日、シーズン開幕の日の、しかも演奏会が始まる四時間前という慌ただしさだった。楽長の半年ぶりの帰還である。メンデルスゾーンのゲヴァントハウス管弦楽団との契約では十月から三月までの半年間、ライプツィヒにいなければならないが、それ以外は自由だったのだ。

メンデルスゾーンは妻と生まれてくる子供と暮らすために広い部屋へ移り住むことにした。

†「世紀の対決」

一月〜四月、パリ

マリーを見送った後、リストは一月二十八日から全四回のベートーヴェンの室内楽の連続演奏会を開いた。アブネックによってベートーヴェンの交響曲はだいぶ定着していたが、室内楽はまだまだ演奏される機会が少なかったので、これは藝術的に意義のある演奏会とされる。リストは「既存の曲を自分の技巧をひけらかすために編曲しているピアニスト」との批判へ一矢報いるため、ベートーヴェンという古典に正面からぶつかったのだ。

するとリスト派、つまりタールベルク支持派は、作曲家としてもタールベルクのほうが優れているとの論を展開した。リストはタールベルクの作曲作品を分析し、「華麗だが無価値」と断じる論文を発表した。タールベルク派がショパンも貶していたので、親友ショパンもリストの陣営に入り、盟友ベルリオーズもリストを支持しタールベルクを批判する論文を書いて援護した。タールベルク派の論客は保守的な音楽学者フェティスである。

こうして両陣営の応酬が盛り上がっていった。

決戦のときは来た。三月十二日に、タールベルクはパリ音楽院ホールで、リストはオペラ座で演奏会を開くことになったが、リストは同日での対決を避けて、一週間後の十九日に延ばした。音楽院ホールは四百席ほどで、オペラ座は約二千席なので観客動員ではリストの圧勝だった。タールベルクは自作とロッシーニのオペラからの幻想曲を弾いて客席を沸かし、リストはあえて大衆受けのしないベートーヴェンの《ハンマークラヴィーア・ソナタ》などを弾いて、聴衆を圧倒させた。

音楽の志向が異なるので優劣を決めるのは無理だし、無意味とも言える。だが、人人は対決が好きなのだ。ミラノ生まれの貴族でイタリア統一運動に加担したためパリに亡命していたベルジョイオーゾ公妃クリスティーナは、この二人を直接対決させようと考えた。

かくして三月三十一日、公妃のサロンで二人が競演することになった。当時のオペラ座の料金が

ベルジョイオーゾ公妃クリスティーナ

一〇フランだったのに四〇フランという入場料だったが二百人が集まり、この世紀の対決を聴いた。タールベルクは「ロッシーニの《エジプトのモーゼ》による幻想曲」、リストは「パッチーニの《ニオベ》の動機による大幻想曲」と、二人ともオペラからの曲を弾いた。

こういう対決は、優劣をはっきりとつけないものだ。いかに高次元の引き分けにするかが、出演するほうにも、主宰者にも問われる。公妃は「タールベルクは最高のピアニスト、リストは唯一のピアニスト」と評し、二人を讃えた。

この頃、ベートーヴェンの弟子にしてリストの師でもある大ピアニスト、チェルニーもパリにいた。ベルジョイオーゾ公妃はこの好機を見逃さず、チェルニー、リスト、タールベルク、

ショパン、アンリ・エルツ（一八〇三～八八）、ヨハン・ペーター・ピクシス（一七八八～一八七四）というパリにいた六人の大ピアニストに、ベッリーニの《清教徒》の行進曲を主題に変奏曲（ヘクサメロン変奏曲と呼ばれる）を作ってもらうことにした。この曲は当初は三月三十一日のリスト対タールベルクの演奏会で披露されるはずだったが、間に合わなかった。

「世紀の対決」の後、リストは短期間に集中して演奏会を開いた。稼がなければならないのだ。四月九日の演奏会にはショパンがゲスト出演してくれ、続いて、十三日、十五日、二十三日と開いた。最後の二十三日には、当時まだ十四歳のセザール・フランク（一八二二～九〇）も出演した。

五月～七月、ノアン

五月、パリ市民に「リスト健在」を印象づけることに成功すると、リストはマリーとサンドの待つノアンへ向かった。サンドはリストのためにエラール社のピアノを用意してくれていた。この時期にリストはベートーヴェンの交響曲やシューベルトの歌曲をピアノ用に編曲する仕事を始めている。マリーもこの頃から本格的に執筆をするようになっていた。

サンドは戯曲を書いているところで、その女主人公の名は「コジマ」にするつもりだと、二人に告げた。それを聞いて、リストとマリーは次の子が女の子だったらコジマという名にしよ

う と話す。マリーはリストとの第二子を妊娠していたのだ。

七月下旬、リストとマリーはイタリアへ旅立った。史料によっては、マリーは駆け落ちしてから会っていない母に会うため、一足先にノアンを旅立ち、数日ではあったが、リストとサンドだけがノアンで暮らしたことになっている。リストはサンドとも男女の関係にあったとされるが、それはこの数日間での出来事なのか、もっと前なのか。

リストとマリーはリヨン、ジュネーヴを経由して、アルプスのシンプロン峠を越えてイタリアへ入り、ミラノに滞在した後、コモ湖畔に着いた。ここが気に入ったので別荘を借りることにして、翌一八三八年春まで滞在する。第二子コジマが生まれるのはこの年のクリスマスのことである。

†豪遊——ショパン

七月、ロンドン
ショパンはこの年ずっと体調がすぐれない。そんなショパンを気遣い、後援者のひとりアストルフ・ド・キュスティーヌ侯爵は自分の別荘で静養したらいいと誘った。ショパンは出かけてみたが、数日滞在しただけでパリに戻った。
サンドも、リストやマリーと一緒にノアンに来ないかと誘ったが、ショパンは断った。だが、七月にカミーユ・プレイエルが商用でロンドンへ行くので同行しないかと誘うと、ショパンはその話に乗った。プレイエルは大事な後援者だったし、大金持ちだったので豪遊できるからだった。

問題は旅券だった。ショパンは一八三〇年にロシア帝国支配下のポーランドから出国する際にロシア政府発行の旅券を持っていたが、それはとっくに無効になり、フランス政府からの長期滞在許可証を得て生活していた。ロンドンへ行くには新たな旅券が必要だった。そこでパリ駐在のポーランド全権大使と交渉すると、「ロシア帝国宮廷音楽家」の称号を授けようと打診された。しかしショパンは「一八三〇年の叛乱（ポーランドの独立戦争）に加わらなかったとはいえ、私の心は叛乱軍の側にありました。ですから私は自分を亡命者だと考えております。私にふさわしいのはその呼び名のみです」と断った。

おそらく著名音楽家のなかでショパンは史上最初の亡命音楽家である。詩人、繊細、病弱といったイメージのショパンだが反骨の信念の人でもあるのだ。

宮廷音楽家になれば両親や姉妹の待つワルシャワへも自由に行けるだろう。しかし、それでもショパンはロシアのポーランド支配を否定し、亡命者として生きる道を選んだ。旅券はフランス政府から出してもらうことになり、七月十一日にロンドンへと旅立った。

プレイエルのおかげでロンドン旅行は贅沢三昧なものとなった。ショパンはプライベートな旅行に徹し、「フレデリック・ショパン」とは名乗らずに、オペラや演奏会に通った。そのなかにはイグナーツ・モシュレスの演奏会もあった。ショパンがモシュレスを聴くのは初めてだった。このときは楽屋に訪ねることもしなかった。

旅先のロンドンへ転送されてきたマリアの母からの手紙には、婚約を解消したいという趣旨のことが仄めかされていた。その後もマリアの母との手紙のやりとりは翌三八年初めまで続くが、ショパンはある時点でマリアとの結婚を諦めたようだ。

ロンドンには二週間滞在して七月末にはパリへ帰った。八月十四日、ショパンはマリアの母へ、「マリア様のことを兄のような気持ちで想いたいものです」と書いた手紙を送った。

恋は終わった。

では新たな恋は始まっているのだろうか。

八月〜十二月、リガ

ワーグナーは八月二十一日にリガに着き、劇場の楽長となった。

リガは当時ロシア帝国領だったがドイツ人が多く住んでいたので、ドイツ語で上演する劇場があった。市の音楽顧問ハインリヒ・ドルンはライプツィヒで楽長をしていたことがあり、ワーグナーとは旧知の間柄だったので、この都市のことをいろいろと教えてくれた。

最初に指揮したのはフランスのボイエルデューの《白衣の貴婦人》だった。以後もリガではフランスとイタリアのオペラを多く上演する。ワーグナー自身が気に入っていたのはマイヤベーアの《ユグノー教徒》だった。

ワーグナーにとってリガの最大の利点は、債権者がここまでは追いかけてこないことだった。すでに彼は借金王になっていた。そしてこのリガでまた新たな借金をする。妻ミンナに出て行かれたのも借金のせいなのだが、相変わらず浪費し贅沢に暮らすのだ。

十月十九日、妻ミンナが彼のもとに戻ってきた。その数週間前に手紙が届き、彼を愛していることに気づいたと許しを請うていた。二人は涙の再会をした。

ミンナは妹アマリエも連れてきて、彼女は劇場に歌手として雇われた。ワーグナーはようやく生活が落ち着いた。そんなところにライプツィヒから姉ロザーリエが亡くなったと報せが届いた。兄弟姉妹のなかでリヒャルトといちばん仲がよかったロザーリエの死は痛手だった。

八月〜九月、ライプツィヒ

ライプツィヒに戻ったクララは八月十三日に二年ぶりに公開演奏会を開くことになった。

クララはプログラムに、ロベルトを忘れていないと宣言するかのように彼の《交響的練習曲》(ピアノソナタ第一番との説もある)を入れた。演奏会場には当然ロベルトも来ていてクララの演奏に陶酔し、彼女の勇気に応えなければと決断した。演奏会が終わると、ロベルトは禁じられていた手紙を書いて、共通の知人に託した。そこにははっきりと「僕の妻になってくれ」と書かれていた。翌十四日、クララから承諾の返事が届いた。この日を二人は後に「婚約記念日」とした。

この頃には二人の仲をとりもとうと手紙を仲介する共通の知人がいたのだ。ロベルトはクララの十八歳の誕生日に、本人と父ヴィークに結婚を正式に申し込んだ。

ヴィークはついにシューマンと直接会うことにした。ヴィークは莫大な金額を提示し、それを用意できなければ結婚は許さないと言った。

この結婚問題は後に法廷闘争へと発展し、最終的にはロベルト・シューマンとクララ・ヴィークが勝ち、フリードリヒ・ヴィークは敗北する。歴史は勝者の視点で書かれるので、たいがいの音楽史においては、ヴィークは娘を食い物にしようとして手放さない強欲な頑固親父として描かれる。

たしかに「フリードリヒ対クララ」の親子の対立として考えた場合、今日の視点ではクララに正義がある。彼女は自分が愛する人と結婚したいだけなのだ。親ならば娘のために教育を授けるのは当たり前だし、娘が好きな人と結婚するのを妨害するなどもってのほかだ。

しかしフリードリヒ・ヴィークは音楽家クララ・ヴィークのマネージャーでもあった。クララがロベルトと結婚することは、現在の日本社会でいえば、タレント「クララ」が「ヴィーク音楽事務所」から「シューマン音楽事務所」へ移籍するようなものなのだ。ヴィーク事務所としてはクララを売れっ子にするまでにはかなりの投資をしており、それは将来のリターンを期待してのものなのだから、これから儲けようという時期に移籍を了承するわけにはいかない。クララの結婚問題は「父子のねじれた愛情によるトラブル」の側面もあるが、「有名音楽家の興行権問題」でもある。

ヴィークは「資産も安定した収入もない男に娘はやれない」という親心からも、「ここまで金をつぎ込んで育成し、これから稼げるタレントを簡単には手放せない」という音楽興行師としての野心からも、絶対にクララとロベルトの結婚を許すわけにはいかない。

この時点でのシューマンは、「売れない音楽家」である。同年代のショパンは楽譜が売れている。リストは演奏会で稼いでいる。メンデルスゾーンはもともと資産があるうえにオーケストラの楽長というポストもある。ワーグナーですら歌劇団の楽長だ。シューマンだけが「売れない音楽家」なのだ。

シューマンの側にクララと結婚すれば彼女が稼いでくれるという打算があったかどうかは分からない。だがエルネスティーネに資産がないと分かると結婚から引いてしまったこともあわせて考えれば、シューマンにとっても経済と結婚とは別問題ではないだろう。実際、結婚後もクララは八人の子を出産しながら演奏活動を続けて家計を支えた。シューマンの曲はそれほど売れなかった。クララの収入なくしては、ロベルト・シューマンは音楽家としても音楽評論家としても活動できなかった。

現在であれば、結婚後もクララが父をマネージャーとして活動する選択肢もあるだろう。しかし当時は女性の人権が確立されていない。男女平等ではないので、結婚したら女性はその財産も含めて夫のものとなる。

クララだけが愛に生きようとしていた。そしてクララだけが冷静である。父と恋人との関係修復が不可能と悟ると、彼女は冷却期間を置くことをロベルトに提案した。結婚を延期し、当面は音楽に生きると父と恋人の双方に伝えたのだ。二人は、第三者のいる中立的な場であれば会うことも許された。またクララが演奏旅行に出ている間に限ってはロベルトが手紙を出すことも許された。二人の遠距離恋愛はさらに二年続く。

十二月、ベルラージョ

リストとマリーはイタリアのコモ湖畔のベルラージョに落ち着いていた。

ここは静養するにはいいところだが、都会ではないので、リストは音楽活動をするためにミラノ(六六キロ)まで出かけることが多かった。ミラノには引退したロッシーニが暮らしており、彼が毎週金曜日に開いていたサロンにリストは出入りするようになった。

そのロッシーニの推薦があったようで、リストは十二月十日にスカラ座で演奏会を開いた。イタリアはオペラの国なので、交響曲やピアノ独奏曲など楽器だけで演奏される音楽はなじみがない。最初は聴衆もどう楽しんだらいいのか分からなかった。プログラムに「練習曲」があるのを知った客のなかには、金を払っているのに練習なんか聞きたくないと怒った者もいた。まだそういう時代だった。

クリスマスに二人の第二子が生まれた。この子は親友ジョルジュ・サンドが書いている戯曲のヒロインの名をもらいコジマと名付けられた。この子は二十五年後に、結婚していたにもかかわらず、リヒャルト・ワーグナーと知りあい、仕事を手伝っているうちに不倫の関係となる。父娘は二代にわたり音楽史にのこる不倫劇の主役となるのだ。

十月～十二月、プラハ―ウィーン

十月十日、クララ・ヴィークは父とともに長い演奏旅行に再び出た。ナンニーという女性使用人との三人の旅だ。

最初の目的地はプラハだったが、途中のドレスデンでも私的な演奏会があり、シューマンの作品を演奏した。プラハでは音楽院のホールで演奏会が二回開かれ、成功した。

その次はいよいよウィーンだった。十一月二十七日にクララたちはこの都に到着した。当時のウィーンはタールベルクの全盛期である。新聞や雑誌は「クララ・ヴィークはタールベルクに匹敵する腕前なのか」と対決ムードを煽った。

半月の準備期間後、十二月十四日に楽友協会ホールにクララは登場し、ヨハン・ペーター・ピクシス（一七八八～一八七四）、アドルフ・ヘンゼルト（一八一四～八九）、ショパンといった当時人気のあるピアニストの作品を弾いて、カーテンコールで十二回も呼び出されるという大成功を収めた。ウィーンの人人になじみのある曲を弾くことで、彼女の技量を示すという戦略だった。

十二月二十一日の二回目の演奏会では、ヘンゼルトとショパンに加え、自作のピアノ協奏曲とバッハのフーガを弾いた。ウィーンでバッハのこの曲が公開演奏会の場で演奏されたのはこれが初めてだという。聞き慣れない曲に聴衆は興奮し喝采した。

ウィーンではクララ・ブームが巻き起こった。

クララの話題は皇帝の宮廷にまで届き、十二月二十六日には皇后への御前演奏会もした。皇帝からは「カンマー・ヴィルトゥオーゾ」（「帝室王室室内楽奏者」「帝室名演奏家」などと訳される）の称号を授けられた。

十二月三十一日から一月一日になる深夜、ロベルトはクララへの手紙を書いて過ごした。

一八三七年はこうして終わる。フェリックス&セシルは幸福な新婚生活を送っていた。フランツ&マリーの不倫の恋はイタリアで続いており、クリスマスには第二子コジマが生まれた。そのコジマの二人目の夫となるリヒャルト・ワーグナーは妻ミンナと北の都市で借金まみれになりながら暮らしている。ロベルト&クララは結婚を延期する決断をして長い遠距離恋愛に突入している。

フレデリック・ショパンだけがまだパートナーが決まらない。

1837年の主な作品

メンデルスゾーン（28歳）
無言歌集第３巻（1836-37）
ピアノ協奏曲第２番
詩篇第42《鹿が谷の水を慕いあえぐように》
６つの歌《緑の中で》、アルバムの綴り、カプリッチョ
弦楽四重奏曲第４番

ショパン（27歳）
ピアノソナタ第２番（1837-39）
24のプレリュード（1836-39）
マズルカ第18番～第21番（1836-37）、第22番～第25番（1837-38）
バラード第２番（1836-39）
スケルツォ第２番／即興曲第１番
ヘクサメロン変奏曲

シューマン（27歳）
ダヴィッド同盟舞曲集
幻想小曲集／交響的練習曲
ピアノソナタ第２番（1833-38）
幻想曲（1836-38）

リスト（26歳）
《巡礼の年　第２年イタリア》（1837-36、48-55）

ワーグナー（24歳）
ジンガーの劇《プロイセンにおける異教徒の最後の陰謀》の音楽
序曲《ルール・ブリタニア》
皇帝ニコライへの民衆讃歌
ベッリーニの歌劇《ノルマ》のためのオーケストレーション
大悲歌劇《リエンツィ、最後の護民官》（1836-40）

†リスト、十五年ぶりのウィーン

一八三八年一月、ウィーン

クララ・ヴィークのウィーン公演は順調だった。一月七日が三回目の演奏会で自作の変奏曲とベートーヴェンの《熱情ソナタ》を弾いた。ウィーンはベートーヴェンが暮らしていた都市で、いわば本場である。そこに大胆にも難曲《熱情ソナタ》で挑んだのだ。それまでの力強く英雄的なイメージとは異なるクララの演奏は賛否両論となったが、強く支持する声も多かった。

四回目の演奏会ではリストとタールベルクという二大人気音楽家の作品を弾いた。どちらも超絶技巧の当人でしか弾けないと思われていた曲を、十八歳の女性が弾いてみせたので驚嘆された。五回目はウィーンではまだ一般的には知られていないメンデルスゾーンのカプリッチョを弾いて、親しい友人の知名度をアップさせた。

クララはロベルトの曲は公開演奏会では弾かなかった。否定的な評価が出るのを恐れたからだった。しかし彼の作品をウィーン音楽界に知らせることはこの旅での彼女の密かな目的だったので、クララは「新音楽時報」ウィーン駐在員の邸宅で私的な演奏会を開き、シューマンの《謝肉祭》を披露した。ウィーンではシューマンのことは、「新音楽時報」の編集者としては知られていたが、彼が作曲もしていることはまったく知られてなく、「この人は作曲もするのですか」と驚かれた。

二月の六回目の演奏会では再び《熱情ソナタ》を弾いた。

あまりに人気が出たので、クララのウィーン滞在は予定より長くなった。そのおかげで、クララはリストと会うことができる。

そう、フランツ・リストがウィーンへやってくるのだ。

三月、ヴェネツィア
マリー・ダグーは第二子コジマ出産後、静養していたが、体調が戻ったので、二人はイタリア観光の旅を再開させ、三月半ばにヴェネツィアに着いた。この頃から二人の間がギクシャクしていた。社交界の華だったマリーは、田舎での生活がしだいに退屈になってきたのだ。彼女の関心はイタリアの風景にも美術にもなく、ファッションのみだった。どうしてもパリが恋しい。
そんな四月のある日、リストは新聞でドナウ川の大氾濫でハンガリーが壊滅的被害にあい、首都ブダペストでは百数十万人が家を失ったことを知った。
リストはハンガリーで生まれたが、生地で暮らしたのは幼少期に過ぎない。十一歳でウィーンへ出て、十二歳からパリで暮らしていた。故国のことなど日頃は何も思っていなかったのに、旅先で故国の危機を知ると突然、愛国心に目覚めた。

リストは故国救済のために何かしなければと思いたち、その日のうちにウィーンへ行くことを決めた。マリーは「私ひとりを残して行くの」「あなたに何ができるの」と反対したが、それを押し切った。リストがマリーに逆らって自分の意志を貫いたのはこれが初めてだった。あるいは故国のためというのはちょうどいい口実で、とにかく一時的にでもマリーと離れたかったのかもしれない。

こうしてリストはウィーンへ向かった。パリ音楽院に入ろうという目的でこの都市を出たのは一八二三年九月だったので、十五年ぶりの帰還となる。

四月、ウィーン

十一日にリストが旅行馬車でウィーンへ着くと、一時間後には、リストのハンガリー大洪水救済義捐大演奏会が開かれるというニュースがウィーン中に広がっていたという。

リストがウィーンで滞在したホテルにはクララ・ヴィークが宿泊していたので、さっそく会いに行った。六年前となる一八三二年にクララが最初にパリへ行った時に二人は顔を合わせていたが、じっくりと話すのはこれが初めてだった。あのときのクララはまだ子供で、父が常にそばにいたので会話らしいものはなかった。しかし、このときのクララは若く美しいピアニストだ。

話すことはいくらでもあった。二人は音楽を語り、ピアノを弾きあった。彼らの共通の友人ショパンやメンデルスゾーンも話題にした。クララとしては愛するロベルトの曲をこの大ピアニストに知ってもらう好機だった。彼女は《謝肉祭》を弾いた。リストはそれに感銘し「精神がある。偉大な作品だ」と絶賛した。

クララはリストについて日記に〈彼はどのようなヴィルトゥオーゾにも比較できない。その演奏は聴く者の心に激しい恐怖と驚きを引き起こす〉と書いている。そして〈その情熱は際限なく迸る。旋律を引き裂いてしまうので、彼の演奏はしばしば美感を損なう。彼は偉大な精神の持ち主だ。彼の藝術は、彼の人生そのものなのだと思う〉と評す。人柄については〈大変親切なピアニストです〉と書いているので、親しく打ちとけたのだろう。

リストの演奏会は四月十八日だった。ステージには三台のピアノが並んでいた。三人のピアニストが出るのかと思った人もいたかもしれないが、やがてその理由がわかる。リストの弾き方が激しく、弦が切れてしまうのだ。この日も最後の曲の《メフィスト・ワルツ》で三台目が切れた。

クララはこの演奏会を聴いて、〈旅を続ける希望を失ってしまいました。リストを聴いてから、私は自分が生徒にもどったような気がします〉とロベルトへの手紙に書いている。

リストから「二回目の演奏会で共演しないか」と誘われたが、すでに彼女にはグラーツでの演奏会の予定が入っていたので断った。「世紀の共演」は実現しなかった。

ウィーンでリストの最初の演奏会を聴いた後、クララはグラーツへ向かい、四月三十日に演奏会を開いた。ここでも絶賛された。ライプツィヒへ戻るのは五月十七日で、七か月ぶりだった。

リストの演奏会は当初二回の予定だったが、爆発的なリスト・ブームが起こり、五月二十五日までの約一か月間に十回の演奏会が開かれた。ファンの熱狂ぶりはすさまじく、リストが会場からホテルへ行くまでの間も群衆が取り囲み、パニックになるほどだった。

リストは二万四〇〇〇グルデンを集め、ハンガリーに寄付した。単純に一グルデンが現在の日本円で一万円として二億四〇〇〇万円になる。リストは皇帝と皇后への御前演奏の栄誉に預かった。

リストはこのままハンガリーへも行こうと考えていたが、ヴェネツィアからマリーが病気になったので帰ってこいとの報せが届き、断念した。ヴェネツィアへ戻ったが、マリーの病気というのは風邪で、リストが着いた時には元気になっていた。リストは何も文句を言わなかったが、マリーを重荷に感じることが多くなっていく。マリーも、こんな生活をするために自分は駆け落ちしたのだろうかと疑問を抱くようになっていく。

それでも二人の旅は続き、六月五日にヴェネツィアを出発し、七月半ばまでジェノヴァに贅沢な家を借りて過ごした。夏は再びコモ湖畔で過ごし、秋からはリストがイタリア各地に演奏に行き、十月からはフィレンツェに落ち着いた。

二人の長女、二歳のブランディーヌはジュネーヴの牧師夫妻に預けたままだったが、このときに呼び寄せた。

五月、ベルリン

二月七日、ライプツィヒのゲヴァントハウス管弦楽団楽長フェリックス・メンデルスゾーンの妻セシルは第一子カールを出産した。この夫婦には五人の子が生まれる。

五月にオーケストラのシーズンが終わると、メンデルスゾーンは妻と子を連れてベルリンの実家へ帰った。この年はケルンでニーダーライン音楽祭があり、メンデルスゾーンはこの年も出演した。

メンデルスゾーンは家庭も安定し、楽長としても充実した日日を過ごし、作曲家としても順調だった。秋からはまたライプツィヒで楽長としての日日が始まる。

ちょうどこの頃――一八三八年三月、スウェーデン王立劇場で《魔弾の射手》が上演され、ジェニー・リンド(一八二〇~八七)という十七歳のソプラノ歌手が脚光を浴びた。彼女は後に「スウェーデンのナイチンゲール」と呼ばれる「国民的歌手」になる。
ジェニー・リンドがメンデルスゾーンの前に現れるのは六年後の一八四四年のことだ。

†「ショパン&サンド」の恋の始まり

五月、パリ

三月十二日、ショパンは珍しく公開演奏会に出た。それもパリではなく、一二〇キロ離れたノルマンディ地方ルーアンで演奏したのだ。ポーランド時代の友人が故国の大学の講座を開くための基金集めとして開く演奏会である。その友人が指揮をしてショパンのピアノ協奏曲が演奏され、他にもショパンは自作を披露した。

ショパンが弾くというのでパリの音楽愛好家たちが大挙して、一二〇キロ先のルーアンへ向かった。それくらい、ショパンの公開演奏会は希になっていた。五百席を埋めた聴衆から万雷の拍手と喝采を浴びながらも、ショパンはその後も公開演奏会には滅多に出ない。ショパンはこの時代の大ピアニストとしては珍しく、コンサートが嫌いなのだ。まるで百数十年後に現れるグレン・グールドを先取りするかのようだ。そのグールドは、しかしショパンを弾かない大ピアニストである。

ルーアンでの演奏会の前後、ショパンはパリでパガニーニと直接会う機会を持った。この天オヴァイオリニストが亡くなるのはこの二年後で、すでに演奏活動からは引退していた。

そして四月の終わり、ショパンは〈あなたを熱愛しています〉とだけしか書かれていない手紙を受け取った。差出人は「ジョルジュ」である。つまりこの頃にはショパンとサンドは再会し、付き合い始めていたのだ。

サンドは前年にも、体調を崩しているショパンに「ノアンで静養しませんか」と手紙で誘っているので、なにかしらの交流はあった。

二人が本格的に付き合い始めるのは、スペイン領事でイタリアからの亡命貴族であるマルリアーニ伯爵邸のサロンで再会してからだ。伯爵の夫人はフランス人だったが夫がイタリアからの亡命者であることからポーランドの亡命者に親近感を寄せていたようで、ショパンもよく呼ばれ、夜会でピアノを弾いていた。さらにマリー・ダグー伯爵夫人のサロンの常連たちも、マリーがパリを出てからはマルリアーニ伯爵邸に出入りしており、サンドはその人脈だった。サンドはノアンが生活の拠点で、パリには住居を持っていない。この春はマルリアーニ邸に寄寓していた。

この時期のサンドにはマルフィーユという劇作家の恋人がいたが、彼は子供たちの家庭教師でもあったので子供の世話を頼まれてノアンにいた。

再会したとき、ショパンは二十八歳、サンドは三十四歳である。二人は急速に親しくなり、四月の終わりに短いが熱烈なラブレターが書かれたのだ。

五月八日、ショパンの後援者のひとりでもあるキュスティーヌ侯爵邸の夜会にサンドとショパンは参加した。ショパンはピアノを弾き、サンドは男装ではなくドレス姿だった。

五月十二日にサンドは、画家ドラクロアに、明日からノアンへ帰るので今晩夜会を開くから来てくれ、〈親しい者だけの小さな集まりで、ショパンがピアノを弾いてくれる事になっています〉と伝える手紙を出している。

サンドがノアンに帰るのは息子が病気になったからで、帰りたくて帰ったのではない。ましてや恋人マルフィーユと会いたかったからでもなかった。

ノアンに戻ったサンドは、会えないだけにショパンへの想いが募り、友人アルベルト・グジマウへ便箋三十二枚もの長い手紙を書き、ショパンへの想いを告白している。グジマウはショパンとも友人関係にあったので、当然、彼からショパンに想いが伝わることを期待してのものだ。この手紙によれば、ショパンはまだマリアを婚約者と考えているようでもある。それゆえにショパンはサンドとの関係において一線を越えられないようでもあり、サンドはもどかしい。サンドは性的には開放的な女性とされている。一方のショパンは性的には奥手なイメージがある。この手紙は両者のそんなイメージを裏付ける。

ともあれ六月にはショパンとサンドの関係はパリ社交界では知られていた。パリを遠く離れたイタリアにいるリストとマリーも知っていた。共通の友人である画家のドラクロアが二人の姿を絵に描いたのもこの頃だ。

二人の知人・友人で何も知らないのは、サンドの恋人にして子供たちの家庭教師でもある劇作家のマルフィーユだけだった。サンドはそれをいいことに、八月になるとマルフィーユに子供たちをノルマンディ旅行に連れて行かせ、自由な時間を得て、ショパンとの仲を進展させた。

だが有名人カップルの噂はやがてマルフィーユの耳にも入った。嫉妬とサンドにバカにされていると感じた屈辱感でマルフィーユは切れた。

九月になると、マルフィーユはパリへ行き、ショパンのアパルトマンの前でサンドが出て来るのを見張った。彼女が出て来ると襲いかかり、首を締めようとした。サンドは通りがかった馬車に飛び乗って難を逃れた。さらにマルフィーユが拳銃を入手してショパンに決闘を申し込もうと準備しているとの噂も流れ、サンドとショパンは対策を練った。

二人が出した結論は「国外へ逃げよう」だった。この時ショパンが決闘して殺されてしまったら、この世界には《葬送ソナタ》も《英雄ポロネーズ》も《幻想ポロネーズ》も《舟歌》も存在しない。

二人はどこへ逃げるかを検討した。ショパンは当初イタリアを考えた。しかしサンドが、地中海のマヨルカ島ならば日光とさわやかな風に恵まれ保養にいいと言うので、そこに決めた。

ショパンはしばらくパリを離れるつもりだったので、収入源であるピアノの家庭教師をすべて解約した。プレイエルに頼み、作曲中の《プレリュード集》を二〇〇〇フランでプレイエル社に売ることにして前金として五〇〇フランをもらい、ピアノをマヨルカ島へ送ってもらうことも頼んだ。さらに旅費と当面の生活費のため、銀行家の友人から一〇〇〇フランを借りた。ワルシャワ時代からの学友で同じように亡命しているユリアン・フォンタナに、アパルトマンの管理や、楽譜出版社との交渉、郵便物の仲介など、留守中の全てを託した。いつパリに戻ってくるかは決めていない。

サンドは夫とは離婚しているので、このカップルはリストとマリーのような不倫ではない。しかし二人は人目を憚り、別々にパリを出ることにした。

十月十八日、先にサンドが子どもたちを連れてパリを出た。

二十日にショパンは後援者のひとりキュスティーヌ侯爵を訪ね、書き上げたばかりの《軍隊ポロネーズ（第三番）》と後にピアノソナタ第二番第三楽章になる葬送行進曲を弾いた。この作家でもある侯爵は同性愛者で、ショパンを後援しているのは友情というよりも愛情からだとの説もある。それゆえに彼はショパンと結ばれたサンドに嫉妬していた。彼女にまとわりつく「歳下のショパンを誘惑した年増の色情女」というイメージは、彼が増幅させたのだ。男の嫉妬は恐ろしい。

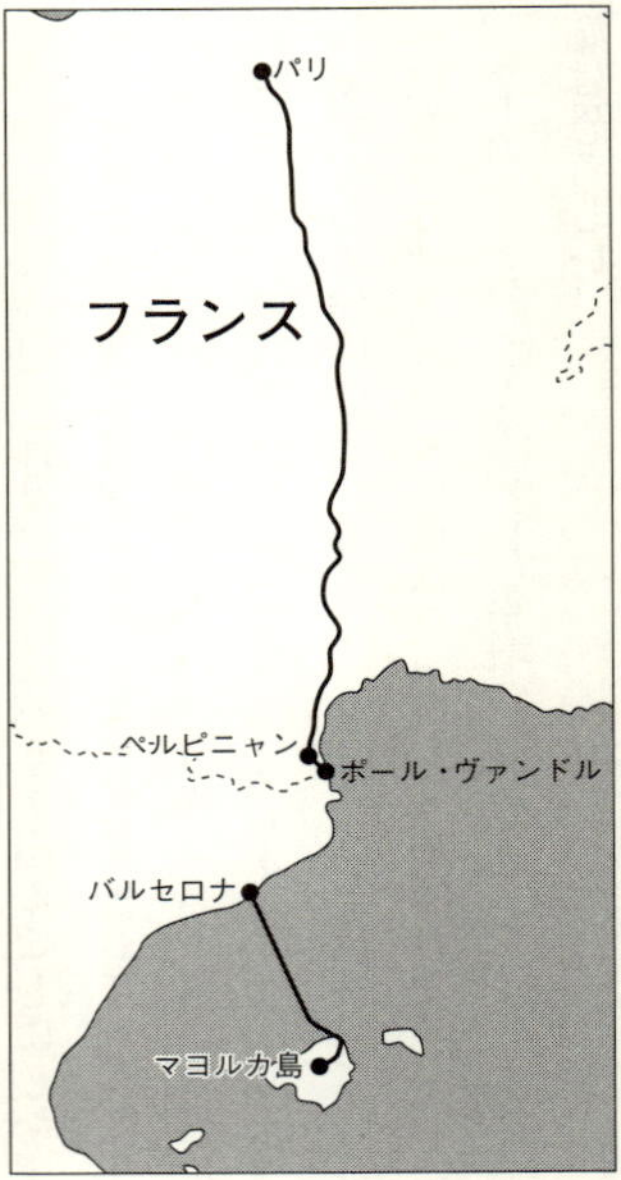

二人はスペイン国境近くのペルピニャンで合流することになっており、サンド親子は二十九日に着いて、翌日三十日の夕方にショパンが着いて合流した。サンドの手紙にはショパンは「郵便馬車に四晩も耐えた」とあるので、二十六日に出発したと推測できる。パリからペルピニャンまでは八〇六キロ、馬車で四昼夜、不眠不休の旅だったのだ。サンド親子は十二日目に着いたから倍のスピードで、このことが後に体調を壊した原因ともされる。強行軍になったのはマドリッドへ向かうスペインの元首相メンディサバル（一七九〇～一八五三）の馬車に乗せてもらったからだった。

サンドの息子モーリスは十五歳、娘ソランジュは十歳だった。ソランジュはすぐにショパンになつくが、モーリスとはあとあとまで折り合いが悪い。モーリスからみれば、ショパンは母を奪った男である。

合流した翌三十一日、一行は三一キロ南の国境の港町ポール・ヴァンドルまで行き、そこからは船でバロセロナへ向かい、十一月一日に着いた。バルセロナで休息をとり観光をして、七日に船でマヨルカ島へ向かった。直線距離で約二三九キロである。

マヨルカ島での暮らしは翌年二月まで四か月ほど続く。最初は風光明媚でいいところと思われたが、外国ゆえのトラブルも続き、決して快適な日日とはならない。

それはともかくとして、ショパン&サンドという世界恋愛史上（そういうものがあるとして）有数のカップルはこうして同棲生活を始めたのだった。

†シューマン、ウィーンへ

十月、ウィーン

クララは五月十三日に父とともにライプツィヒへ戻った。愛するロベルトが待っている街だったが、彼とはすぐには会えない。

ウィーン旅行中、クララは父と話し合い、ロベルトとの結婚について具体的条件を引き出すことに成功していた。それは結婚後はライプツィヒには住まないことと、クララに年間二〇〇〇ターラー以上の生活をさせるというものだった。

悪意に取れば、どうせロベルトは金もないし仕事もないのでライプツィヒ以外へは行けないだろうと考えている。ロベルトがようやくここで築いたささやかな実績を捨ててどこかへ行くはずがないと見くびっていたのではないか。善意に取れば、ライプツィヒはウィーンやパリよりも音楽マーケットが小さく、クララを偉大な音楽家にさせるにはいつまでもここにいたのではダメだと感じていたからだ。実際、ライプツィヒにいたのではクララの演奏会収入はたかが知れていた。あるいは単純に、ロベルトとクララが仲睦まじく暮らすのを近くで見たくないだけだったのかもしれない。

クララはこの条件を二つとも満たすためには、ウィーンへ行けばいいと考えた。自分の演奏会収入で一〇〇〇ターラー、ピアノ教師の収入で一〇〇〇ターラー、シューマンも楽譜が売れ原稿を書けば一〇〇〇ターラーくらい稼ぐだろうと甘い見通しを立てた。

二人は手紙のやりとりをしてウィーンへ行くことを真剣に考えるようになった。ロベルトも「新音楽時報」をウィーンの出版社から出せれば、すべてうまくいくように思えてきた。

ロベルトは現状を打破するために、ともかく一度ウィーンへ行ってみることにした。敬愛するベートーヴェンとシューベルトがいた都市だ。一度は行ってみたかった。具体的には「新音楽時報」の発行を引き受けてくれる出版社を見つける旅となる。

シューマンは九月二十七日にライプツィヒを出発し、ドレスデンを経由して十月三日にウィーンへ着いた。五二一キロの旅である。ちょうどショパンがマヨルカ島へ向かっていたのと同じ頃である。

シューマンがウィーンへ行ったと知ると、ヴィークはウィーンの音楽関係者にシューマンの悪口を書き連ねた手紙を出して営業妨害に出た。

シューマンはウィーンへ着くと長期滞在するつもりでいたので部屋を借りた。事前にウィーンの出版を管理する当局にも打診してあった。ウィーンには、かつてショパンが最初にウィーンを訪れた時に出版を引き受けた音楽出版社ハスリンガーがある。ハスリンガーはすでに音楽雑誌を出しており、他社からも一誌出ていた。シューマンはハスリンガー社と「新音楽時報」を共同出版できないかと考え、交渉した。ハスリンガーは好意的な様子だったが、裏で警察に手をまわし、ウィーンにはこれ以上の音楽雑誌は不要であるとの見解を出させ、シューマンの計画を潰した。

ヴィークがあちこちにシューマンの人格を攻撃する手紙を出していたので、それに対応するのも一苦労だった。

雑誌をウィーンで出すことはできそうもなかったが、シューマンは多くの音楽関係者と知り合えた。モーツァルトの遺児フランツ・クサーヴァー・ヴォルフガング・モーツァルトとも会った。リストのライバルのタールベルクとも会った。そしてシューベルトの兄とも知り合うのだ。

ライプツィヒに残ったクララは、父が約束を守る気がないと知った。そればかりか、もし家を出ていくのであれば、今まで彼女が演奏会で稼いだ金はすべて弟に譲り、さらにピアノを含めた彼女の所有物の代金として一〇〇〇ターラー払えと言われた。クララはこの父と交渉しても無理だと悟った。闘うしかない。

クララは、ロベルトがウィーンへ行っている間に、自分もパリかロンドンへ行き、実力を試そうと考えた。出発は翌年一月である。

十二月、リガ

前年夏にリガに着いてから、ワーグナーは珍しく安定した日日を過ごしていた。楽長として日日のオペラ公演を指揮する他、演奏会用の曲の作曲もした。

三月十九日にはワーグナー作曲の《コロンブス》序曲、《ルール・ブリタニア》序曲、ロシア皇帝を讃える《ニコライ讃歌》が演奏会で彼の指揮で演奏され、喝采を浴びた。ワーグナーとしてはポーランドを心情的に支持しているので、その敵であるロシア皇帝を讃える曲など作りたくなかったが、リガはロシア領であり、そこで働く以上は仕方がない。劇場の給与は安かったので、副収入を得るための作曲だった。

そんなある日、ハインリヒ・ハイネの『フォン・シュナーベレヴォプスキー氏の回想録』を読んで、そこにあった「船長が女性に救済される」話に興味を抱いた。これが《さまよえるオランダ人》の着想の起点とされるが、すぐにこの物語をオペラにしようと思ったのではない。

この時期のワーグナーが自分の創作として取り組んでいたのは、《リエンツィ》だった。友人のハインリヒ・ラウベから勧められて読んだブルワー゠リットンの小説『コーラ・ディ・リエンツィ』を原作としたものだ。八月五日に台本が完成し、それから作曲に取り掛かり、十二月に完成した。


ショパンとサンドはマヨルカ島で、リストとマリーはフィレンツェで年を越した。

シューマンはウィーン、クララとメンデルスゾーンはライプツィヒにいる。

この年の終わり、珍しくパリにはこの物語の主要人物は誰もいない。

1838年の主な作品

メンデルスゾーン（29歳）
セレナードとアレグロ・ジョコーソ
チェロソナタ第１番
弦楽四重奏曲第３番、第５番
ヴァイオリン協奏曲（1838-44）
ハルモニームジークのための序曲（1826作曲の作品の決定稿）

ショパン（28歳）
ピアノソナタ第２番（1837-39）
ノクターン第11番・第12番（1838-39）
24のプレリュード（1836-39）
マズルカ第22番〜第25番（1837-38）、第26番〜第29番（1838-39）
バラード第２番（1836-39）
ポロネーズ第３番・第４番（1838-39）
ワルツ第４番（1838）

シューマン（28歳）
子供の情景／クライスレリアーナ
幻想曲（1836-38）／《アラベスク》（1838-39）
８つのノヴェレッテ
ピアノソナタ第２番（1833-38）

リスト（27歳）
半音階的大ギャロップ
《巡礼の年　第１年スイス》（1835-36、48-55）
《巡礼の年　第２年イタリア》（1837-39、46-49）
シューベルトの歌曲の編曲

ワーグナー（25歳）
喜歌劇《女の浅知恵に勝る男の知恵、または幸福な熊の一家》草案
大悲歌劇《リエンツィ、最後の護民官》（1836-40）

†シューベルトの幻の大作発見

一八三九年一月、ウィーン―ライプツィヒ

一月一日は日本では「正月」で、いわゆる仕事はしないものだが、ヨーロッパはそうでもないようで、新年最初の日にロベルト・シューマンは十一年前の一八二八年に亡くなったフランツ・シューベルトの兄の家を訪ねた。その家はシューベルトが暮らしていた家でもあり、兄はその部屋を管理し、亡くなった当時のままにしてあった。

シューマンとしてはこの作曲家を偲ぶために訪れたのだが、机の上にある交響曲の手書きの楽譜に目を留め、手にとった。これが、シューベルトの「グレート」というニックネームで呼ばれるハ長調の交響曲である。現在はこれを「第八番」とする。

シューベルトがこの交響曲を完成させたのは一八二六年で、ウィーン楽友協会から交響曲を書いてくれと頼まれて書いたものだったが、「演奏困難」という理由で突き返されてしまった。技術的に困難というより、演奏時間が一時間近くになる大作なので、それが理由かもしれない。現在の音楽ファンはブルックナーやマーラーで一時間を越える交響曲に慣れているが、当時は三十分でも長いほうなのだ。ベートーヴェンの第九は例外中の例外だった。

かくしてこの大作は誰にも知られずに埋もれていたのだ。

シューベルトは《未完成交響曲》(第七番)と《グレート交響曲》が有名なので交響曲作曲家のイメージがあるが、生前に彼の交響曲がプロのオーケストラによって有料のコンサートで演奏されたことはない。彼は歌曲や室内楽、ピアノ曲の作曲家として知られていた。シューマンは何気なく手に取ったこの交響曲のスコアを見て、とんでもないものだと確信した。いまもなお「長過ぎる」と批判されるが、その長さをシューマンは「天国的な長さ」と評し、これはいまもなおコンサートやCDのキャッチフレーズとして使われる。

シューマンは管理していたシューベルトの兄に、「この曲をライプツィヒのメンデルスゾーンへ送りたい、彼なら真価を理解し、演奏してくれるはずだ」と申し入れた。

かくしてシューベルトの《グレート交響曲》の楽譜はメンデルスゾーンへ送られた。

音楽雑誌をウィーンで刊行するという当初の目的は達せられなかったが、シューマンは音楽史にのこる仕事をした。もっともこの時点ではそれがどんなに偉業であるかはまだ誰も知らない。シューベルトのこの曲を研究したことで、シューマンは自分も交響曲を本格的に書いてみようという気になる。

この後もシューマンはウィーンに滞在し、音楽にふれながら過ごした。この時期はピアノ曲を集中的に作曲しており、《アラベスク》《花の曲》《フモレスケ》などが書かれた。

†クララ、パリへひとり旅

二月、パリ

シューマンが《グレート交響曲》に興奮している頃、ライプツィヒではクララ・ヴィークがパリへ出発した。父フリードリヒ・ヴィークが同行しない、初めての長旅だった。ヴィークは体調が思わしくなかったのと、ライプツィヒでのビジネスが多忙だったので、同行しないと決めた。だがそれは表向きの理由で、ひとりで行かせたのは、クララに自分のありがたさを分からせるためだったとの説もある。クララは演奏会の出演料の条件交渉やピアノの手配、滞在先の宿や住居の確保といったこれまでヴィークがやってきたことを全て自分でやらなければならない。それがいかに大変かを思い知れば、ヴィークなしにはクララの演奏活動は不可能だと分かるだろうと考えたのではないか。

たしかに不安だらけだった。クララに仕えていた気の置けない使用人はヴィークが嫌がらせで解雇してしまい、フランス生まれの新しい使用人と行かなければならないのも、クララには重荷だった。しかし、父からの自立を決意しているクララはこの困難な演奏旅行を成功させようと、勇気を出して出発した。

まずライプツィヒから南へ下がり、バイエルン王国へ入り、ニュールンベルクへ向かった

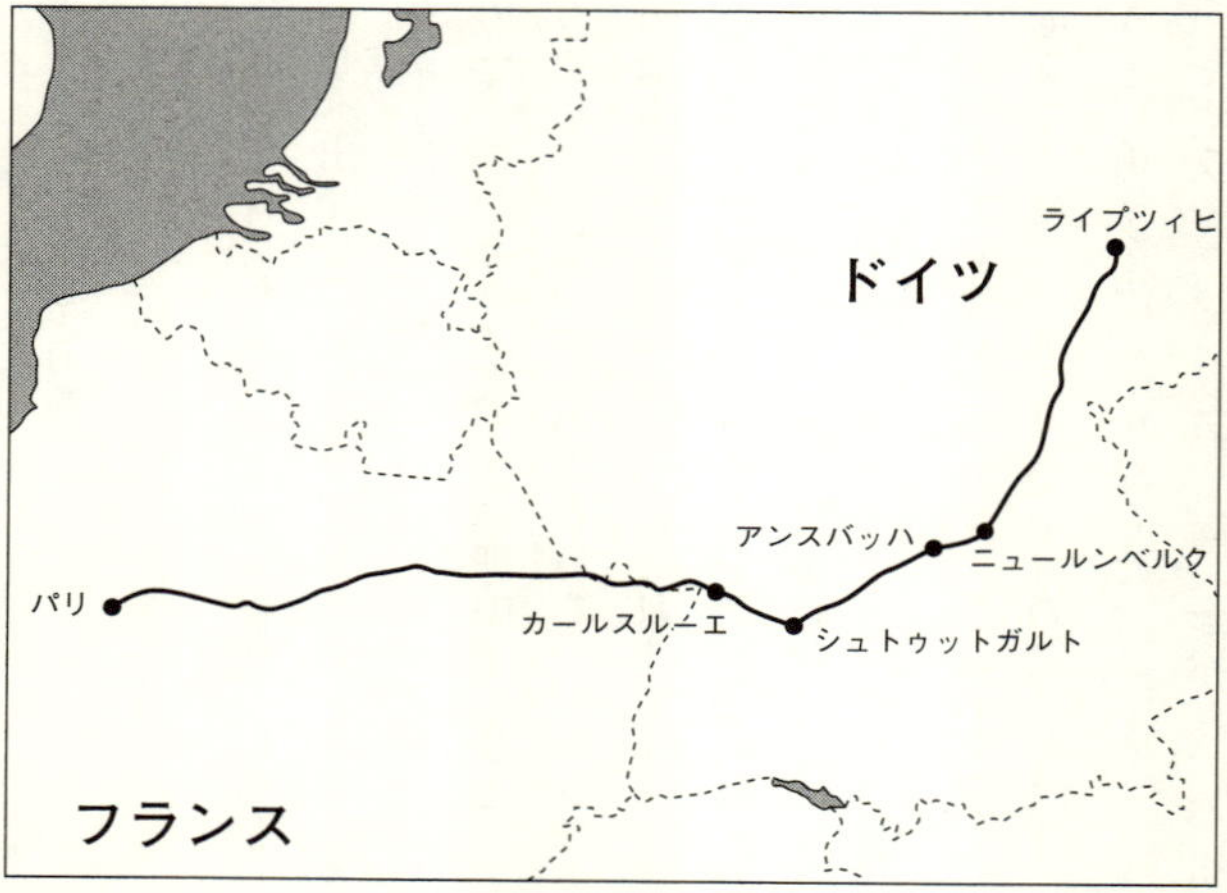

（二七〇キロ）。ここでも演奏会をしたが、雪のため洪水になり延期するなど、早くもトラブルが生じた。

ニュールンベルクから西へ行きアンスバッハ（四三キロ）、シュトゥットガルト（一二九キロ）、カールスルーエ（七一キロ）とドイツ各地で演奏して収入を得ながらの旅だ。シュトゥットガルトではクララの弟子になりたいという少女が現れ、一緒にパリに行くことになった。ヘンリエッテ・ライヒマンという。

パリ（四九三キロ）へ着いたのは二月六日だった。

パリで最初にクララのもとへやって来たのは、継母の兄、画家のフェヒナーで、ヴィークから頼まれたのか、ライプツィヒへ帰れと説教された。

異国にようやく着いた若い女性音楽家は、すべて自分で動かなければならない。前年にウィーンで親しくなったリストはまだイタリアにいた。ショパンはサンドとマヨルカ島にいる。パガニーニもこの時期はパリにはいなかった。

パリには誰も頼れる人はいない。だが実はクララ・ヴィークそのものがすでにパリでは有名だった。二大ピアノメーカーであるプレイエルとエラールの両社がピアノを使ってくれと申し出てきた。試してみて、悩んだ末にエラールにした。サロンにも呼ばれるようになり演奏した。だがパリの社交界での音楽の趣味の悪さに、クララは失望していた。ここではロベルトの曲は受けないだろう。

二月、マルセイユ

クララがパリへ行ったら頼れるのではないかと期待していたショパンは、マヨルカ島からマルセイユに移るところだった。

風光明媚な土地でゆっくりと静養するというショパンの目論見はあてが外れていた。彼はとんでもない目にあっていたのだ。

ショパンとサンドたちは、前年十一月八日にマヨルカ島に到着した。パリからの馬車での強行軍が祟ったのかショパンの体調が優れない。医師に診せると肺結核だと診断された。結核は当時のヨーロッパでも忌み嫌われている病気だ。さらにショパンとサンドとが正式な夫婦ではないことが分かると、保守的な村人は嫌悪した。そのため村人からショパンたちは白眼視され、暮らしにくくなる。このカップルが有名な音楽家と作家であることは、彼らには何の関係もない。

ようやく家を借りて暮らしていたが、雨季に入り天候不順で湿度が高くなると、ショパンの体調はますます悪化した。最初に借りていた家からも追い出され、山中の修道院だった建物を借りることになった。そこは見晴らしはよかったが、荒れ果てて暮らしにくい。村人の意地悪も続き、食品を買うにも法外な高値を要求された。

ショパンは作曲のためにプレイエルのピアノを必要としており、十二月二十日にパリから届いたものの、税関で止められてしまい、高い関税を求められた。年が明けて一月四日にサンドが要求額の半額の三〇〇フランの関税を払い、ようやくピアノが届いた。それまでは島にあったオンボロのピアノで作曲していた。

せっかくピアノが届いたが、悪天候がショパンの健康を蝕んでいく。ここにいたのでは死んでしまいそうなので、ショパンたちは島を出ることにした。そうなると、今度はピアノが邪魔になってしまう。それを持って移動するのは難しい。やむなく、島にいたフランス人夫妻に売って、島を出てバルセロナへ向かった。

ショパンとサンドは二月二十四日にマルセイユに到着した。ここで五月の終わりまで過ごし、六月からはサンドの家のあるノアンで暮らす。

二月、フィレンツェ

フランツ・リストは、まだイタリアにいた。

長女ブランディーヌは三歳になっていたので呼び戻し、一歳になったコジマとあわせ四人の家族が揃った。そしてマリーの胎内には三人目の子もいた。

リストはもう旅はやめて、フィレンツェに落ち着くか、あるいはパリへ帰るべきではないかとマリーを説得した。自分は演奏旅行に出て、そのたびに戻ってくるからと提案した。マリーにもパリへ帰りたいとの思いはあったが、リストが自分と別れたがっているのではないかと思い、同意しない。二人は諍いが多くなっていく。

二月に二人はフィレンツェからローマへ移り、五月にその地でマリーは第三子を産んだ。今度は男の子でダニエルと名付けられた。この子が二人にとって最後の子となる。

リストとマリーたちは、六月までローマに滞在した。

ローマ滞在中の三月八日にリストが開いた演奏会こそが、音楽史上最初の「リサイタル」とされる。この物語でこれまで何度も記したように、当時の演奏会はピアニストが自分で主催するものであっても、他のヴァイオリニストやオーケストラや歌手も出て、さまざまな種類の音楽を演奏するものだったが、この日のリストの音楽会は最初から最後まで彼がひとりでピアノ独奏曲を弾いた。いまでは当たり前の形式の独奏演奏会を始めたのがリストだったのだ。

しかしこのローマでの演奏会ではまだ「リサイタル」という言葉は使われていない。この語は「朗唱」「暗唱」という意味である。翌年六月九日のロンドンでの演奏会を「リストのピアノフォルテ・リサイタル」と銘打った時が最初とされる。当時の人人はこの告知を見てもリストがピアノで何を朗唱するのか訳が分からなかった。やがてピアニストがひとりだけで演奏するコンサートのことをリサイタルと呼ぶようになるのだ。それが転じて、現在の日本では独演会ではなくてもリサイタルと銘打つことがある。

リストは、かつてタールベルクとの決戦を企画したベルジョイオーゾ公妃への手紙に三月のローマでの演奏会を「音楽的独白」だったとして、こう記している。

〈私は思い切って、完全にひとりきりで演奏会を開きました。ルイ十四世のように、聴衆に向かって騎士気取りで「コンサート、それは我なり」と宣言しました。〉

三月、ライプツィヒ

シューマンがウィーン移住は困難だとの結論を出し、パリ滞在中のクララへ手紙に書いたのは三月十三日だった。そうとなれば、そろそろウィーンで借りている部屋を引き払わなければならない。

その一週間ほど後の三月二十一日、発見者シューマンは不在だったが、ライプツィヒではメンデルスゾーンの指揮でゲヴァントハウス管弦楽団がシューベルトの《グレート交響曲》を演奏した。

三月三十日、ウィーンのシューマンへ兄エドゥアルトが重体だとの報せが届いた。シューマンはウィーンを出るための整理をし、四月五日に郵便馬車に乗った。ライプツィヒを経由して故郷ツヴィッカウへ着いたのは九日で、すでに兄は亡くなっていた。

四月、パリ

四月十六日、パリへ着いて一か月半後に、ようやくクララ・ヴィークの演奏会がエラールのホールで開かれた。拍手喝采は受けたが、ウィーンのような熱狂を巻き起こしはしなかった。パリの聴衆はリストやタールベルクのように派手な超絶技巧を好むのでクララの目指す音楽とは嗜好が違うのだ。

クララはロベルトへの手紙に、〈パリでは経費が多くかかり、何も残りません。名が出たことで、充分としなければ〉と書いている。滞在費がかさみ、利益は出なかったようだ。自分で

マネージメントをすることの限界もあった

クララは父のマネージャーとしてのありがたさを感じた。そしてつい父に甘くなり、いままでのことを感謝する手紙を書いてしまう。

五月にパリでクララが父ヴィークから受け取った手紙には、結婚の条件として、「ヴィークはいままで管理していたクララの財産から二〇〇〇ターラーを結婚五年後に四パーセントの利息を付けて払う。シューマンは一三二〇ターラーの年収を保証する証拠を提出する（この金額はシューマンが自分で主張している額）。結婚するまでヴィークはシューマンと会って話すこともしないし、援助もしない。クララはヴィークの遺産相続権を失う」の四つを提示した。

これをクララから教えられたロベルトは理不尽な条件だと怒る。しかし、はたしてそんなにひどい条件だったのか。この問題についてはピート・ワッキー・エイステン著『シューマンの結婚　語られなかった真実』に詳しいが、当時のザクセン王国の民法は当然まだ男女平等ではないので、女性の財産は結婚後すべて夫のものとなる。クララが演奏会で得た収入は父が管理しており、それが二〇〇〇ターラーあるのだが、結婚によってすべてシューマンのものになる。ヴィークが亡くなった場合の遺産もクララが相続する時点でロベルトのものになる。もちろん結婚後、クララが得たものもロベルトのものになる。ヴィークは、ロベルトに財産を渡したら売れない雑誌につぎ込んでしまい、クララは苦労するだろうし、ヴィーク家の財産も食い物に

される と警戒し、それを防ぐためにこういう条件を出したとも考えられる。

遺産をクララに渡さないのは、ヴィークが彼女に説明したところでは、クララを音楽家にするために妻や他の子にしてやるべきことができなかったからその償いであるという。

クララはこれらの条件を理解した。これを呑めばクリスマスまでには結婚を許すという言質もとった。クララは喜んでロベルトに報告した。しかしロベルトはこんな条件は呑めないと拒否した。ロベルトはクララの財産を守るためにこんな条件は呑めないと言うが、クララの財産は結婚すれば自動的にロベルトのものになるのだ。

このように女性の財産が結婚と同時に夫のものになるので、ザクセン王国の法律では結婚は当事者が成人していても双方の両親の許可が必要だった。結婚と同時に親の財産の相続権が移転するからだ。ロベルトの両親はすでに亡くなっている。クララの母は手紙で結婚に賛成すると言っている。ヴィークだけが反対している。そういう場合は裁判所に「婚姻許可の代行」を請求するという方法があった。その請求をするのは親に反対されている子、つまりクララ・ヴィークであった。クララは未成年だったので、ロベルトは弁護士を紹介した。その弁護士からパリにいるクララに委任状が送られ、彼女はそれにサインした。父との法廷闘争に入るのだ。

クララは〈サインする瞬間は人生で最も重要な一瞬でした〉とロベルトへの手紙に書いている。彼女は人生の全てをロベルトに委ねたのだ。

クララが委任状に署名したのは六月十五日で、七月十五日に弁護士によってライプツィヒ高等裁判所に訴訟手続きがなされた。

七月十九日に裁判所は和解を調停しようとしたがヴィークが出廷せず、和解の意思がないと判断された。

†さまよえるワーグナー

七月~九月、リガ~パリ
結婚できずに苦労しているカップルがいれば、結婚後も苦労の連続となるカップルもある。リガの劇場に落ち着いたかと思われたワーグナーだったが、春に突然、解雇されてしまった。支配人が辞めることになり、彼は後任者が仕事をやりやすくするために楽長のワーグナーを切ったほうがいいと判断して、解雇を通告したのだった。後任の楽長にはワーグナーの面倒を見ていたドルンが就くという。ワーグナーはドルンに裏切られたと思った。さらに妻ミンナから支配人が彼女に言い寄ってきたが断ったという話も聞き、それが解雇の本当の理由だろうと思った。
ここで解雇を拒否して闘ってもいいのだが、ワーグナーとしてはリガの街に厭きていたので、潮時かと思った。《リエンツィ》も完成し、これは自信作だったのでこれを持って行けばどの歌劇場も上演したいと言うだろうし、そうなれば条件のいいところと契約すればいいと、夢は勝手に膨らんだ。

すでにワーグナーは《リエンツィ》の台本と楽譜をパリのオペラ座の台本作家スクリーブへ送り、好意的な返事をもらっていた。作曲家マイヤベーアへも手紙を出しており、いい感触を得ていた。ミンナに話すと彼女もリガに厭きていたので同意した。

だがリガを出なければならない本当の理由は、借金だった。ワーグナーはこの都市でも収入以上の贅沢な暮らしをしていたが、その原資はいつものように借金だった。

だがその借金もパリへ行き、オペラが売れれば解決するはずだった。なんとしてもパリへ行かなければならない。

そんなワーグナーの動きを察知した債権者たちは、警察に出国許可証を出さないよう先手を打った。ワーグナーは家具を売るなどして返済に当てようとした。そこへ、ケーニヒスベルク時代の友人メラーが来て、「返済はパリへ帰ってからでいい、手元の金は当面の旅費に使うべきだ、出国許可証がないのなら密出国すればいい」とそそのかした。なんでもメラーの友人がロシアとの国境に接したプロイセンの町に住んでいるので、その男に頼めば出国できるというのだ。

ワーグナーとミンナは、七月六日にリガを出発した。近隣の町ミタウでの演奏会で指揮をすることになっていたので、その名目で出発したのだ。債権者たちは油断していたのか、止めることはしなかった。密出国の日は九日だった。かなりの家財道具と衣装を馬車に乗せ、さらにリガで飼っていた愛犬ロッパーも一緒だった。翌日、ロシアとプロイセンの国境のタウラゲ（現在はリトアニア、二四〇キロ）へ着いて、その夜、メラーの知人の手引でワーグナーたちは密かに国境を越えた。メラーは正規の手続きをしてワーグナーの荷物を乗せた馬車で国境を越え、落ち合った。

タウラゲから数日かけてケーニヒスベルク（現・カリーニングラード、一五〇キロ）へ着いた。その旅の間に、パリへは陸路ではなく海路、ロンドン経由で行くことになった。馬車は経費がかかるのと債権者にみつかる恐れがあるのと愛犬を連れて行くのが難しいという理由だ。

七月十四日にワーグナーはロッパーを連れてケーニヒスベルクを出発した。東プロイセンのピラウ（現・バルチースク、四三キロ）という港町へ着くまでに、馬車が横転する事故があり、ミンナは足をくじいた。だが、実はこのショックで流産もしていたらしい。その場ではワーグナーには、おそらく、妊娠していることも伝えていない。結局、この夫婦には子供が生まれないのは、この流産が原因かもしれない。妊娠していると知っていたら、危険な旅はしなかったであろう。

ピラウから船の旅だが、これも密出国だった。メラーが二本マストの帆船テティス号の船長

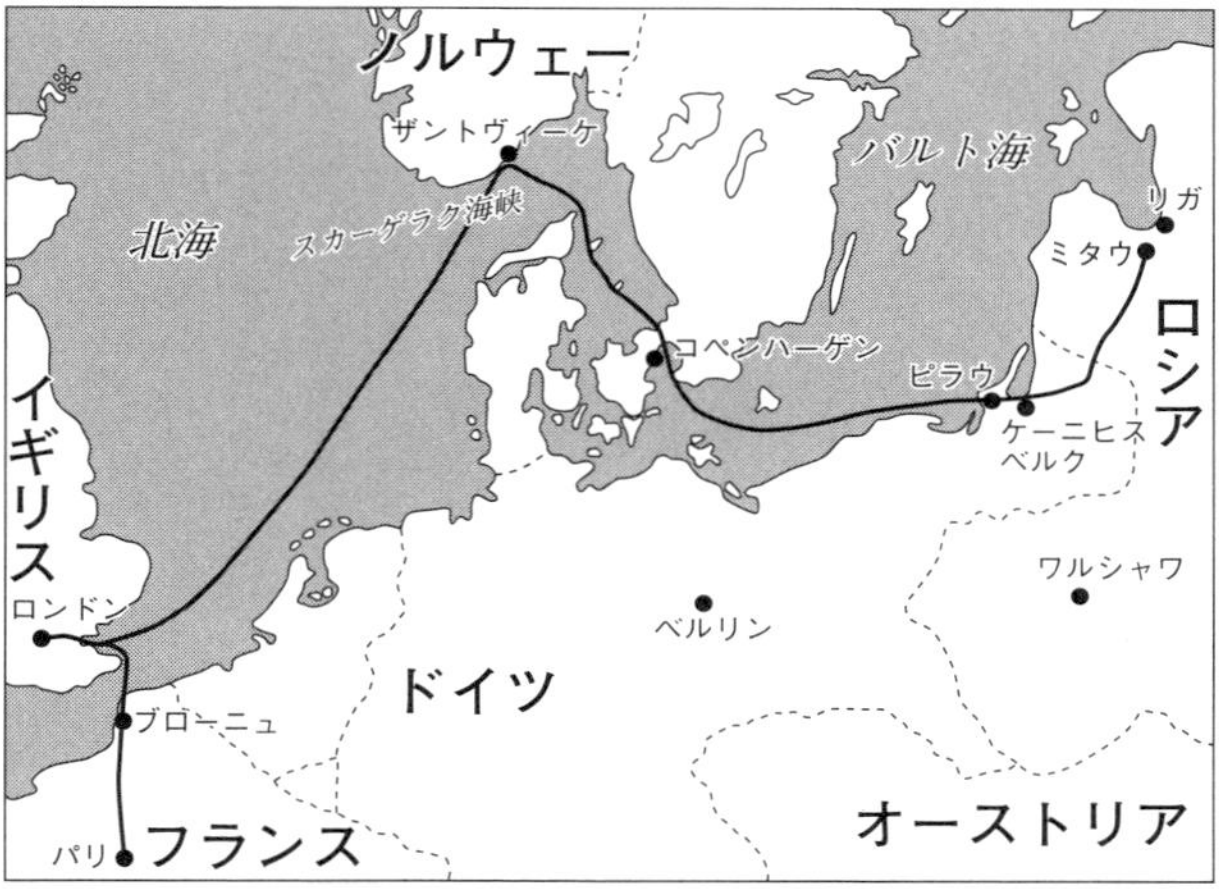

を買収してくれた。ピラウからバルト海を越えコペンハーゲンに寄り、ノルウェー南東海岸まで行き、スカーゲラク海峡を通って北海に出て、南下してロンドンへというコースだ。海が穏やかであれば、八日で着くはずの旅だったが、トラブルが続いた挙句、北海に入ったところで嵐にぶつかった。水夫たちですらこれまで経験したことがないという過酷な船旅となり、二十四日もかかって八月十二日にロンドンへ着いた。この時の嵐の経験が《さまよえるオランダ人》の音楽に生かされているという。

ロンドンには八日間滞在し、観光をした。こんな大都会はワーグナーにとって初めてだった。フィルハーモニック協会の関係者と会おうとしたが、ロンドンにはいなかった。

八月二十日にワーグナーはロンドンを出航し

た。その船で知り合った女性から、マイヤベーアがブローニュに滞在していると聞き、パリへ行く前にこのオペラ界の巨匠に会っておこうと考えた。

ブローニュでのマイヤベーアとの面談はうまくいった。巨匠はワーグナーからの手紙を覚えていたようでオペラ座の支配人への紹介状を書いてくれた。

かくして、リヒャルト・ワーグナーはオペラの中心にして頂点であるパリへ着いた。ときに、一八三九年九月十七日である。この未来の歌劇王に随行するのは妻ミンナと愛犬ロッパーのみ。出迎える者は誰もいない。彼の名を知っている者も、この大都会におそらく数人しかいなかったであろう。

九月、ライプツィヒ

ライプツィヒのカップルの結婚闘争は続いている。

ロベルト・シューマンは故郷ツヴィッカウへ行き、兄の遺産の引き渡しを受け、さらに七月二十九日にベルリンへ向かった。クララの母マリアンネに会うためだった。マリアンネは二人の結婚を認めてくれた。

クララは八月十三日にパリを引き払い、アンテンベルクでロベルトと落ち合った。顔をあわせるのは一年ぶりだった。二人でシュネーベルクの親戚の家に数日滞在し、二十四日に、いったん別行動をとる。ロベルトはライプツィヒへ向かうが、クララはロベルトの故郷ツヴィッカウへ寄った。三十日にクララもライプツィヒへ着いたが、実家へ帰らず、知人宅に泊まった。三十一日に母マリアンネがベルリンから迎えに来てくれた。

九月三日、クララはマリアンネとベルリンへ向かった。

九月十三日、クララの二十歳の誕生日に、何の前触れもなくロベルトがベルリンへやって来た。二人はピアノを連弾するなどして過ごした。

九月二十六日、クララはライプツィヒで父と面談した。ここでまた結婚にあたっての条件が提示された。過去七年間にクララが演奏会で得た貯金二〇〇〇ターラーを弟に譲る、クララが一〇〇〇ターラー払えばピアノなどの所持品を引き渡す、ロベルトは八〇〇〇ターラーの資産の利子の権利をクララに与え、離婚の際は元本をクララに譲る、ロベルトの財産の相続人はクララのみとする、という四つだった。最初の二つはともかく、ロベルトの財産の権利を離婚か死別した際にクララに渡すというのは、いまの感覚ならばそれほど理不尽ではない。だが当時は女性の権利はないも同然なので、クララにとっても、こんな条件をロベルトが呑めるはずがないと思った。

クララは父の提案を断わり、これでやはり法廷で決着をつけるしかなくなった。

十月二日に最初の審理があったが、ヴィークは書面で応じただけで出廷しなかった。第二回は十二月十八日と決まった。

クララは実家へ入ることも拒まれたので、ピアノはもちろん衣服や装身具も取りに行けない。手持ちの資金もなくなったので、演奏会をして稼ぐことにして、ベルリンへ向かった。するとヴィークはベルリンの関係者にクララにはピアノを貸さないほうがいいなどと嫌がらせの手紙を出しまくった。そんな妨害もあったが、クララのベルリンでの演奏会は皇帝が臨席して成功した。

一方、同じ頃、ライプツィヒにはマリー・プレイエルがピアニストとしてやって来た。ヒラーの元恋人でベルリオーズの元婚約者でリストの愛人だった女性だ。

当時の音楽界ではクララとマリーはよく比較され、二人はライバル関係にあった。敵の敵は味方というわけで、ヴィークはマリー・プレイエルを積極的に支援した。父娘はここまでねじれていた。それにしても、マリー・プレイエルという女性はこの時代の音楽界で常にスキャンダルとなる存在である。

十月、パリ
ノアンで静養していたショパンは十月十一日に、約一年半ぶりにパリへ帰った。
ノアンでショパンが書いた曲のひとつがピアノソナタ第二番である。第三楽章が葬送行進曲なので、《葬送ソナタ》と呼ばれる。サンドとの生活が始まった時期に、こういう曲を書いていたのである。

ショパンはパリに帰ると、トロンシェ街に新しく部屋を借りた。サンドは一キロほど離れたピガール街に部屋を借りた。当初は別々に暮らしていたが、結局ショパンはサンド宅で生活し、トロンシェ街は教え子のレッスンや作曲の仕事場として使うようになる。

そのショパンの新居の最初の来客はイグナーツ・モシュレスだった。二年前にロンドンへプレイエルと行った際に演奏会で聴いていたが、会うのは初めてだった。モシュレスはショパンの作品を知って、ぜひ会いたいと思っていたので、パリに帰って来たと知ると訪ねたのだ。

二人は親しくなり、数日後の十月二十九日、国民の王ルイ・フィリップとその家族のいるサン＝クルーの宮廷へ招かれ、御前演奏をした。

十一月二十四日、パリではベルリオーズの新作、劇的交響曲《ロメオとジュリエット》の初演が音楽院ホールで彼自身の指揮で行なわれた。この作品はパガニーニに献呈されたものだが、彼は健康を害しニースで静養しており、演奏会には来なかった。

十二月十五日にも《ロメオとジュリエット》の演奏会が開かれ、その客席にはリヒャルト・ワーグナーがいた。

この後、ワーグナーは一八四二年四月までパリで暮らし、リストには面会しているが、ショパンには会わなかった。

そして生涯にわたり、ショパンとワーグナーは会うことがない。

パリ音楽界といっても、ワーグナーはオペラ関係者とばかり接していたし、ショパンが出入りする社交界のサロンとはまだ縁がなかった。無名に近いワーグナーにショパンが関心を抱くはずがない。ショパンは病弱であまり出歩かなかったので、偶然の出逢いもなかった。

十月、イタリア

リストとマリーは五月までローマにいたが、夏はフィレンツェの近郊で過ごした。

そして二人はイタリアを出ることで合意した。マリーは自分がリストを縛っていて、それが彼の才能を生殺しにしていると自覚したのだ。華やかなパリに帰りたいとの思いも募っていた。さらに著述家としての自信も得ており、書いていくにもジャーナリズムと出版が発達しているパリにいるべきだった。

十月八日、二人はフィレンツェで別れ、マリーはパリへ、リストはウィーンへ向かうことになった。といっても、二人が「別れた」わけではなく、以後も頻繁に手紙のやりとりをし、翌年にはパリで再会する。関係が終わったわけではなかった。

マリーはパリに戻ると、ダグー伯爵や彼女の実家との関係修復をして社交界へ復帰する。ダグー伯爵は寛容だったが、マリーはよりを戻す気はなかった。マリーは自分とリストとが別れて暮らしているのにショパンとサンドの仲がうまくいっていることが面白くなく、二人の悪口を言いふらすようになる。女の友情はあっけなく終わった。

十一月、ウィーン

リストは、マリーのことを忘れようとするかのごとく、コンサートピアニストとして欧州中を駆け回る生活に入った。フィレンツェで別れた後の十一月五日にトリエステで演奏会を開くと、前年にハンガリー救済演奏会で圧倒的な成功を得たウィーンへ向かった。

ウィーンに到着したのは十一月十五日で、十九日には最初の演奏会を開いている。

これがリストの「ヴィルトゥオーゾ時代」の始まりだった。その時代は一八四七年九月のウクライナでの演奏会まで、八年にわたり続く。その間にリストは二百六十の都市で合計して約一千回の演奏会を開いた。国でいうと、ドイツ（統一前なので、プロイセン、ザクセン、バイエルンなど）、オーストリア、ハンガリー、ロシア、チェコ、スロヴァキア、ポーランド、ルーマニア、ユーゴスラビア、トルコ、ベルギー、オランダ、フランス、スイス、イタリア、スペイン、ポルトガル、アイルランド、イギリスと、ほぼヨーロッパ全域にわたり、平均すれば三日に一度どこかで演奏していたことになる。

鉄道は整備されだしているが、欧州中くまなくあるわけではない。自動車はまだ発明されていないし、もちろん飛行機もない時代だ。移動に次ぐ移動で、ひとつの都市に滞在している間は毎日のように弾いていたのだろう。一回あたり「一六〇〇から一七〇〇フローリン」の手取りだったという。一五〇〇万円前後となろうか。

熱烈なファンは「リストマニア」と呼ばれ、演奏会では失神する女性が続出した。二十世紀後半に生まれるロックミュージシャンやアイドルのファンの起源と言えるだろう。

こんなにも多くの演奏会が可能だったのは、リストがオーケストラなどを雇わず、リストだけが演奏すればいいかたちにしたからだった。その結果、彼の取り分も多くなる。プログラムをピアノ曲だけに統一したのは藝術的な理由もさることながら、営業的、経済的理由もあった。リストの「リサイタルの発明」は、いまもなお全てのピアニストが恩恵を受けている。

さらにリストの改革とされるのは、自作も演奏するが、同時代のショパンやシューマンの作品やベートーヴェン、シューベルトなども演奏したことだ。

だがこれはすでにクララ・ヴィークが始めていたことでもある。お互いに影響されていたとも言える。クラシック音楽史も男性中心に書かれるので、クララの業績は同時代のリストやショパン、メンデルスゾーン、夫となるシューマンに埋もれているが、「女性初のプロのピアニスト」であること以上に、クララ・ヴィークが考えて実行した音楽革命は多い。

ウィーンでは二週間に六回の演奏会をし、さすがに過労で寝込んでしまった。そのリストを見舞いに来た女性がいた。マリー・プレイエルである。彼女はロシアで演奏してきたばかりで、次の目的地がウィーンだったのだ。だがリスト旋風が吹き荒れた後では、どう考えても不利だった。観客動員に不安がある。そこでマリーはリストに自分の演奏会に客演してくれと頼んだのだ。

このとき二人がどういう関係になったかは分からないが、マリー・プレイエルはステージにリストと腕を組んで登場した。もちろんその演奏会も大入り満員だった。ほとんどの人にとってはリストの追加公演にマリー・プレイエルが出たという印象だったろう。

リストがマリー・プレイエルと腕を組んでステージに出たことは、はるかパリの社交界に戻っていたマリー・ダグーの耳にもすぐに届いた。噂では二人は一緒に暮らすことにし、一緒にパリに帰ってくるに違いないと誇張された。

マリーはリストに手紙を書き、マリー・プレイエルとの噂を耳にしたことと、自分がいかに多くの男性に囲まれて過ごしているかなどを記した。浮気の許可を求めるような内容に、リストは〈あなたが常に完全な自由であってほしいと僕は願っている〉と返事を書いた。離れている二人の手紙での駆け引きは緊張感をはらんだものとなっていく。

元気になるとリストは十二月に故国ハンガリーへ向かった。一八二三年以来の帰国である。熱狂的に迎えられ、洪水被害の救援のための義捐金を讃えて栄誉のサーベルが授与された。かつてリストの祖父や父が仕えていたエステルハージ家は豪華な馬車を提供した。

十一月、ミラノ

ジュゼッペ・ヴェルディ

十一月、ミラノのスカラ座で《オベルト》というオペラが初演された。無名の二十六歳の新人作曲家の作品だった。この作品の成功によってジュゼッペ・ヴェルディ（一八一三〜一九〇一）は、オペラ作曲家としてようやく第一歩を踏み出した。しかしまだ彼のオペラの革命は本格的には始まっていない。

ヴェルディとワーグナーは、ともに一八一三年生まれで、作品の大半がオペラという共通点があるのでよく比較される。共通点は生年とオペラを書いたことと、遅咲きだったということくらいで、性格も生き方もまるで異なる。活動拠点も異なるので、同時代に同じ業界にいながらも一度も会ったことがない。

十二月、ライプツィヒ

クララ・ヴィーク対フリードリヒ・ヴィークの裁判は続いている。九月にヴィークから改めて条件が出された。ロベルトが資産八〇〇〇ターラーをエスクロー勘定（第三者に信託し、利息を得る方法）し、ロベルトの唯一の遺産相続人としてクララを指名しろというものだった。冷静に考えればクララには悪い話ではないが、ロベルトは呑まない。

十二月十二日、ゲヴァントハウスでシューベルトの《グレート交響曲》がメンデルスゾーンの指揮で再演された。三月に演奏された時、発見者シューマンはウィーンにいて聴けなかったので初めて実際に耳にして感銘を受けた。

しかし、感動も束の間、十二月十四日、ヴィークは「シューマンの罪状報告書」なるものを提出した。そこにはシューマンの飲酒癖や不品行ぶりが延々と書かれていた。礼儀知らず、人付き合いが下手、妄想癖があるなど、人格攻撃をしている。指を壊してピアノが弾けなくなったのも師だったヴィークの言うことを聞かなかったからだとも書かれた。これらの指摘は実は当たっている。

問題はそこにあった。ヴィークはシューマンの藝術的才能は認めているが、夫として家長として、あるいは音楽家クララのマネージャーとしては不適格だとしている。客観的には、ヴィークの主張は正しいのである。しかしヴィークは感情的になるばかりで、シューマンの社会人としての欠陥を客観的に証明するという方法はとらなかった。ヴィークは裁判所だけでなく、音楽関係者にもシューマンの不品行ぶりを書いた手紙を送りまくった。十八日に二回目の審理があり、今度はヴィークも出廷した。

判決は翌年一月四日に出ることが決まった。

ロベルトとクララはベルリンへ向かい、母マリアンネと三人でクリスマスを迎えた。二十七日にロベルトだけがライプツィヒへ帰った。

この年末、他の主人公たちはどうしていただろう。

フランツ・リストは一八四七年まで続く定住せずに旅から旅という暮らしに入ったところだ。マリー・ダグーとは別れたわけではないが、同棲生活は実質的には終わっている。

メンデルスゾーンはライプツィヒで美しい妻と可愛い子に囲まれ、楽長としての充実した日日をおくっている。

ショパンはパリでサンドとの生活を始めている。

ワーグナーはパリでなんとかオペラ座に食い込もうとしている。

七月革命とポーランド独立戦争に始まった一八三〇年代――ロマン派たちにとっての二十代でもある――はこうして終わった。

1839年の主な作品

メンデルスゾーン（30歳）
３つのモテット、６つの歌曲
ピアノ三重奏曲第１番
詩篇第114《イスラエルの民エジプトを出で》
序曲《リュイ・ブラース》
無言歌集第４巻（1839-41）

ショパン（29歳）
ノクターン第11番・第12番（1838-39）
24のプレリュード（1836-39）
マズルカ第26番～第29番（1838-39）
ピアノソナタ第２番（1837-39）
ポロネーズ第３番・第４番（1838-39）
バラード第２番（1836-39）／スケルツォ第３番／即興曲第２番
エチュード第25番～第27番（1839）

シューマン（29歳）
アラベスク（1838-39）
花の曲／フモレスケ
４つの夜曲／３つのロマンス

リスト（28歳）
《巡礼の年　第１年スイス》（1835-36、48-55）
《巡礼の年　第２年イタリア》（1837-39、46-49）
ヘクサメロン変奏曲
ピアノ協奏曲第２番に着手（完成は1861年）
憂鬱なワルツ／《金髪の小天使》／《物思いに沈む人》

ワーグナー（26歳）
大悲歌劇《リエンツィ、最後の護民官》作曲（1836-40）
序曲《ファウスト》（1839-40）
歌曲《ミニョンヌ》

†裁判

一八四〇年一月、ライプツィヒ

一八四〇年一月四日、クララ・ヴィークの結婚許可を求める裁判は、中間の判決を出した。フリードリヒ・ヴィークの主張のうち、ロベルト・シューマンの性格と飲酒問題についてロベルト側が反証するようにとの内容だった。期限は四十五日以内である。ロベルトの人格と飲酒が、ヴィークの主張するように結婚生活の障害となるようなものではないと判事が判断すれば、結婚は許可される。争点は経済問題から、ロベルトの人格問題になったのだ。

ロベルト&クララ側に立つと、若いんだから酒を飲んで酔っ払って多少の無茶はするだろう、そんなことで騒ぐなんて言いがかりだ、となる。ヴィークとしては酒代で家計が圧迫されクララが苦労するのが目に見えているということになり、これも結局は経済問題だった。

ロベルトは自分を品行方正で学識豊かな男であると誇示するため博士号を得ようと運動し、イエナ大学から哲学博士号を得ることに成功した。

弁護士はロベルトの財産を証明する文書を出し、結婚しても生活は安泰であると証明した。遺産の他に雑誌「新音楽時報」の編集長としての給与が六二四ターラー、原稿料収入が一五〇ターラーとある。さらに彼は知名度が高い音楽評論家であり、将来性もあると述べた。本職だけあって、弁護士は数字を列挙して理詰めでいく。ヴィークは感情論になっていく。裁判の闘い方をヴィークはよく知らなかった。

実際にはロベルトは年間の収入よりも支出のほうが多かった。生活費の赤字は遺産を取り崩して埋めていた。赤字になるのは、この頃の彼が作曲に熱心になり、あまり原稿を書かなくなり、さらに雑誌の編集もさぼっていたからだ。雑誌作りと執筆をちゃんとやればいいのに、シューマンは「売れない曲」を書く方に熱心だったのだ。

現在の日本ではシューマンが書いた評論はほとんど読まれないが、彼の音楽は演奏され聞かれている。したがって、「シューマンは売れないのに自分の書きたい曲を書き、そのおかげでわたしたちは素晴らしい音楽を鑑賞できる」というロマン派的な美談となるが、フリードリヒ・ヴィークにしてみれば、「おまえの曲でクララを食わせていけるのか」という現実問題となる。だがヴィークはこうした問題でロベルトを攻撃しなかったようだ。

裁判所は三月十二日に一月の判決を維持し、今度はヴィークに四十五日以内にロベルトの飲酒を証明するよう求めた。

その四日後の十六日、シューマンはドレスデンにいた。リストの演奏会を聴くためだった。

†リストとシューマン、ようやく対面

三月、ドレスデン

リストは前年にコンサートピアニストとして復活し、精力的に活動していた。十一月にウィーン、十二月に故国ハンガリーへ行き大歓迎された。一月四日に国民劇場で開かれた演奏会が終わると、二万人の市民が外に待っていたという。一月十一日にはペシュト（現・ブダペスト）で初めて指揮者としても演奏した。契約があったのでいったんウィーンに戻り演奏会を開いて、またハンガリーへ戻り、二月十九日には生まれ故郷ライディングも訪問した。

その後プラハへ行って八日間に六回の演奏会をこなし、次はパリを目指していたが、途中のドレスデンに立ち寄ることになったのだ。

シューマンとリストは以前から手紙のやりとりはしていた。シューマンの「新音楽時報」はそれなりに音楽家の間では読まれていたので、彼は有名だった。そこでシューマンはリストがドレスデンへ来ると知り、演奏を聴くのはもちろんだが当人と会おうと考えたのだ。

二人は会うなり、まるで二十年来の友のような感覚となり、語り合った。もちろん全ての点で考えが一致したわけではないが、盟友関係が築かれた。そしてパリへ行く前にライプツィヒでも演奏してくれとなり、二人は開通したばかりの鉄道でライプツィヒへ向かった。

リストを出迎えるのは、もちろんゲヴァントハウスの楽長メンデルスゾーンである。メンデルスゾーンは若き日のグランドツアーでパリへ行った際にリストに会っているが、それ以来だった。

リストの最初の演奏会は三月二十日に開かれた。だが入場料が高額で不満を持たれていたところに、演奏会の仕切りが悪く、険悪な雰囲気となった。リストは病気と称して、二回目の演奏会を延期した。だが仮病だったので、その間もシューマンやヒラー、メンデルスゾーンたちと会って音楽談義をし、互いにピアノを弾いていた。

メンデルスゾーンはこのままではまずいと考え、二十三日にゲヴァントハウスに市の有力者たちを招いて私的演奏会を開き、彼とリストとヒラーとがバッハの三台のチェンバロのための協奏曲を演奏した。これでライプツィヒの人人とリストは打ち解けることができた。

メンデルスゾーンとリストは友好的だったが、メンデルスゾーンとしてはリストの作品は彼の演奏よりも劣り、効果を当て込んでいるだけだと批判的だった。これは、リストへの当時の音楽通の批判の典型例でもある。

次の演奏会が三十日と決まると、ロベルトはベルリンにいるクララに、「リストと僕が招待するから、来たらいい」と手紙に書いた。クララは二十八日にベルリンを発った。

クララがリストと会うのは一年前のウィーン以来だった。ここに、リスト、シューマン、メンデルスゾーン、クララ・ヴィークという四人の大音楽家が揃ったのである。さらにヒラーもいたのだから、この一八四〇年三月のライプツィヒは豪華である。

三十日の演奏会でリストは、パリでタールベルクとの対決の際に作った《ヘクサメロン》と、メンデルスゾーンのピアノ協奏曲第二番、ヒラーの練習曲、そしてシューマンの《謝肉祭》を弾いた。

リストの演奏会後、クララとロベルトは十七日まで一緒に過ごし、クララはロベルトに送られてベルリンへ戻った。

ヴィークがロベルトの飲酒が結婚生活を脅かすほどのものだとの証拠を出す期限は四月の終わりだったが、期限内に証拠が揃わず延長を申し入れ、さらに四十五日が認められた。六月半ばまでである。だがそれでもヴィークは証拠を出せなかった。

八月一日、ついに裁判所はロベルトとクララの結婚を許可する判決を下した。ヴィークは負けたが、途中からどうでもよくなっていたようでもある。彼が出した条件は何ひとつ叶わなかった。クララの財産は、これまでのものもこれからのものもすべてロベルトのものになる。

判決文は八月十二日に正式に下りた。ロベルトとクララは一か月後の九月十二日に結婚式を挙げることにした。十三日がクララの二十一歳の誕生日なので二十歳最後の日である。

クララは九月五日、ワイマールで演奏会を開いた。それは「クララ・ヴィーク」としての最後の演奏会だった。思えば十二歳の年に初めてライプツィヒ外へ巡業に出た時の最初の訪問地がワイマールだった。あのときはゲーテがまだ生きていた。

かくして不世出の天才少女ピアニスト「クララ・ヴィーク」は、その演奏活動をワイマールで始めワイマールで終えたのである。彼女が「クララ・シューマン」としてステージに立つのは半年後の一八四一年三月三十一日だった。

†ゆるやかな破局

四月、パリ

三月末にライプツィヒでの演奏会が終わると、四月にリストはパリへ帰り、マリー・ダグーと半年ぶりに再会した。しかしかつてのような激しい愛情は互いに感じなくなっていた。会わないでいるときは親しみを感じるが、顔を見ると互いに苛立ってしまう。

彼女が当時親しくしていたのが、若き新聞王としてパリを賑わせていたエミール・ド・ジラルダン（一八〇六〜八一）である。「ラ・プレス」紙の発行人だ。彼に引き立てられ、マリー・ダグーはダニエル・ステルンというペンネームで作家としての道が開けていく。マリーと新聞王の仲は当然、噂の的となったが、男女関係にあったかどうかの確証はない。

以後もリストとマリー・ダグーの関係は続くが、一八四四年四月にパリで会った際に関係修復が不可能となり、手紙でそれぞれが別れを告げる。出逢いから数えれば十二年、駆け落ちしてからでは九年目での破局だった。

ショパンとサンドはこの年はずっとパリで過ごしていた。半年近くパリを留守にしている間にお互いに仕事が溜まっていた。サンドが書いていた戯曲『コジマ』は翌年初演されるが失敗に終わり、彼女は負債を抱え込む。ショパンとサンドの仲は、サンドとしては珍しく十年も続くが一八四七年に終わる。

リストもショパンも生涯、正式な結婚はしなかった。

†音楽史の始まり

六月、ライプツィヒ

ロベルトとクララの結婚問題が決着する直前の一八四〇年六月二十五日、ライプツィヒの聖トーマス教会でメンデルスゾーンの交響曲第二番《讃歌》が彼自身の指揮で初演された。ベートーヴェンの第九のように独唱と合唱を伴う交響曲で、グーテンベルクの印刷技術完成四百周年記念祝典のための曲だった。

この時期、メンデルスゾーンはゲヴァントハウス管弦楽団の定期演奏会に「歴史コンサート」シリーズを導入していた。過去百年——つまり、バッハ晩年の一七四〇年前後から一八四〇年前後まで――の音楽を体系的に演奏していく企画だった。通して聴けば、音楽史を体験できるのである。メンデルスゾーンがとくに熱心に取り組んだのがバッハだった。ライプツィヒはバッハがいた都市であるにもかかわらず、ほとんどその音楽は忘れられていた。バッハを認知させ、モーツァルトやベートーヴェンへつながる道筋を示したのだ。

リストはライプツィヒへ来たとき、メンデルスゾーンのその試みを知ると高く評価した。それは、彼がリサイタルでやろうとしていることとも方向性は同じだった。そしてクララ・ヴィークが誰に指図されたわけでもなく、自分の意思で組み立てるプログラムも同じ姿勢だった。もちろんシューマンもそれを評価していた。

その時代に生きている音楽家の新作を披露する場だった演奏会は、変容しようとしていた。過去の作品を「名曲」として繰り返し聴く場になっていく。その担い手がドイツではメンデルスゾーンでありクララ・ヴィークだった。欧州中を駆け回るリストも同じことを考えていた。

彼らが友情のネットワークによって互いの曲を演奏し合い、さらにバッハからベートーヴェンまでを古典と位置づけ、自分たちこそがその後継者であるとアピールすることで、彼ら以外の音楽は正統から外れていくことになる。そういう排他的な考えをメンデルスゾーンやリストが持っていたとは思わないが、結果としてそうなっていく。こうして「音楽史」が生まれるのだ。

1840年の主な作品

メンデルスゾーン（31歳）
交響曲第２番《讃歌》
讃歌《おお主よ、我を助けたまえ》
無言歌集第４巻（1839-41）

ショパン（30歳）
ポロネーズ第５番（1840-41）
バラード第３番（1840-41）
ワルツ第５番（1840）

シューマン（30歳）
リーダークライス／歌曲集《ミルテの花》
歌曲集《女の愛と生涯》／歌曲集《詩人の恋》
《ウィーンの謝肉祭の道化》
ある画家の歌の本からの６つの詩
ロマンスとバラード 第１集、第２集、第３集
ベルシャザル
リートと歌第１集（1840/47）、第２集（1840/46/49）

リスト（29歳）
《巡礼の年　第１年スイス》（1835-36、48-55）
《巡礼の年　第２年イタリア》（1837-39、46-49）
《ヴェネツィアとナポリ》、《マゼッパ》、《ノンネンヴェルトの僧坊》
《私を愛した人》、《ラインの美しき流れのほとり》
舞踏会のギャロップ、《マジャールの歌》３つのハンガリー民族旋律
ハンガリーのスタイルによる英雄的行進曲、フス教徒の歌、

ワーグナー（27歳）
大悲歌劇《リエンツィ、最後の護民官》作曲（1836-40）
序曲《ファウスト》（1839-40）
歌劇《さまよえるオランダ人》（1840-41）
ドニゼッティ、アレヴィ、オーベールの歌劇の編曲集（1840-42）

†最後の対面

一八四一年三月、ライプツィヒ

一八四一年三月三十一日、「クララ・シューマン」の復帰演奏会がゲヴァントハウスで開かれた。クララ・ヴィークとしての最後の演奏から半年のブランクがあり、彼女の胎内には第一子がいた。

この演奏会はクララ・シューマンの自主公演だった。彼女はショパン、ロベルト・シューマン、メンデルスゾーン、スカルラッティ、タールベルクのピアノ曲を弾いて、音楽界にカムバックした。だがそれだけではない。この演奏会ではメンデルスゾーンの指揮、ゲヴァントハウス管弦楽団によって、ロベルト・シューマンの交響曲第一番が初演された。

交響曲作曲家シューマンの誕生だった。それは妻クララ・シューマンと親友フェリックス・メンデルスゾーンによってなされたものだった。

クララと父ヴィークとは一八四三年に和解した。

三月、パリ

パリで悶々としているのがワーグナーだ。

一八三九年九月にパリへ着いたが、オペラ座の扉は閉ざされたままだった。マイヤベーアに頼んでも、何も進展しない。そんなときにワーグナーはベルリオーズの《ロメオとジュリエット》を聴いて触発されて、ゲーテの『ファウスト』を交響曲にしようと思い立ち、第一楽章を一八四〇年一月二十日までには完成させた。当初は四楽章の交響曲にするつもりだったが、断念して序曲にして、パリ音楽院で演奏してもらえないかと提出したが、実現しなかった。

パリではアブネックのベートーヴェンを中心にした演奏会協会の演奏会が続いていた。この年の三月に第九が演奏され、ワーグナーはそれを聴いて感銘を受けた。

ベルリオーズや第九はよかったが、オペラ座で上演されているグランドオペラはどうも感心しなかった。見かけが豪華な成金趣味に思えたのだ。実際、成金の新興ブルジョワジーが観客の大半なのだから、その嗜好に合わせればそうなるのだ。そしてパリで成功するにはその嗜好に合わせなければならない。ワーグナーは《リエンツィ》をグランドオペラとして完成させることにした。完成するのは十一月である。

クララ・シューマンが演奏会に復帰した一八四一年三月末、リストはパリにいて演奏会を開くことにしていた。それに先立ってのレセプションがホテルで豪華に開かれ、その客のなかに場違いな青年がいた。リヒャルト・ワーグナーである。彼は出版関係者に誘われてかの有名なリストに会えるというので来てみたのだ。豪華なレセプションに来てみて、ワーグナーは居心地が悪かった。二歳しか違わないのに、リストと自分との差があまりにも大きいと卑屈になってしまう。

それでもワーグナーはリストへの挨拶の行列に加わり、天才ピアニストと初めて会った。だがまさに挨拶をしただけで、たいした会話はなかった。二人の間に友情が生まれるのは、まだ先だった。ましてや二人が義理の父子になろうとはこの時誰が知ろう。

四月二十五日、リストとベルリオーズはベートーヴェン生誕七十五周年の記念碑を建てる資金集めを目的とした演奏会を開いた。当然、プログラムはベートーヴェンばかりで、ベルリオーズの指揮、リストのピアノで《皇帝協奏曲》、ヴァイオリニストのマサールとリストによる《クロイツェル・ソナタ》といった豪華なものだった。記念碑は一八四五年八月に除幕式が行なわれ、それにあわせてボンではベートーヴェン音楽祭がリストを中心にして開催される。

一八四一年春のパリは華やかだ。リストの演奏会の三日後の四月二十八日、プレイエルのホールにショパンは現れた。入場料は一五から二〇フランとかなり高額だったが、三百の客席は満席となっていた。この演奏会でショパンは六〇〇〇フランの収入を得た。ホールにはリストやベルリオーズ、カルクブレンナー、ドラクロア、詩人のハイネなどがいたが、面識のないワーグナーはいなかった。

リストとワーグナーが改めて会うのは三年後の一八四四年二月のことだった。リストにとっては、このときがワーグナーとの初対面なのだが、ワーグナーとしては「三年前に挨拶させていただきました」ということになる。

リストのパーティーの後も、ワーグナーはパリにいたが、いつまで待ってもオペラ座の門は開かず、翌一八四二年春に見切りをつけた。その間は、音楽評論などを書いてその原稿料で暮らしていた。

パリの次の行き先の当てはあった。ドレスデンの宮廷劇場が《リエンツィ》を採用してくれることになっていたし、その次の《さまよえるオランダ人》も完成し、ベルリンの宮廷歌劇場での採用が決まっていた。前途洋々だったのだ。

ワーグナーは四月七日にパリを出て、馬車の旅で十二日にドレスデンに着いた。この時は《リエンツィ》の初演が終わるまでの滞在のつもりだったが、一八四九年まで七年も過ごすことになる。

ドレスデンにとりあえず落ち着くと、十五日にワーグナーは故郷のライプツィヒへ帰り、母や姉たちと再会を喜んだ。そしてシューマンを訪ね、熱弁をふるったらしい。しかしシューマンは寡黙だった。

この時、メンデルスゾーンはベルリンにいた。彼は一八四一年からプロイセン王フリードリヒ・ヴィルヘルム四世に頼まれ、ベルリンの藝術アカデミー音楽部門の主任になっていた。これは音楽総監督と同等の地位のはずだったが、どうも実権が何もなく、メンデルスゾーンとしてはやりにくい仕事だった。ライプツィヒの楽長も続けていたので、二つの都市を行き来していたのだ。

ワーグナーは、ライプツィヒでシューマンと会った翌日、ベルリンへ向かった。《さまよえるオランダ人》を宮廷劇場で上演するための交渉だった。ところが劇場の総監督は自分はもう辞めるから、後任者と話してくれと、取り合わず、それではとメンデルスゾーンに会いに行くと、彼も自分には何の権限もないと嘆くばかりだった。

このときが、メンデルスゾーンとワーグナーがまともに話した最初の機会だったようだ。かつてワーグナーは交響曲のスコアをゲヴァントハウス楽長としてのメンデルスゾーンに謹呈していたが、その話は何も出なかった。ワーグナーとしては悔しかっただろう。

ワーグナーは夏から改めてドレスデンに落ち着き、《リエンツィ》は十月二十日に初演を迎え、大成功した。何度か再演され、その評判はザクセン国王の耳にまで入る。そうこうしているうちに宮廷劇場の楽長（指揮者）が二人、相次いで亡くなってしまった。そこでワーグナーは後任を打診された。本音としてはせっかくオペラが成功したので今後も作曲に専念したかったが、安定した収入の魅力には勝てず受け入れた。

こうして一八四二年十二月二十日に自作《リエンツィ》の指揮で、ワーグナーは宮廷劇場に指揮者としてデビューした。正式に宮廷楽長に就任するのは翌一八四三年二月二日である。

ワーグナーはパリにいた頃から次の《さまよえるオランダ人》を書いており、それも完成していたので、一八四三年一月二日に初演することになった。現在の評価とは逆で、《さまよえるオランダ人》は内容が暗いこともあってか人気が出ず、四回で打ち切られた。

だが《リエンツィ》の人気は続いており、この年の九月にはドレスデンまで、マイヤベーアとスポンティーニという大物が見に来た。五月には次の《タンホイザー》の台本が完成し、作曲に取り掛かった。

そして一八四四年二月に、リストがドレスデンに演奏に来た際、《リエンツィ》が見たいと言い、その要請で上演されることになり、ワーグナーと改めて会い、ここから二人の友情が始まるのだった。

一方、一八四四年十二月から、シューマン夫妻もドレスデンで暮らすことになった。シューマンとワーグナーはドレスデンで一緒のプロジェクトを手がけるが、必ずしも意見が一致するわけではなく、微妙な関係が続いた。

メンデルスゾーンとワーグナーも同じザクセン王国の楽長という、いわば広義の同僚となったので、一緒に仕事をしたこともある。ドレスデンでは毎年、復活祭の前の日曜日の「枝の主日」にオーケストラの演奏会を開いていたが、一八四五年はメンデルスゾーンがワーグナーに招かれてやって来て、自作のオラトリオ《聖パウロ》を指揮し、ワーグナーは感銘を受けた。だが、その後の、ドレスデン宮廷劇場のもうひとりの楽長ライガーのベートーヴェンの交響曲第八番の演奏のテンポをめぐり、ワーグナーとメンデルスゾーンの意見が異なった。メンデルスゾーンは何も気にしていないようだったが、ワーグナーはこの先輩指揮者に一度は抱いた敬愛と親近感を失った。

メンデルスゾーン、シューマン、ワーグナーの三人がザクセンに揃っていながらも、結局彼らはまとまって何かを成し遂げることはなかった。

メンデルスゾーンとシューマンは最後まで盟友関係にあった。シューマンとワーグナーも協同することはあった。だがワーグナーはやがてメンデルスゾーン批判をするようになり、そのことをシューマンは容認できない。シューマンが如才ない性格ならば、二人の間をとりもてたのかもしれないが、彼はそういうことがいちばん苦手だった。

かくしてワーグナーのメンデルスゾーンへの反感は、反ユダヤ主義と結びついてしまい、それをはるか後にヒトラーが利用する。

こうしてこの物語の主人公たちは、一通り、顔を合わせた。

ショパンとワーグナーだけが会わなかった。ショパンのいくつかの作品にはワーグナーの半音階和声を先取りしているものがあると指摘される。ショパンがワーグナーの影響を受けたとは時間的に考えられないが、ワーグナーはショパンの影響を受けているのかもしれない。

ワーグナーの二人目の妻コジマの四十年後の日記にはショパンについてこう記されている。

一八八一年二月二十六日、〈寝苦しい夜が明けると朝早く、リヒャルトはショパンの《葬送行進曲》の旋律を弾いた。朝食のときにはポーランド人とその魅力的な性格のことが話題になった。〉

一八八二年二月五日には、ピアニストのヨゼフ・ルービンシュタインがいたらしく、〈リヒャルトは彼にショパンのポロネーズを弾いて慰めてほしいと頼む。この曲は彼を喜ばせ、傑作だと言っている〉とある。

1841年の主な作品

メンデルスゾーン（32歳）
無言歌集第4巻（1839-41）
厳格な変奏曲、華麗なるアレグロ
ソフォクレスの劇《アンティゴネ》の付随音楽
行進曲（コルネリウスの来訪記念のための）
交響曲第3番《スコットランド》（1829-32、41-42）

ショパン（31歳）
ノクターン第13番・第14番
ポロネーズ第5番（1840-41）
マズルカ第30番〜第32番（1841-42）
マズルカ第53番（1841）／バラード第3番（1840-41）
タランテラ／演奏会用アレグロ／幻想曲

シューマン（31歳）
リュッケルトの《愛の春》より12の詩
交響曲第1番《春》
序曲、スケルツォとフィナーレ
ピアノ協奏曲
オラトリオ《楽園とペリ》（1841-43）

リスト（30歳）
ゴッド・セイヴ・ザ・クィーン

ワーグナー（28歳）
歌劇《さまよえるオランダ人》（1840-41）
ドニゼッティ、アレヴィ、オーベールの歌劇の編曲集（1840-42）

エピローグ

最後の恋

恋多き男や女が多いこの物語のなかで、フェリックス・メンデルスゾーンは生涯、妻セシルのみを愛したことになっている。だが彼にも激しい道ならぬ恋があったらしいことが、現在では知られている。

その恋の相手はスウェーデンの人気ソプラノ歌手ジェニー・リンドである。一八二〇年生まれなので、メンデルスゾーンの十一歳下になる。生後数か月で親から離れ、その後も親戚の家を転々とするなど不幸な生い立ちの少女だったが、声が美しく、歌の才能があり、王立劇場附属王立演劇学校へ入り、一九三八年にオペラ歌手としてデビューしていた。

このリンドに想いを寄せ、なにくれとなく世話をしていたのが童話作家ハンス・クリスチャン・アンデルセン（一八〇五〜七五）である。彼は十五歳下のリンドに恋愛感情を抱いていたようだが、リンドにはその気はなく、「お兄様」と呼び、恋愛感情を拒絶していた。

　メンデルスゾーンがリンドという優れた歌手がいると聞いたのは、アンデルセンからだった。アンデルセンとしてはドイツ音楽界の大物に彼女を売り込んだつもりだったのだろう。

　メンデルスゾーンは一八四一年からプロイセン国王フリードリヒ・ヴィルヘルム四世からの強い要望で、ライプツィヒと掛け持ちしてベルリンの藝術アカデミーに音楽部門を作る仕事も引き受けていた。

ジェニー・リンド

　彼がリンドと初めて会ったのは一八四四年十月二十一日、ベルリンの知人宅でのパーティーの場だった。そのパーティーへ彼女を連れてきたのは、メンデルスゾーンが嫌いなマイヤベーアだった。その場で歌うのを聴いたわけではないので、メンデルスゾーンとしては何も仕事の約束はしなかった。
　その翌年、リンドはベルリンの王立歌劇場に出演していた。たまたまメンデルスゾーンも仕事でベルリンに滞在していたので、歌劇場に行ってみた。そしてリンドを初めて観て聴いて強く惹かれた。それはあくまで音楽家としてその音楽の才能に惹かれただけのはずだった。メンデルスゾーンはライプツィヒのゲヴァントハウスの演奏会にリンドを呼ぶことにした。

一八四五年十二月四日が、ジェニー・リンドのゲヴァントハウスへのデビューだった。彼女はオペラのアリアをいくつか歌い、メンデルスゾーンは交響曲を指揮し、その後、ピアノでリンドの伴奏をした。

こうして二人の共演が始まった。翌一八四六年四月のゲヴァントハウスの演奏会は、リンド、クララ・シューマン、ヴァイオリニストのフェルディナント・ダヴィッド、メンデルスゾーンが出演するという豪華なものとなった。

クララ・シューマンはこの後、リンドと演奏会で何度も共演する。そしてリンドがメンデルスゾーンに「音楽家としてと同じように男性として」好意を抱いていると気づく。

五月のアーヘンでのニーダーライン音楽祭でもメンデルスゾーンとリンドは共演した。この年の音楽祭は後々まで伝えられるほど、興奮を呼んだ。この頃にはメンデルスゾーンはリンドのためにローレライの歌姫伝説をオペラにしようと考えるようにまでなる。メンデルスゾーンは若い頃にオペラで失敗してからは一度もこの分野を手がけていない。リンドがいたからこそ、メンデルスゾーンはオペラの創作意欲を掻き立てられたのだ。音楽祭の後も二人は数日、休日を楽しんだ。アーヘンの後、メンデルスゾーンはイギリスへ渡り、バーミンガムでオラトリオ

《エリア》を初演した。

翌一八四七年四月十三日から、メンデルスゾーンはイギリス・ツアーで、ロンドン、マンチェスター、バーミンガムの三都市で演奏した。一方、ジェニー・リンドも五月四日にヴィクトリア女王臨席の演奏会でイギリスにデビューした。メンデルスゾーンがピアノ伴奏をするという、豪華なデビューだった。その翌日はメンデルスゾーンのピアノ独奏の演奏会で、それが一か月にわたるイギリス・ツアーの最後だった。

それが終わるとメンデルスゾーンは慌ただしく帰国した。リンドには「子供が病気になった」と言い残したが、それはどうも嘘だった。

このあたりからは二人だけしか知らないので憶測となるが、ジェニー・リンドが愛を告白したので、メンデルスゾーンは動揺して逃げるように帰ったという説がある。メンデルスゾーンはジェニー・リンドに、アメリカに一緒に行こうと書いた手紙を出しているともいう。

ともかく、五月九日、メンデルスゾーンはイギリスを出た。フランクフルトで妻セシルたちと落ち合い休暇をとる予定だった。そして同地に着いた二日後、姉ファニーが急死したとの報せを受け取った。四十一歳で、脳溢血だった。それは彼らの父と同じ死因だった。

最愛の姉の死と、「最後の恋」の終わりとが重なった。そのショックなのか、以後のメンデルスゾーンは元気がない。半年後の十一月四日、フェリックス・メンデルスゾーンは三十八歳で死んだ。彼もまた脳溢血だったと思われる。

ロマン派の先陣を切っていた天才はこうして短い生涯を終えた。人生の最後に本当に若い歌姫との実らぬ恋があったとしたら、妻セシルには気の毒だが、それはそれで美しい物語である。


メンデルスゾーンが亡くなった一八四七年、フランツ・リストは東欧とコンスタンティノープルをまわる演奏旅行をしていた。二月十四日、ウクライナのキエフで、カロリーヌ・ザイン＝ヴィトゲンシュタイン侯爵夫人（一八一九〜八七）と知り合った。カロリーヌはポーランドの大地主の子として生まれ、一八三六年に結婚し、マリーという娘がいた。だが侯爵とは結婚後すぐに別居していた。彼女は父親が亡くなったのでその遺産を相続し、ウクライナ最大の富豪で三万人の農奴を持つ大地主だった。リストの演奏会にカロリーヌはやって来て、高額の寄付をくれた。そして娘マリーの十歳の誕生日パーティーにリストを招き、そこから二人の関係が始まった。リストは次の予定地へ向かうが、その間も手紙のやりとりがあった。

九月のウクライナのエリザベートグラードがリストのピアニストとしての最後の演奏会となった。リストは引退してワイマールの宮廷楽長になるのだ。カロリーヌとの出逢いが、この決断にいたった。リストはカロリーヌとの結婚を望み、彼女も望むが、夫との結婚がなかなか解消されず、結局正式な結婚はできなかった。リストにはその後も何人もの恋人がいた。

一八四八年二月十六日、ショパンは久しぶりにパリで演奏会を開いた。好評だったのでもう一度やることになり、準備を勧めていたが、二十二日に二月革命が勃発して中止になった。

フランスは天候不良から一八四五年と四六年は農作物が凶作で物価は上昇し、景気は悪くなるという最悪の経済状態となっていた。しかし、七月王政のルイ・フィリップ政権は何も手を打たず、農民や労働者の不満は鬱積していった。

一八三〇年の七月革命では選挙権の拡大が約束されたはずだったが、納税額による制限選挙のままで、労働者・農民層には選挙権がない。一八四七年に首相になったギゾーは「政治にかかわりたければ金持ちになれ」と暴言を吐いていた。労働者・農民は権利を要求する集会を頻繁に開き、それは「改革宴会」と呼ばれていた。

政府がその改革宴会すらも中止させたのが二月二十二日で、これによってパリ市民の不満は爆発した。ギゾー首相退陣を求めるデモと集会、そしてストライキも打たれた。二十三日、事態を沈静化すべく軍が出動し、市民に発砲したため、ますます混乱は拡大し、民衆も武装して、市街戦が始まった。ついに市庁舎は民衆によって占拠され、ギゾー首相は退任を表明した。だが、民衆の不満は収まらず、王のいるチュイルリー宮殿へ武装した市民が向かう。ルイ・フィリップはあわてて宮殿を抜け出してロンドンへ亡命した。

この革命で七月王政は倒れ、第二共和政となる。

革命は欧州各国へも飛び火した。ドレスデンにいたワーグナーは革命の闘志となり街頭演説をしたため、逮捕されそうになり亡命した。彼が頼るのは、ワイマールにいる友人リストだった。


二月革命の前に、ショパンとサンドの関係は終わっていた。二人の性格はあまりにも違った。最初はそれゆえに惹かれ合ったが、一緒に暮らしていくうちに耐えられなくなる。それだけではなかった。サンドの息子モーリスはショパンへの嫌悪感を隠さなくなり、一方、娘ソランジュは母サンドにはなつかず、ショパンと仲がよく、それがサンドには面白くない。ソランジュへあてつけるように、サンドは遠縁の娘オーギュスティーヌを引き取り可愛がった。ソランジュはますますショパンを求めた。

親子の愛憎関係はもつれ、ショパンはそれに巻き込まれ疲弊した。ソランジュは母へのあてつけか、地主の息子と勝手に婚約するも、彫刻家と知り合うと婚約を破棄し、その男と結婚しようとした。だが、その彫刻家には借金があり、過去に女性に暴力をふるったこともり、そもそも女性関係が乱れていると分かり、ソランジュの将来を思いショパンは結婚に反対する。しかし、この時はサンドが娘の味方をして、結婚を認めた。

ショパンとしては自分の知らないところでソランジュの結婚が決まったことがショックだった。所詮、家族ではなかったのだ。ショパンは一八四七年七月にサンドとの関係に終止符を打った。

革命後のショパンを支えたのは生徒のひとり、スコットランドの富豪の娘ジェーン・スターリング（一八〇四〜五九）だった。偶然にもサンドと同じ年の生まれだ。美人だったが、結婚には興味がなく独身だった。

ショパンとジェーンの関係については、はっきりしない。彼女の片想いにすぎないというのが、一応の定説である。革命後の四月に、ショパンはジェーンに連れられて英国へ演奏旅行に行く。ロンドンで成功し、その後、ジェーンの故郷のスコットランドをまわった。

このツアーでショパンは収入を得たが、健康を害し、十一月二十四日にパリへ帰ってからは寝たきりになってしまう。

そして翌一八四九年十月十七日、フレデリック・ショパンは亡くなった。三十九歳だった。ショパンの臨終に立ち会ったのはポーランドから看病に来た姉と、デルフィーナ・ポトツカ伯爵夫人だった。デルフィーナはショパンの三歳上で、一八三〇年に彼がポーランドを出てウィーンへ行く途中、ドレスデンで知り合った。十八歳で伯爵と結婚したが、ショパンと会ったときはすでに離婚していた。そして三一年にショパンがパリへ着くと、彼女もこの都市にいたので再会し、何らかの交流があった。その後彼女はパリを離れ、ショパンの前からは姿を消していたが、亡くなる直前に見舞いに来てショパンのために歌って慰めた。その歌声が、ショパンが耳にした最後の音楽ということになっている。

デルフィーナとショパンの関係については謎に包まれている。一九三九年に二人の間で交わされたラブレターが発見され話題になった。ショパンのイメージを一新する、大胆な性愛描写のある手紙だったのだ。しかし現在では検証の結果、偽書ということになっている。

ショパンの死因ははっきりせず、肺結核をはじめ諸説ある。遺体はパリに眠っているが、本人の希望で心臓だけがワルシャワへ運ばれた。

一八五〇年秋、シューマンはかつてメンデルスゾーンが就いていたデュッセルドルフの音楽監督に就任した。

デュッセルドルフのシューマン邸を若い音楽家が訪ねてきたのは、一八五三年九月三十日のことだった。この年二十歳のヨハネス・ブラームスである。シューマンはその才能をすぐに見抜いて、「新音楽時報」に「新しい道」と題した記事で、ブラームスを〈生まれながらにして英雄と美と優雅の三女神グラティアに見守られた若者〉と紹介した。

かつてショパンの才能を一曲だけで見抜いて「天才だ」と宣言した、音楽評論家としてのシューマンの鑑識眼が衰えていなかったことは歴史が証明する。

こうしてシューマン夫妻とブラームスの交友が始まった。ブラームスのデビューにあたりシューマンの後ろ楯は大きかった。

シューマンの音楽監督としての仕事は最初はよかったのだが、合唱団と、やがてはオーケストラとの間で確執が生じた。精神的に疲れ果てたシューマンは一八五四年二月二十七日、ライン川に身投げした。この時は助かったが、三月に自分の意思で精神病院へ入院し、五六年七月二十九日に亡くなった。

こうして一八五六年までに、三人が相次いで亡くなり、もうひとりはピアニストとしては引退してしまった。

だがのこるワーグナーの人生はこれからだった。

大半のワーグナーの評伝では、一八四二年にパリを出るまでは全体の一割くらいでしかない。伝記の大部分は、これ以後の出来事で占められる。それはとても数行では要約できない。

ワーグナーは借金取りと官憲とに追われ、不倫の恋をいくつもしながら、オペラ史にのこる名作を書き、バイロイトに王国を築く。その最大の恋がリストの次女コジマとのものだった。

二人が初めて会ったのは一八五三年で、ワーグナーが四十歳、コジマが十五歳の年だった。その時のワーグナーはコジマにとっては「お父さんのお友達」だった。

コジマはリストの最も優秀な弟子であるハンス・フォン・ビューロー（一八三〇〜九四）と一八五七年に結婚し、その新婚旅行でワーグナーと再会した。ビューローとの間には子供が二人生まれたが、やがてビューローが指揮者としてワーグナー作品と関わることから、ワーグナーとの交流が始まり、不倫の関係になる。ワーグナーは妻ミンナとは別居しており、彼女は六六年に亡くなる。コジマは六五年にイゾルデ、六七年にエーファ、六九年にジークフリートを産む。子供たちはビューローとの婚姻関係が続いているときに生まれたが、ワーグナーの子だった。一八七〇年にビューローとの離婚が成立し、同年ワーグナーとコジマは再婚した。その間も、ビューローはワーグナー作品を指揮している。

波乱万丈の人生をおくったリヒャルト・ワーグナーは一八八三年二月十三日、旅行先のヴェネツィアで亡くなった。六十九歳だった。

リストはピアニストとしては引退したが、宮廷音楽家、作曲家としての活動は続いていた。一八八六年はリストの生誕七十五年で各地で記念行事があり、リストは忙しく過ごしていた。夏には未亡人となったコジマが切り盛りしているバイロイト音楽祭に参加した。行事が続き疲労が溜まっていたのか、バイロイトに着くとリストは体調を崩し、そのまま七月三十一日に亡くなった、誕生日前だったので、満七十四歳での死だった。

シューマンが亡くなった後、未亡人となったクララと子供たちを支えたのがブラームスだった。彼はドイツ音楽界でシューマンの後継者となり、ワーグナーと音楽への考え方で対立する一大勢力の中心になる。

ブラームスは生涯、独身だった。そのこともあって、クララとの関係が取り沙汰されるが、二人が男女の関係にあったことを示す証拠はない。

クララ・シューマンは一八九六年五月二十日に七十六歳で亡くなった。夫ロベルトの死から四十年後だった。結婚生活は十七年にすぎない。

あとがき

一八五〇年までに五人のロマン派たちの青春は終わり、そのうちの二人は人生も終えてしまった。もうひとりも残された時間は多くない。前後四年の間に生まれながらも、メンデルスゾーンとショパンとシューマンは前期ロマン派に、リストとワーグナーは後期ロマン派にと、音楽史の時代区分では分かれてしまう。だが彼らはまぎれもなく、ポスト・ベートーヴェン時代に青春時代を過ごした同期生なのだ。みな有名な音楽家なのでそれぞれの評伝は数多く出ている。そこでも他の音楽家との交流が記されてはいるが、エピソードとしてのみだ。そこで、五人の人生をシャッフルして時系列に再構築してみた。

こうしてみると、いかにメンデルスゾーンとショパンが早熟の天才で、ワーグナーが大器晩成型であったかも分かる。

さて――この本を書いていたのは二〇一六年の十一月からで、ちょうどＳＭＡＰが解散へ向かう時期だった。ＳＭＡＰは、映画やドラマで全員が出演したものは少ないが、そのひとつに、一九九七年一月三日に放映された『僕が僕であるために』（フジテレビ）がある。このドラマでの彼らは高校時代の駅伝部の仲間で、いまは社会人となりそれぞれの道を歩んでいる。面白いのは役名で、中居正広は「成瀬」、木村拓哉は「黒澤」、稲垣吾郎は「木下」、草彅剛は「溝口」、香取慎吾は「小津」と、日本映画の巨匠たちの名を借りている。

このドラマが解散への流れのなかで再放送されたのを見て、この本をSMAPでドラマにするのなら、ショパンは中居、リストは木村（ふたりともドラマでピアニストを演じている）、メンデルスゾーンは草彅、シューマンは稲垣（逆かもしれない）、ワーグナーは香取かなあ、などとありえないキャスティングをして楽しんでいた。

SMAPのなかで最年長の中居と木村は一九七二年生まれなので、解散時に四十四歳で、すでにメンデルスゾーンやショパンよりも長く生きている。つまり、この本で描いた若き日のロマン派たちは、これまでのSMAPたちと同じ年頃なのだ。

日頃めったに使わない「恋」とか「友情」とか「青春」という恥ずかしくなるような単語を、サブタイトルや章のタイトルとしたのは、大音楽家たちにこびりついている巨匠イメージに少し異を唱えてみたかったからだ。

もちろん、彼らは巨匠である。だが、若き天才でもあった。だからこそ、偉大なのだ。

参考文献

●メンデルスゾーン関連

ヴォルブス、ハンス・クリストフ／尾山真弓訳『メンデルスゾーン』音楽之友社、1999年
クッファーバーグ、ハーバート／横溝亮一訳『メンデルスゾーン家の人々――三代のユダヤ人』東京創元社、1985年
ジャコブ、レミ／作田清訳『メンデルスゾーン――知られざる生涯と作品の秘密』作品社、2014年
辻恵美子『フェリクス・メンデルスゾーンとは』聖公会出版、2006年
中野京子『芸術家たちの秘めた恋――メンデルスゾーン、アンデルセンとその時代』集英社文庫、2011年
森重ツル子『哀愁のプリマドンナ――ジェニー・リンド物語』教文館、2009年
山下剛『もう一人のメンデルスゾーン――ファニー・メンデルスゾーン＝ヘンゼルの生涯』未知谷、2006年

●ショパン関連

伊熊よし子『図説ショパン』河出書房新社、2010年
大内田倭文『ショパンとサンド――ゆかりの地を訪ねる』スタイルノート、2011年
カラソフスキー／柿沼太郎訳『ショパンの生涯と手紙』音楽文庫、1952年
河合貞子『ショパンとパリ』春秋社、2001年
グルジンスキ、アルベルト／グルジンスキ、アントニ／小林倫子訳／松本照男訳『ショパン――愛と追憶

のポーランド』ショパン、2006年
小坂裕子『ショパン』音楽之友社、2004年
小坂裕子『フレデリックショパン全仕事』アルテスパブリッシング、2010年
小沼ますみ『ショパンとサンド（新版）』音楽之友社、2010年
属啓成『ショパン　生涯篇』音楽之友社、1989年
サムスン、ジム／大久保賢訳『ショパン──孤高の創造者』春秋社、2012年
スモレンスカ＝ジェリンスカ、バルバラ／関口時正訳『決定版　ショパンの生涯』音楽之友社、2001年
園部三郎『愛と真実の肖像──ショパン評伝』和光社、1954年
崔善愛『ショパン──花束の中に隠された大砲』岩波ジュニア新書、2010年
萩谷由喜子『ショパンをめぐる女性たち』ショパン、2010年
ブールニケル、カミーユ／荒木昭太郎訳『ショパン』音楽之友社、1994年
ヘドリー、アーサー／野村光一訳『フレデリック・ショパン』音楽之友社、1983年
ヘドレイ、アーサー編／小松雄一郎訳『ショパンの手紙』白水社、2003年
ホルクマン／野村千枝訳『ショパンの遺産』音楽之友社、1957年
マレック、ジョージ・R／ゴードン＝スミス、マリア／木村博江訳『ショパン　その実像』東京創元社、1981年
吉成順監修『ショパンの「正しい」聴き方』青春文庫、2000年
リスト、フランツ／亀山健吉訳／速水冽訳『ショパン　その生涯と藝術』宇野書店、1949年
音楽の友編『生誕200年ショパンのすべて──その生涯と作品』音楽之友社、2010年
「CD　ショパン全集　解説書」コロムビアミュージックエンタテインメント、2010年

●シューマン関連

伊庭孝『シューマン』音楽之友社、1950年
ウォーカー、アラン／横溝亮一訳『シューマン』東京音楽社、1986年
エイステン、ピート・ワッキー／風間三咲訳『シューマンの結婚――語られなかった真実』音楽之友社、2015年
オルタイル、ハンス＝ヨーゼフ編／喜多尾道冬訳／荒木詳二訳／須磨一彦訳『ローベルト クラーラ シューマン愛の手紙』国際文化出版社、1986年
シューマン／吉田秀和訳『音楽と音楽家』岩波文庫、1958年
シューマン、クラーラ／シューマン、ローベルト／ベール、H・W編／山口四郎訳『愛のデュエット』（世界ノンフィクション全集23）筑摩書房、1961年
シュテークマン、モニカ／玉川裕子訳『クララ・シューマン』春秋社、2014年
原田光子『真実なる女性 クララ・シューマン』ダヴィッド社、1970年
藤本一子『シューマン』音楽之友社、2008年
ライク、ナンシー・B／高野茂訳『クララ・シューマン――女の愛と芸術の生涯』音楽之友社、1987年
レプロン、カトリーヌ／吉田加南子訳『クララ・シューマン――光にみちた調べ』河出書房新社、1990年
若林健吉『シューマン――愛と苦悩の生涯』新時代社、1971年

●リスト関連
浦久俊彦『フランツ・リストはなぜ女たちを失神させたのか』新潮新書、2013年
坂本千代『マリー・ダグー――19世紀フランス伯爵夫人の孤独と熱情』春風社、2005年
デザンティ、D/持田明子訳『新しい女――一九世紀パリ文化界の女王マリー・ダグー伯爵夫人』藤原書店、1991年
原田光子『愛の使徒 リストの生涯』協立書店、1951年
福田弥『リスト』音楽之友社、2005年
ブルータレス、ギイ・ド/野村千枝訳『愛の人 フランツ リスト』音楽之友社、1967年
ヘルム、エヴェレット/野本由紀夫訳『リスト』音楽之友社、1998年

●ワーグナー関連
ヴァーグナー、リヒャルト/山田ゆり訳『ヴァーグナー わが生涯』勁草書房、1986年
ヴェステルンハーゲン、クルト・フォン/三光長治訳/高辻知義訳『ワーグナー』白水社、1973年
バウアー、ハンス＝ヨアヒム/吉田真訳/滝藤早苗訳『ワーグナー王朝――舞台芸術の天才、その一族の権力と秘密』音楽之友社、2009年
ハンゼン、ヴァルター/小林俊明訳『図説ワーグナーの生涯』アルファベータ、2012年
マイヤー、ハンス/天野晶吉訳『リヒャルト・ワーグナー』芸術現代社、1983年
マレック、ジョージ・R/伊藤欣二訳『ワーグナーの妻コジマ』中公文庫、1988年
ミリントン、バリー/三宅幸夫監訳/和泉香訳『ワーグナー――バイロイトの魔術師』悠書館、2013年
吉田真『ワーグナー』音楽之友社、2005年

渡辺護『リヒャルト・ワーグナー――激動の生涯』音楽之友社、1987年

●ベルリオーズ関連

久納慶一『ベルリオーズ』音楽之友社、1967年
デームリング、ヴォルフガング／池上純一訳『ベルリオーズとその時代』西村書店、1993年
ドゥマルケ、シュザンヌ／清水正和訳／中堀浩和訳『ベルリオーズ』音楽之友社、1972年
ベルリオーズ／丹治恒次郎訳『ベルリオーズ回想録（1、2）』白水社、1981年
ルスロ、ジャン／横山一雄訳『小説ベルリオーズ』音楽之友社、1975年

●サンド関連

坂本千代『ジョルジュ＝サンド』清水書院、1997年
坂本千代／加藤由紀『ジョルジュ・サンドと四人の音楽家――リスト、ベルリオーズ、マイヤベーア、ショパン』彩流社、2013年
サンド、ジョルジュ／持田明子編・構成『ジョルジュ・サンドからの手紙――スペイン・マヨルカ島、ショパンとの旅と生活』藤原書店、1996年
持田明子『ジョルジュ・サンド1804-76――自由、愛、そして自然』藤原書店、2004年

●音楽史・歴史関連

今谷和徳／井上さつき『フランス音楽史』春秋社、2010年
ヴァルター、ミヒャエル／小山田豊訳『オペラハウスは狂気の館――19世紀オペラの社会史』春秋社、2000年

ウェーバー、ウィリアム／城戸朋子訳『音楽と中産階級――演奏会の社会史』法政大学出版局、1983年
ウェーバー、ウィリアム／松田健訳『音楽テイストの大転換――ハイドンからブラームスまでの演奏会プログラム』法政大学出版局、2016年
岡田暁生『ピアニストになりたい！　19世紀もうひとつの音楽史』春秋社、2008年
小岩信治『ピアノ協奏曲の誕生――19世紀ヴィルトゥオーソ音楽史』春秋社、2012年
小宮正安『音楽師――影の仕掛人』春秋社、2013年
佐々木涼子『バレエの歴史　フランス・バレエ史――宮廷バレエから20世紀まで』学習研究社、2008年
サムソン、ジム編／三宅幸夫監訳『西洋の音楽と社会（8）市民音楽の抬頭　後期ロマン派I』音楽之友社、1996年
ザルメン、ヴァルター／上尾信也訳／網野公一訳『コンサートの文化史』柏書房、1994年
竹原正三『パリ・オペラ座――フランス音楽史を飾る栄光と変遷』芸術現代社、1994年
千蔵八郎『19世紀のピアニストたち』音楽之友社、1998年
千蔵八郎『続19世紀のピアニストたち』音楽之友社、1998年
デュフルク、ノルベール／遠山一行訳／平島正郎訳／戸口幸策訳『フランス音楽史』白水社、2009年
西原稔『音楽家の社会史』音楽之友社、2009年
ハイデン＝リンシュ、ヴェレーナ・フォン・デア／石丸昭二訳『ヨーロッパのサロン――消滅した女性文化の頂点』法政大学出版局、1998年
萩谷由喜子『五線譜の薔薇――音楽史を彩る女性たち』ショパン、2002年
萩谷由喜子『音楽史を彩る女性たち――五線譜のばら2』ショパン、2005年

福田公子『19世紀パリのサロン・コンサート――音楽のある社交空間のエレガンス』北星社、2013年
宮本直美『教養の歴史社会学――ドイツ市民社会と音楽』岩波書店、2006年
宮本直美『コンサートという文化装置――交響曲とオペラのヨーロッパ近代』岩波現代全書、2016年
ラッタリーノ、ピエロ／森田陽子訳／小畑恒夫訳／蓑田洋子訳『大作曲家の世界3　ロマン派の旗手』音楽之友社、1998年
ラッタリーノ、ピエロ／テデスキ、ルーベンス／サルヴェッティ、グイド／黒木弘子訳／蓑田洋子訳『大作曲家の世界4ロマン派の巨星』音楽之友社、1998年
リンガー、アレグザンダー編／西原稔監訳『西洋の音楽と社会（7）ロマン主義と革命の時代　初期ロマン派』音楽之友社、1997年
ルコフスキ、イェジ／ザヴァツキ、フベルト／河野肇訳『ポーランドの歴史』創土社、2007年
レイノア、ヘンリー／城戸朋子訳『音楽と社会――1815年から現代までの音楽の社会史』音楽之友社、1990年
レンツ、ヴィルヘルム・フォン／中野真帆子訳『パリのヴィルトゥオーゾたち――ショパンとリストの時代』ショパン、2004年
ローレンツ、パウル／田畑智世枝訳『ピアニストの歴史――三世紀のピアノ奏法の変遷と巨匠たち』芸術現代社、1990年

ちくま新書
1252

ロマン派《は》の音楽家《おんがくか》たち
——恋《こい》と友情《ゆうじょう》と革命《かくめい》の青春譜《せいしゅんふ》

二〇一七年四月一〇日 第一刷発行

著者 中川右介（なかがわ・ゆうすけ）
発行者 山野浩一
発行所 株式会社 筑摩書房
東京都台東区蔵前二-五-三 郵便番号一一一-八七五五
振替〇〇一六〇-八-四一二三
装幀者 間村俊一
印刷・製本 三松堂印刷 株式会社

乱丁・落丁本の場合は、左記宛にご送付ください。
送料小社負担でお取り替えいたします。
ご注文・お問い合わせも左記へお願いいたします。
〒三三一-八五〇七 さいたま市北区櫛引町二-六〇四
筑摩書房サービスセンター 電話〇四八-六五一-〇〇五三

ISBN978-4-480-06959-7 C0273

1037
現代のピアニスト30
――アリアと変奏
青澤隆明
グールド、ポリーニなど大御所から期待の若手まで、気鋭の若手音楽評論家が現代演奏史の中でとらえ直す。間違いなく新定番となるべきピアノ・ガイド。

1147
ヨーロッパ覇権史
玉木俊明
オランダ、ポルトガル、イギリスなど近代ヨーロッパ諸国の台頭は、世界を一変させた。本書は、軍事革命、大西洋貿易、アジア進出など、その拡大の歴史を追う。

1206
銀の世界史
祝田秀全
世界中を駆け巡った銀は、近代工業社会を生み世界経済の一体化を導いた。銀を読みといて、コロンブスから産業革命、日清戦争まで、世界史をわしづかみにする。

1105
やりなおし高校国語
――教科書で論理力・読解力を鍛える
出口汪
教科書の名作は、大人こそ読むべきだ！　夏目漱石、森鷗外、丸山眞男、小林秀雄などの名文をカリスマ現代文講師が読み解き、社会人必須のスキルを授ける。

1154
「聴能力！」
――場を読む力を、身につける。
伊東乾
「よく聴く」ことで、相手やその場を理解し、プレゼンや面接で魅力的な話し方ができ、コミュニケーション上手になる。誰もが持つ「聴能力」を効果的に使おう。

1158
美術館の舞台裏
――魅せる展覧会を作るには
高橋明也
商業化とグローバル化の波が押し寄せる今、美術館では想像以上のドラマが起きている。展覧会開催から美術品を巡る事件、学芸員の仕事……新しい美術の殿堂の姿！

1007
歌舞伎のぐるりノート
中野翠
素敵にグロテスク。しつこく、あくどく、面白い。歌舞伎は〝劇的なるもの〟が凝縮された世界。その「劇的なるもの」を求めて、歌舞伎とその周辺をめぐるコラム集。

ちくま新書

1136
昭和史講義
――最新研究で見る戦争への道
筒井清忠編

なぜ昭和の日本は戦争へと向かったのか。複雑きわまる戦前期を正確に理解すべく、俗説を排して信頼できる史料に依拠。第一線の歴史家たちによる最新の研究成果。

1184
昭和史
古川隆久

日本はなぜ戦争に突き進んだのか。私たちは、何を失い、何を手にしたのか。開戦から敗戦、復興、そして高度成長へと至る激動の64年間を、第一人者が一望する決定版！

1194
昭和史講義2
――専門研究者が見る戦争への道
筒井清忠編

なぜ戦前の日本は破綻への道を歩んだのか。その原因をより深く究明すべく、二十名の研究者が最新研究の成果を結集する。好評を博した昭和史講義シリーズ第二弾。

1196
戦後史の決定的瞬間
――写真家が見た激動の時代
藤原聡

時代が動く瞬間をとらえた一枚。その写真は希少な記録となり、背景を語った言葉は歴史の証言となった。日本を代表する写真家14人の１３１作品で振り返る戦後史。

932
ヒトラーの側近たち
大澤武男

ナチスの屋台骨である側近たち。ゲーリング、ヘス、ゲッベルス、ヒムラー……。独裁者の支配妄想を実現、ときに強化した彼らは、なぜ、どこで間違ったのか。

935
ソ連史
松戸清裕

二〇世紀に巨大な存在感を持ったソ連。「冷戦の敗者」「全体主義国家」の印象で語られがちなこの国の内実を丁寧にたどり、歴史の中での冷静な位置づけを試みる。

1019
近代中国史
岡本隆司

中国とは何か？　その原理を解く鍵は、近代史に隠されている。グローバル経済の奔流が渦巻きはじめた時代から、激動の歴史を構造的にとらえなおす。

ちくま新書

1080
「反日」中国の文明史
平野聡
文明への誇り、日本という脅威、社会主義と改革開放、矛盾した主張と強硬な姿勢……。驕る大国の本質を悠久の歴史に探り、問題のありかと日本の指針を示す。

882
中国を拒否できない日本
関岡英之
大きな脅威となった中国の経済力と軍事力。そこにはどのような国家戦略が秘められているのか。「超限戦」に対して「汎アジア」構想を提唱する新たな地政学の試み。

984
日本の転機
——米中の狭間でどう生き残るか
ロナルド・ドーア
三〇～四〇年後、米中冷戦の進展によって、世界は大きく変わる。太平洋体制と並行して進展する中東の動きを分析し、徹底したリアリズムで日本の経路を描く。

997
これから世界はどうなるか
——米国衰退と日本
孫崎享
経済・軍事・文化発信で他国を圧倒した米国の凋落が著しい。この歴史的な大転換のなか、世界は新秩序を模索し始めた。日本の平和と繁栄のために進むべき道とは。

1013
世界を動かす海賊
竹田いさみ
海賊の出没ポイントは重要な航路に集中する。資源を海外に頼る日本の死活問題。海自や海保の活躍、国際連携、資源や援助……。国際犯罪の真相を多角的にえぐる。

1016
日中対立
——習近平の中国をよむ
天児慧
大国主義へと突き進む共産党指導部は何を考えているのか？ 内部資料などをもとに、権力構造を細密に分析し、大きな変節点を迎える日中関係を大胆に読み解く。

1033
平和構築入門
——その思想と方法を問いなおす
篠田英朗
平和はいかにしてつくられるものなのか。武力介入や犯罪処罰、開発援助、人命救助など、その実際的手法と背景にある思想をわかりやすく解説する、必読の入門書。